数智化时代会计专业
融合创新系列教材

Python财务数据分析与应用

微课版

陈丰　　夏会◎主编　　毛华扬◎副主编

人民邮电出版社

北　京

图书在版编目（CIP）数据

Python财务数据分析与应用：微课版 / 陈丰，夏会
主编. -- 北京：人民邮电出版社，2023.6
数智化时代会计专业融合创新系列教材
ISBN 978-7-115-61256-4

Ⅰ. ①P··· Ⅱ. ①陈··· ②夏··· Ⅲ. ①软件工具－程序
设计－应用－财务管理－教材 Ⅳ. ①F275

中国国家版本馆CIP数据核字(2023)第036407号

内 容 提 要

随着大数据技术在各领域的深度应用，Python作为一门拥有强大的数据处理能力的高级程序语言，逐渐成为主流的大数据分析工具之一。本书围绕Python编程基础、数据分析和数据可视化三个主题，结合财会工作实际，详细介绍了利用Python进行财务数据分析和可视化的思路、方法和典型案例。

本书内容翔实，案例丰富，难度适宜，教学资源丰富，既可作为应用型本科和高等职业院校财经类专业的教材，也可供财务会计人员、数据分析人员学习参考。

◆ 主　　编　陈　丰　夏　会
　　副主编　毛华扬
　　责任编辑　崔　伟
　　责任印制　王　郁　彭志环

◆ 人民邮电出版社出版发行　　北京市丰台区成寿寺路11号
　　邮编　100164　　电子邮件　315@ptpress.com.cn
　　网址　https://www.ptpress.com.cn
　　北京隆昌伟业印刷有限公司印刷

◆ 开本：787×1092　1/16
　　印张：16　　　　　　　　　　2023年6月第1版
　　字数：418千字　　　　　　　2025年6月北京第6次印刷

定价：59.80 元

读者服务热线：(010)81055256　印装质量热线：(010)81055316
反盗版热线：(010)81055315

前　言

2022 年 1 月，世界编程语言排行榜 TIOBE 发布信息，Python 荣获 "2021 年度编程语言" 称号。作为一门应用广泛、入门简单的编程实战类语言，Python 以其强大的开源生态体系支撑着自身不断优化发展。随着大数据和人工智能技术的全面发展，Python 作为一门 "胶水语言"，凭借其便捷的系统交互能力、良好的语言兼容能力、强大的科学计算能力，以及流行的人工智能框架等优势，成为当下各领域应用程序开发的最佳选择之一，也成为高校计算机科学与技术、信息管理、经济管理及其他相关专业、各层次学生学习的重要内容。

党的二十大报告指出：加快发展数字经济，促进数字经济和实体经济深度融合，打造具有国际竞争力的数字产业集群。在数字经济时代，以大数据、人工智能、移动互联网、云计算、区块链等为代表的新技术，驱动企业的财会工作不断转型升级，企业对于财会人员的能力要求也越来越高。本书以 Python 3.x 为基础，以 Jupyter Notebook 为开发环境，以财会应用案例为落脚点，围绕 Python 编程基础、数据分析、数据可视化这 3 个主题由浅入深地介绍了财会数据的获取、处理和展示方法。本书在章节设计上层层推进，在内容安排上由易到难，并通过大量案例与习题，帮助学生充分学习与实践数据分析和可视化的相关知识，熟练掌握 Python 语言在财会领域的应用。

本书共 8 章：第 1 章主要介绍 Python 入门知识、Anaconda 的安装和使用等；第 2 章主要介绍 Python 语言基础知识，如数据类型、表达式等；第 3 章主要介绍程序的三大控制结构、程序调试和异常处理等内容；第 4 章介绍 Python 函数的基础知识和高级特性，并列举一些常用函数的用法；第 5 章介绍数据分析的基本流程和常用的 Python 数据分析第三方包；第 6 章结合财会业务场景介绍数据预处理和分析的常用方法；第 7 章介绍 Python 数据可视化常用的第三方包，并结合实际案例加以实践；第 8 章通过具体案例介绍 Python 在财务会计、管理会计和综合应用这 3 个方面的相关内容。本书每章都设置学习目标、引言、本章小结和习题等模块，重点突出，详略得当，实践性强，既可作为应用型本科和高等职业院校大数据与会计、大数据与财务管理、大数据与审计专业的教材，也可作为财务会计人员、数据分析人员的培训教材。

本书配套以下教学资源：教学 PPT、习题答案、数据分析支撑文件、程序代码等。书中的程序代码在 Anaconda 3 上调试通过。

　　本书由重庆理工大学会计学院陈丰和夏会担任主编，毛华扬担任副主编。陈丰、夏会、邓家泰、张霈、张怡肖雅、肖懿萍、刘佳慧、刘迪等负责完成本书微课视频、PPT 等教学资源的制作，钟陈、宋杰、高倩等负责完成本书所有案例代码的测试。

　　在编写过程中，编者借鉴了国内外优秀教材、著作、学术论文和网上传播的一些优秀作品，在此向这些文献与资料的作者一并表示感谢。由于编者水平有限，书中难免有不当之处，敬请专家、同行和广大读者批评指正。

　　本书受中国博士后科学基金项目（No.2021M693764）资助。

编者

2023 年 4 月于重庆

目　录

第 1 章

Python 编程入门

学习目标

◆ 了解 Python 语言的特点。

◆ 掌握 Python 的环境搭建方法。

◆ 掌握 Jupyter Notebook 的基本使用方法。

引言

《列子·汤问》中有一则寓言故事：古时候有个叫纪昌的人去拜射箭高手飞卫为师学习箭法，飞卫让纪昌先练好眼力再来。于是纪昌不管严寒酷暑，每天都在刻苦练习，终于练成。即使有人拿针刺他的眼皮，他的眼睛也不会眨一下。纪昌再次拜见飞卫，飞卫让他等到可以把很小的东西看得"很大"时再来。纪昌回家后，把一根很细的头发绑在一只小虱子上挂在窗口，每天聚精会神地盯着看，练到最后，小虱子在他的眼中真的可以大得像车轮一样。这之后，飞卫才教纪昌射箭，纪昌也通过自己的努力终于成为百发百中的射箭高手。

纪昌学箭的故事告诉我们：做任何事情，除了要有恒心、有毅力之外，还要能够按照一定的方法、步骤循序渐进。而要做好财务数据分析，学好 Python 很重要。本章我们首先要准备好 Python 开发环境，从第 2 章开始将逐步进入 Python 学习的各个阶段。

最近几年，随着大数据时代的到来，学习 Python 的人越来越多，可以说 Python 已经成为世界上使用最广泛的计算机编程语言之一。从本章开始，我们将学习这个奇妙的语言。通过学习，你会发现 Python 注重的是如何既快捷又方便地完成任务——真正意义上"为编程问题提供的完美解决方案"，而不只是编程语言的语法和结构。

1.1 Python 简介

1989 年，Python 语言由吉多·范罗苏姆（Guido van Rossum）发明，它是一种解释型的计算机编程语言，具有面向对象的特性。Python 自带了完备的标准函数库，能够满足基本程序设计需求。此外，Python 还能够使用丰富的第三方函数库套件，提升不同类型应用程序的开发效率，如面部识别应用、数据库应用、网页数据抓取与分析应用等。

微课 1-1

Python 编程语言受到许多程序开发人员的喜爱，主要因其具有下列特点。

（1）免费且开源。Python 是免费且开放源代码的编程语言，使用者可以自由地使用或修改其源代码。

（2）简单易学。Python 的语法简单易学，其语法结构与英文语法相近，学习门槛比 C、C++ 语言低。

（3）可移植性较强。Python 是一门跨平台语言。使用 Python 语言编写的程序，很容易就可以移植到不同的操作系统上，具有较强的可移植性。也就是说，用 Python 语言在某一个操作系统下开发的程序，可以在少量修改或完全不修改的情况下，顺利移植到另一个操作系统上运行。

（4）丰富的第三方函数库。Python 可以使用许多第三方开发的函数库，这令其功能更加强大。

但是，Python 也有它的缺点。由于 Python 命令是通过解释执行的，Python 程序的执行速度相对于用 C、C++ 或 Java 语言编写的程序要慢。此外，Python 程序代码不能加密。

Python 主要的版本可分为两大类：Python 2.x 和 Python 3.x，简称 Python 2 和 Python 3。Python 3 是当前流行的版本，已经非常成熟和稳定，因此，本书建议初次接触 Python 的读者学习 Python 3。本书内容也是围绕 Python 3 展开的。

📖**对初学者的建议**

（1）坚定学习志向。学习编程不是一件容易的事情，但只要有恒心就一定做得到！通过好的学习方法，训练逻辑思维能力，一步一个脚印，是可以学好编程的。给自己定下学习目标，朝着目标前进吧！

（2）一切从基础开始。学习最忌好高骛远，我们学习编程要从最基本的数据类型与输入输出语法开始，然后学习流程控制和数据结构，由浅入深，循序渐进。

（3）学会模仿。在学习编程之前，要好好学习经典的程序范例。模仿不是复制粘贴，而是指在看懂范例程序的设计逻辑之后，根据自己的理解，再亲自实现一遍或几遍。

学习编程需要花费大量的时间和精力，但是只要真正付出，其过程和收获也将会是非常美妙的。所谓"一法通，万法通"，把 Python 语言学好，以后再学习其他编程语言，将会事半功倍，更加容易。

1.2　Anaconda 的安装与使用

"工欲善其事，必先利其器"。Python 的学习过程少不了文本编辑器或者集成开发环境，这些工具可以帮助开发者提高使用 Python 进行程序开发的速度，进而提高效率。Python 的开发环境中拥有诸如 NumPy、Pandas、Matplotlib 等功能齐全的库，能够为数据分析工作提供极大的便利。不过，库的管理及版本问题不能让数据分析人员专注于数据分析，而是将大量的时间花费在解决库配置与库冲突等问题上。

基于上述需求，我们可以使用 Anaconda 套件进行开发。Anaconda 内置了科学计算、数据分析、工程计算等 Python 套件，支持各种操作系统平台，完全免费与开源，且能够避免库配置或库冲突等各种问题。安装 Anaconda 时，会一并安装 Spyder 集成开发环境及 Jupyter Notebook 环境。

1.2.1　下载与安装

Anaconda 有多种版本，这里我们以 Individual（个人）版本为例，介绍如何从 Anaconda 官方网站下载合适的安装包，并将其成功安装到计算机上。登录 Anaconda 官方网站，进入下载页面，如图 1-1 所示。

图 1-1　Anaconda 下载页面

　　在下载页面，读者可以根据自己的操作系统选择并下载对应的版本，下载的版本会伴随着软件更新而有所不同。我们以 Windows 操作系统为例，单击图 1-1 中的"Download"按钮，可以下载 Python 3.8 版本的 64 位图形安装程序（477MB）。

　　下载完以后，就可以进行安装了，安装过程如下。

步骤 01　双击安装文件，在打开的安装窗口中单击"Next"按钮，开始 Anaconda 软件的安装，如图 1-2 所示。

步骤 02　阅读软件许可协议，确定接受后单击"I Agree"按钮，如图 1-3 所示。

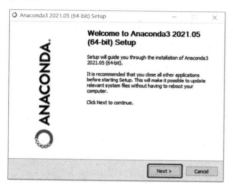

图 1-2　Anaconda 安装窗口

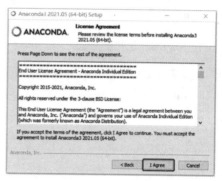

图 1-3　软件许可协议窗口

步骤 03　选择允许使用 Anaconda 软件的用户，这里选择"All Users"，然后单击"Next"按钮，如图 1-4 所示。

步骤 04　设置软件的安装路径，如图 1-5 所示，确定后单击"Next"按钮。

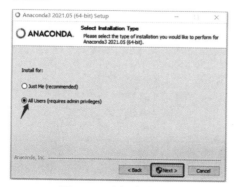

图 1-4　选择安装类型

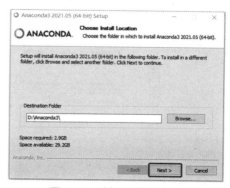

图 1-5　选择安装路径

步骤 05 在如图 1-6 所示的窗口中，第 1 个复选框表示是否允许将 Anaconda 添加到系统路径环境变量中，第 2 个复选框表示 Anaconda 使用的 Python 版本是否为 3.8。这里我们使用默认选项，即勾选第 2 个复选框，然后单击"Install"按钮。

步骤 06 进入安装过程界面，如图 1-7 所示。

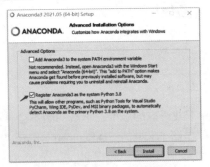

图 1-6　高级安装选项窗口

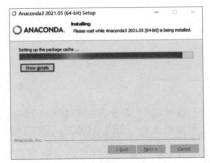

图 1-7　安装过程界面

步骤 07 安装完成后，单击"Next"按钮，如图 1-8 所示。

步骤 08 这一步，系统会建议安装 PyCharm 集成开发环境。由于本书主要使用 Anaconda 自带的 Spyder 和 Jupyter Notebook 工具，不建议下载、安装 PyCharm，因此，我们单击"Next"按钮，如图 1-9 所示。

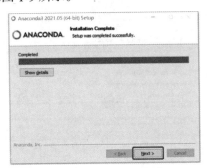

图 1-8　安装过程完成

图 1-9　跳过 PyCharm 安装

步骤 09 取消勾选"Anaconda Individual Edition Tutorial"和"Get Started with Anaconda"两个复选框，然后单击"Finish"按钮，完成安装，如图 1-10 所示。

安装完成以后，在系统左下角"开始"菜单的"所有程序"中可以找到 Anaconda3 文件夹，其中包含多个组件，如图 1-11 所示。

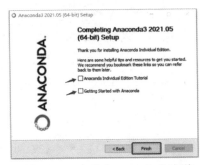

图 1-10　完成 Anaconda 的安装

图 1-11　Anaconda3 的目录结构

关于图 1-11 中 Anaconda3 目录下部分常用组件的说明如下。

（1）Anaconda Navigator：用于管理工具包和环境的图形用户界面，后续涉及的众多管理命令也可以在 Anaconda Navigator 中手动实现。

（2）Anaconda Prompt：Anaconda 自带的命令行。

（3）Jupyter Notebook：基于 Web 的交互式计算环境，可以编辑易于人们阅读的文档，用于展示数据分析的过程。

（4）Spyder：一个使用 Python 语言的、跨平台的、科学运算的集成开发环境。

1.2.2　Jupyter Notebook 界面介绍

Anaconda 提供了 Jupyter Notebook 开发环境，可让用户在浏览器中开发 Python 程序。在"开始"菜单中，选择"Anaconda3(64-bit)"下的"Jupyter Notebook(Anaconda3)"选项可以打开 Jupyter Notebook，其界面如图 1-12 所示。如果没有自动打开浏览器，可以在浏览器的地址栏中输入"localhost:8888/tree"，其中，localhost 表示本机地址，8888 是端口号，然后按【Enter】键。文件实际存储的默认路径为"C:\Users\用户名"。

微课 1-2

图 1-12　Jupyter Notebook 界面组成

Jupyter Notebook 界面主要由 4 部分组成：标题栏、菜单栏、工具栏和编辑区域，如图 1-13 所示。

图 1-13　Jupyter Notebook 界面

1. 标题栏

位于界面最上方的是标题栏，它用于显示 Jupyter Notebook 当前文档的名称。单击当前文档的名称，在弹出的对话框中可以对其进行修改，修改完成后单击"Rename"按钮即可。用户也可以在"File"菜单中选择"Rename"命令对当前文档的名称进行修改。

2. 菜单栏

位于标题栏下方的是菜单栏，它主要包括一些常用的功能菜单。例如，包含下载功能的"File"菜单、包含删除单元格功能的"Edit"菜单，以及包含插入单元格功能的"Insert"菜单等。这些菜单的功能都比较容易理解，这里不再赘述。

3. 工具栏

位于菜单栏下方的是工具栏，包含常用的功能按钮，如图 1-14 所示。

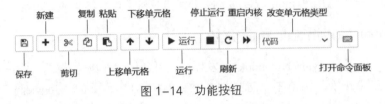

图 1-14　功能按钮

在图 1-14 中，每个按钮的功能从左到右依次是保存、新建、剪切、复制、粘贴、上移单元格、下移单元格、运行、停止运行、刷新、重启内核、改变单元格类型和打开命令面板。单击代码按钮可以打开一个下拉列表框，用来指定单元格的类型。

4. 编辑区域

界面最下方是编辑区域，它是由一系列单元格组成的，每个单元格有如下两种形式。

① Code 单元格：此处是用户编写代码的地方。使用【Shift+Enter】组合键或单击工具栏上的"运行"按钮可以运行单元格内的代码，其运行结果会显示在该单元格的下方。此类型的单元格是以"In[序号]:"开头的。

② Markdown 单元格：此处可以对文本进行编辑，如设置文本格式，或者插入超链接、图片、数学公式等。使用【Shift+Enter】组合键或单击工具栏上的"运行"按钮同样能运行此类型的单元格，结果将显示格式化的文本。

Jupyter Notebook 有两种不同的键盘输入模式，分别为编辑模式和命令模式。选中单元格按【Enter】键或单击单元格即可进入编辑模式。处于该模式下的单元格左侧显示为绿色标识线，表明可以编辑代码和文本。选中单元格按【Esc】键即可进入命令模式。处于该模式下的单元格左侧显示为蓝色标识线，表明可执行键盘输入的快捷命令。例如，按【H】键可查看所有的快捷命令，如图 1-15 所示。

图 1-15　查看快捷命令

1.2.3　Jupyter Notebook 基本应用

下面我们练习在 Jupyter Notebook 中创建并运行一个新的 Python 文件。

步骤 01　在 Jupyter Notebook 界面中，右上方有一个 "New" 下拉按钮，单击该按钮并在打开的下拉列表中选择 "Python 3" 选项，即可新建一个 Python 文件，如图 1-16 所示。

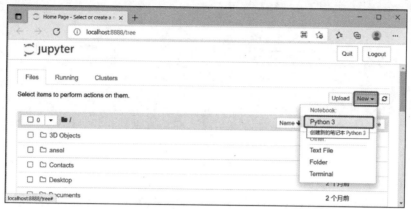

图 1-16　新建 Python 文件

步骤 02　本例中新文件的默认名称是 "Untitled"。单击 "Untitled"，在打开的 "重命名笔记本" 对话框中输入 "1-2-3"，然后单击 "重命名" 按钮，如图 1-17 所示。这样可以把新建的 Python 文件重命名为 "1-2-3"。

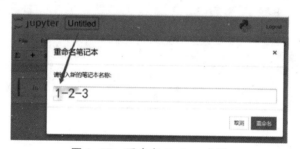

图 1-17　重命名 Python 文件

步骤 03　如图 1-18 所示，"In" 右侧是一个空的方括号，这里用于显示输入的代码块的编号（因为还没有代码运行，所以这里暂时为空）。再右侧是一个单元格，在这里可以输入 Python 程序语句。和其他编辑器一样，在这里输入的语句也会有语法高亮、自动缩进等特性。例如，在单元格中输入 "print('欢迎进入财务大数据的学习')"，可以看到图 1-18 所示的效果。

图 1-18　在 Jupyter Notebook 中编写代码

步骤 04　单击 ▶运行 按钮，在编辑区域的下方会出现 "欢迎进入财务大数据的学习" 字符串，如图 1-19 所示。这时在代码运行结果的下方会出现一个新的单元格（Cell），可以继续编写下一段代码。

图 1-19　代码运行结果

步骤 05 保存文件。虽然 Jupyter Notebook 会自动保存文件，但我们在操作完成后还是需要单击"保存"按钮保存文件，以防止意外。保存后，可以在默认目录下看到名称为"1-2-3.ipynb"的文件。

> **!!! 提示**
>
> 一般而言，Python 文件的扩展名为".py"，但使用 Jupyter Notebook 所编辑的 Python 文件，其扩展名为".ipynb"，如图 1-20 所示。这是因为 Jupyter Notebook 会在文件中加入 Jupyter 所需的其他信息。前面提到过，在 Jupyter Notebook 编程环境中，Python 文件存储的默认路径为"C:\Users\用户名"，本例中用户名为"chenf"，因此在 C 盘的"\Users\chenf"文件夹中可以看到新建的文件"1-2-3.ipynb"。
>
>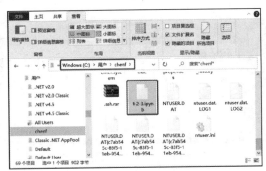
>
> 图 1-20　在 Jupyter Notebook 中编写的 Python 文件

1.3　财务人的 Python 编程起步

1.3.1　开始第一个 Python 程序

一个完整的程序，一般具备输入（Input）、处理（Process）、输出（Output)3 个要素，如图 1-21 所示。这种编程方法通常称为 IPO 方法。

图 1-21　IPO 编程方法示意

（1）输入。输入是一个程序的开始。程序要处理的数据有多种来源，因此就有多种输入方式，如文件输入、网络输入、用户手工输入、随机数据输入、程序内部参数输入等。

（2）处理。处理是程序对输入数据进行运算，产生输出结果的过程。处理的方法也叫算法，是程序最重要的部分。

（3）输出。输出是一个程序展示运算结果的方式。程序的输出包括控制台显示输出、图形输出、文件输出、网络输出等。

在 Python 中，通常使用 input()函数来输入数据，使用 print()函数来输出结果。用户输入的数据可以使用变量（Variable）来保存。

例 1-1　使用 Python 计算毛利率。

【分析思路】毛利率（Gross Margin Rate）是反映企业盈利能力的重要指标之一，计算公式如下。

$$毛利率=毛利润/营业收入×100\%$$
$$=（营业收入–营业成本）/营业收入×100\%$$

因此，计算毛利率的过程可以分为 3 步，如图 1-22 所示。

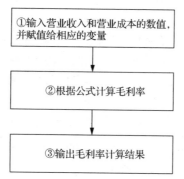

图 1-22　计算毛利率的 IPO 示意图

使用 Python 语言进行程序设计，参考代码如下。

行号	程序代码
1	In[1]:　#1 输入
2	income = input('请输入营业收入：')
3	cost = input('请输入营业成本：')
4	In[2]:　#2 处理（类型转换、计算）
5	income = int(income)
6	cost = int(cost)
7	
8	profit = (income - cost)/income*100
9	#3 输出
10	In[3]: print('利润=',profit,'%')

!!! 提示

例 1-1 中用到的 input()函数和 int()函数都是 Python 的内置函数。input()函数接收一个标准输入数据，即从键盘输入的数据，返回字符串符。int()函数用于将字符串或数字转换为整数类型。

1.3.2　代码调试过程解析

打开 Jupyter Notebook 的编辑界面，系统默认已经有一个单元格。下面我们使用 Jupyter

Notebook 工具来演示例 1-1 代码运行调试的整个过程，包括编写和运行代码、修改文件名称、设置标题和导出功能。

1. 编写和运行代码

步骤01 选中单元格，按【Enter】键进入单元格的编辑模式，此时可以输入任意代码并运行。例如，在单元格中输入例 1-1 中第 1～3 行的代码，此时的编辑界面如图 1-23 所示。

```
In [ ]:  #1 输入
         income = input('请输入营业收入:')
         cost = input('请输入营业成本:')
```

图 1-23　在单元格中输入代码

!!!提示

（1）选中的代码单元格左侧有蓝色标识线，当前编辑的代码单元格左侧有绿色标识线。

（2）编写程序时，注释是非常有用的，它能够让用户在程序中添加说明，从而提升代码的可读性。Python 使用"#"标识注释，从"#"开始直到此行结束的内容都是注释。Python 解释器在运行代码时会忽略"#"之后的所有内容，即不会执行"#"所在行的内容。例 1-1 程序中第 1、4 和 9 行都是注释，它们的作用是帮助读者理解代码的含义。

上述代码块的目的是让用户分别输入营业收入和营业成本的数值，并分别保存到变量 income 和 cost 中。这个过程对应图 1-22 中的第①个步骤。

步骤02 按【Shift+Enter】组合键或单击"运行"按钮运行代码，此时的编辑界面如图 1-24 所示。

```
In [*]:  #1 输入
         income = input('请输入营业收入:')
         cost = input('请输入营业成本:')

         请输入营业收入:
         [                                    ]
```

图 1-24　输入营业收入

在图 1-24 中输入营业收入的值为 100，按【Enter】键继续输入营业成本的值为 70，此时的编辑界面如图 1-25 所示。

```
In [1]:  #1 输入
         income = input('请输入营业收入:')
         cost = input('请输入营业成本:')

         请输入营业收入: 100
         请输入营业成本: 70

In [ ]:  |
```

图 1-25　输入营业成本

In[1]单元格中的代码运行完后，光标会移动到一个新的单元格中。由图 1-25 可知，通过绿色边框可以轻松地识别出当前工作的单元格。比较图 1-23、图 1-24 和图 1-25 中"In[序号]:"的内容可以知道，当前正在编辑的单元格标注为"In[]"，正在运行的单元格标注为"In[*]"，而已经执行完的单元格会被标注为"In[序号]"。

步骤03 在新的单元格中输入例 1-1 程序中第 4～8 行的代码，此时的编辑界面如图 1-26 所示。

```
In [ ]:  #2 处理、加工（类型转换、计算）
         income = int(income)
         cost = int(cost)

         profit = (income - cost)/income*100
```

图 1-26　录入程序处理部分的代码

由于用 input() 函数读入数据时，数据类型会被视为字符串，因此变量 income 和 cost 都是字符串类型，不能进行加、减、乘、除等运算。第 5～6 行代码的作用是将字符串类型的数值转换成整数，这里用到了 int() 函数（用于将字符串或数字转换为整数类型）。经过数据类型转换后，此时变量 income 和 cost 就是整数类型，可以进行数学运算。图 1-26 中代码的作用是根据毛利率的计算公式得到毛利率的值，并将其存储到变量 profit 中。至此，我们完成了图 1-22 中的第②个步骤。

步骤04 单击"运行"按钮运行单元格中的代码，"In[]"会被标注为"In[2]"，且光标会移到一个新的单元格中。此时的编辑界面如图 1-27 所示。

```
In [2]:  #2 处理、加工（类型转换、计算）
         income = int(income)
         cost = int(cost)

         profit = (income - cost)/income*100

In [ ]:  |
```

图 1-27　In[2] 单元格中的代码运行完成

In[2] 单元格中的代码运行完成后，变量 profit 中保存了计算得到的毛利率。

步骤05 在新的单元格中输入例 1-1 程序中第 9～10 行的代码，用 print() 函数输出最后的计算结果，即毛利率的值。它对应图 1-22 中的第③个步骤。

步骤06 单击"运行"按钮，此时的编辑界面如图 1-28 所示。

```
In [3]:  ▶ #3 输出
            print('毛利率=', profit, '%')

         毛利率= 30.0 %

In [ ]:  ▶ |
```

图 1-28　输出毛利率的值

从图 1-28 可以看出，变量 profit 的值用 print() 函数输出。由于 print() 函数没有返回值，在运行结果的左侧没有出现"Out[序号]:"的标注。若在新单元格中直接输入 profit 的值并运行代码，编辑界面如 1-29 所示。

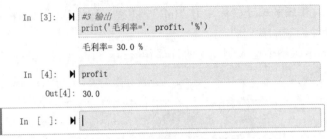

图 1-29　直接输出 profit 的值

从图 1-29 可知，单元格 In[4]中的代码运行完成后，结果显示在其下方，且左侧以"Out[序号]:"开头。

除此之外，还可以修改之前的代码并重新运行。例如，将光标移回第一个单元格，重新运行该单元格中的代码，营业收入还是输入 100，而将营业成本输入为 80，并重新运行第 2 和第 3 个单元格中的代码，结果如图 1-30 所示。

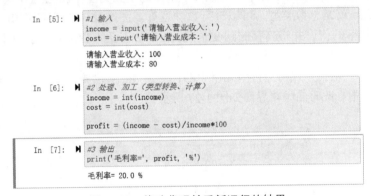

图 1-30　修改代码并重新运行的结果

2. 修改文件名称

Jupyter Notebook 中新增加的文件默认以"Untitled 序号"命名。如图 1-31 所示，单击"Untitled13"，在弹出的"重命名笔记本"对话框文本中输入"例 1-1"，然后单击"重命名"按钮，结果如图 1-32 所示。从图 1-32 中可知，文件名称已修改为"例 1-1"。

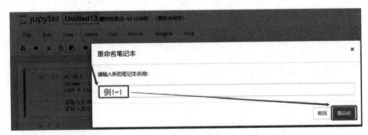

图 1-31　输入新的文件名称

图 1-32　修改文件名称

3. 设置标题

选中最上面的单元格，执行"Insert"→"Insert Cell Above"命令，会在当前单元格的上方插入一个新的单元格，如图 1-33 所示。

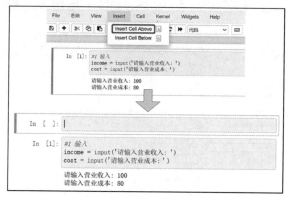

图 1-33　在当前单元格上方插入一个新的单元格

在工具栏区域打开"改变单元格类型"下拉列表框，选择"Markdown"，将单元格变为 Markdown 单元格，如图 1-34 所示。

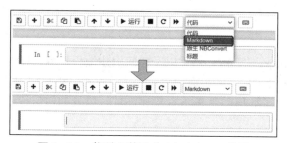

图 1-34　将单元格改为 Markdown 类型

在 Markdown 单元格中，以一个"#"字符加上空格开头的文本表示一级标题，以两个"#"字符加上空格开头的文本表示二级标题，以此类推。例如，在刚刚插入的单元格中添加以下两行标题，参考代码如下。

行号	程序代码
1	# 毛利率计算
2	## 毛利率=毛利润/营业收入×100%=（营业收入-营业成本）/营业收入×100%

运行上述代码，Jupyter Notebook 编辑界面中成功添加了两个标题，如图 1-35 所示。

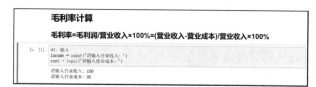

图 1-35　运行 Markdown 单元格中的代码的结果

通常，我们在 Markdown 单元格中编写注释，然后通过按【Shift+Enter】组合键或单击"运行"按钮运行单元格中的代码，就可以得到图 1-35 所示的效果。

4. 导出功能

Jupyter Notebook 还有另一个强大的功能，就是导出功能。它可以将笔记本导出为多种格式，如 HTML（.html）、Notebook（.ipynb）、PDF via LaTeX（.pdf）、Python（.py）等。导出功能可以通过单击"File"→"Download as"级联菜单实现，如图 1-36 所示，在打开的详情列表中选择想要保存的格式即可。

图 1-36　导出功能

 本章小结

本章首先介绍了 Python 的起源、特性以及如何构建编程环境；接着以 Jupyter Notebook 作为开发工具介绍了 Jupyter Notebook 的界面和 Jupyter Notebook 的基本应用；最后，以财务人员熟悉的毛利率计算为例，介绍了如何创建 Python 程序文件，以及如何运行和调试代码的完整过程。

习题

一、选择题

1. 下列关于 Python 语言特点的说法中，错误的是（　　）。
   A. Python 语言是非开源语言　　　　　　B. Python 语言是跨平台语言
   C. Python 语言是免费的　　　　　　　　D. Python 语言是面向对象的
2. Python 源代码文件的扩展名是（　　）。
   A. .pdf　　　　　　B. .doc　　　　　　C. .png　　　　　　D. .py
3. 关于 Python 注释，以下选项中描述错误的是（　　）。
   A. Python 注释语句不被解释器过滤，也不被执行
   B. 注释可用于标明作者和版权信息
   C. 注释可以辅助程序调试
   D. 注释用于解释代码原理或者用途
4. 以下不属于 IPO 模式的是（　　）。
   A. Input　　　　　　B. Program　　　　　C. Process　　　　　D. Output
5. Python 是一种（　　）类型的编程语言。
   A. 机器语言　　　　　B. 解释　　　　　　C. 编译　　　　　　D. 汇编语言

6. 下列不属于 Python 语言优点的是（　　　）。

    A. 语法简洁，程序开发速度快

    B. 拥有大量的第三方库，能够调用 C、C++、Java 语言

    C. 程序的运行速度在所有计算机语言中最快

    D. 开源免费

二、判断题

1. Python 是一种解释型的计算机编程语言，具有面向对象的特性。（　　　）

2. 在 Windows 平台上编写的 Python 程序无法在 UNIX 平台上运行。（　　　）

3. Python 中 input() 函数的返回值是字符串。（　　　）

4. int()、input()、print() 都是 Python 的内置函数。（　　　）

5. print() 是标准的输出函数。（　　　）

三、程序题

1. 在 Jupyter Notebook 中输入以下程序，练习程序运行方法。

行号	程序代码
1	name=input('请输入您的姓名：')
2	print('加油!!加油!!%s 学习 Python 是最棒的'%name)

2. 在 Jupyter Notebook 中输入以下程序，练习程序运行方法。

行号	程序代码
1	x=int(input('x='))
2	y=int(input('y='))
3	if x*y==0:
4	print('error')
5	else:
6	print((x+y)**2/(x*y))

Python 语言基础

◆ 了解变量、常量的概念，掌握赋值操作的用法。
◆ 掌握基本数据类型的概念及其应用。
◆ 了解组合数据类型的概念，掌握其创建、新增、修改、删除等操作。
◆ 掌握表达式和运算符的用法，熟悉运算符优先级。
◆ 熟悉代码编写规则。

《老子》有言："合抱之木，生于毫末；九层之台，起于垒土；千里之行，始于足下。"这句话强调的是事物都是由小到大、由弱变强的。万丈高楼平地起，只有基础打得牢固，建筑才能长久地屹立不倒。

在 Python 语言的学习过程中，本章知识是构建 Python 程序、实现复杂功能的基础。只有学好本章知识，后续才能充分运用 Python 完成数据分析、可视化等高阶操作。扎实的基础是成就事业的关键，因此本章学习的核心在于不断练习、夯实基础。

Python 程序由模块组成，模块包含语句，语句包含表达式，表达式由操作数和运算符组成。从概念上讲，Python 程序开发就是按照一定的逻辑编写语句，实现变量赋值、函数调用和流程控制等，在此基础上将其组织为模块，即扩展名为".py"的源文件。本章主要围绕变量及赋值、数据类型、数据结构、运算符、代码编写规则等基础知识展开介绍。

2.1 变量、常量及其赋值操作

Python 程序编写过程中不可避免地要进行数据处理，变量（Variable）可以简单地理解为一个小箱子，专门用于"盛放"数据。然而，严格来说，变量

微课 2-1

其实是赋给值的标签，是数据所存放的内存块的名字，通过变量可以找到特定的数据。Python 中的变量不需要声明，但是使用前必须要为变量赋值。

常量（Constant）与变量相对应，都是用于存放数据的容器。与变量不同的是，常量保存的数据在程序运行过程中不能再被修改，变量保存的数据则可以被多次修改。Python 中没有专门的语法代表常量，通常将变量名全部大写代表常量。

给数据贴上变量这一标签的过程就叫作赋值（Assignment）。Python 中使用等号"="作为赋值运算符，其语法格式为：变量名=数据或表达式。

例 2-1 对变量与常量进行赋值，参考代码如下。

行号	程序代码
1	In [1]:　name = "Hello World!"
2	print(name)
3	Out [1]:　Hello World!
4	In [2]:　name2 = name
5	print(name2)
6	Out [2]:　Hello World!
7	In [3]:　name = "Python"
8	print(name)
9	Out [3]:　Python
10	In [4]:　PI = 3.14
11	print(PI)
12	Out [4]:　3.14

【代码解析】第 1 行代码将字符串"Hello World!"赋值给变量 name。第 2 行代码将变量 name 标记的数据输出。第 4 行代码将变量 name 标记的数据赋值给 name2。第 5 行代码将变量 name2 标记的数据输出。第 7 行代码将字符串"Python"赋值给变量 name。第 8 行代码将 name 标记的数据输出。这时 name 所"盛放"的数据不再是"Hello World!"，而是"Python"。第 10 行代码定义常量 PI，并将常量赋值为 3.14。第 11 行代码将 PI 标记的数据输出。

> 💡 **说明**
>
> 各条语句执行时的内存分配情况如图 2-1 所示。计算机为字符串"Hello World!"分配了一块内存，这块内存的标签先后有两个，即 name 和 name2。后来经过第 7 行代码，计算机为字符串"Python"也分配了一块内存，而 name 这个标签则从原先"Hello World!"的内存块上"撕下"，被"贴到"字符串"Python"所在的内存块上。变量被赋予新值之后，便无法表示旧值。一个数据可以被多个变量标记，如果数据不再对任何变量使用，则将通过自动垃圾回收机制，回收该数据占有的内存。

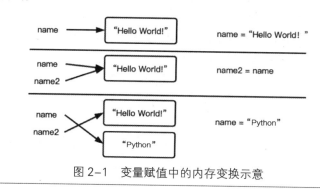

图 2-1　变量赋值中的内存变换示意

2.1.1　标识符命名规则

Python 编码中自定义的类名、函数名、变量等符号和名称，叫作标识符。Python 中的标识符由字母、数字、下画线（_）组成，不能以数字开头，第一个字符必须是字母或下画线，区分大小写，不能与 Python 关键字重复。

　　Python 中具有特殊功能的标识符称为关键字。Python 语言的关键字主要包含 False、None、True、and、as、asser、async、await、break、class、continue、def、del、elif、else、except、finally、for、from、global、if、import、in、is、lambda、nonlocal、not、or、pass、raise、return、try、while、with、yield。

　　例 2-2 标识符命名规则，示例代码如下。

行号	程序代码
1	In [1]: 123name = 'Accounting'
2	Out [1]:
3	In [2]: name#$ = 'Accounting'
4	Out [2]:
5	In [3]: True = 'Accounting'
6	Out [3]: 不能将值赋给关键字，不合法标识符，无输出
7	In [4]: name = 'Accounting'
8	print(name)
9	Out [4]: Accounting
10	In [5]: Name = 'Accounting2'
11	print(Name)
12	Out [5]: Accounting2

　　【代码解析】第 1、3、5 行代码均是标识符的错误命名方式：第 1 行代码以数字开头，第 3 行代码包含下画线之外的特殊字符，第 5 行代码将值赋给了关键字，因此都无法正确输出。第 7 行和第 10 行代码定义了两个变量，并对其赋值。第 9 行和第 12 行代码分别对前述两个变量指示的值进行输出。

2.1.2　输入与输出

　　编程语言中，输入和输出功能必不可少，前者用于接收原始信息，后者用于向外输出按要求处理后的结果。Python 中基本的输入、输出函数分别为 input() 和 print()，input() 从控制台获得用户输入，print() 以字符串的形式向控制台输出结果。

　　例 2-3 计算指定数额人民币能兑换的美元货币量。假设汇率为 1 美元兑换 7.099 8 人民币。输出结果四舍五入且保留 2 位小数。参考代码如下。

行号	程序代码
1	In [1]: input_CNY = input("请输入要兑换的人民币")
2	output_USD = float(input_CNY)/7.0998
3	output_USD = round(output_USD,2)　　　　　#保留小数点后 2 位数字
4	print("兑换结果：%s 美元"%(output_USD))
5	Out [1]: 请输入要兑换的人民币>? 900
6	兑换结果：126.76 美元

　　【代码解析】第 1 行代码提示输入要兑换的人民币数额。第 2 行代码将输入变量转换为浮点型数值并换算为对应的美元货币量。注意：不管输入的是数值还是字符串，input_CNY 都是字符串

类型。第 3 行代码使用 round() 函数对计算后的结果进行四舍五入并保留 2 位小数。第 4 行代码对最终结果进行格式化输出。关于数据类型的相关内容将在第 2.2 节详细介绍。

此外，Python 还支持链式赋值等其他赋值方式。

（1）链式赋值，其语法格式为：

```
变量1=变量2=数值或表达式
```

等价于：

```
变量2=数值或表达式
变量1=变量2
```

（2）系列解包赋值，其语法格式为：

```
变量1,变量2=数值1,数值2
```

等价于：

```
变量1=数值1
变量2=数值2
```

例 2-4　在例 2-3 的基础上，分别计算指定数额人民币兑换的美元和欧元货币量。假设汇率为 1 美元可兑换 7.099 8 人民币，1 欧元可兑换 6.989 2 人民币。输出结果四舍五入且保留 2 位小数。参考代码如下。

行号	程序代码	
1	In　[1]:　　def exchang(cny):	#定义货币兑换函数
2	output_USD = float(cny)/7.0998	
3	output_USD = round(output_USD,2)	#保留小数点后 2 位数字
4	print("兑换结果为：%s 美元"%(output_USD))	
5	output_EURO = float(cny)/6.9892	
6	output_EURO = round(output_EURO,2)	#保留小数点后 2 位数字
7	print("兑换结果为：%s 欧元"%(output_EURO))	
8	return cny,output_USD,output_EURO	
9	input_CNY = input("请输入要兑换的人民币")	
10	exchang_cny,exchange_output_usd,exchange_output_euro=exchang(input_CNY)	
11	print("人民币：%s 元 分别可以兑换：%s 美元 或者 %s 欧元"%(input_cny,exchange_	
12	output_usd,exchange_output_euro))	
13	Out [1]:　请输入要兑换的人民币>? 900	
14	人民币：900 元 分别可以兑换：126.76 美元或者 128.77 欧元	

【代码解析】第 5 行代码将输入变量转换为浮点型数值并换算为对应的欧元货币量。第 6 行代码使用 round() 函数对计算后的结果进行四舍五入并保留 2 位小数。第 9 行代码提示输入要兑换的人民币数量。第 10 行代码对函数返回结果进行系列解包赋值。这种多变量赋值，在函数返回多个值时特别有用。第 11～12 行代码对最终结果进行格式化输出。

2.2　基本数据类型

Python 程序不可避免地涉及对各种类型数据的操作。常见的数据类型包括

微课 2-2

数值类型、字符串型、布尔型、日期型等，如表 2-1 所示。

表 2-1　　　　　　　　　　　　Python 常见的数据类型

数据类型		符号标识	示例
数值型	整型	int	1、-3
	浮点型	float	3.0、1e12、1E12
字符串型		string	"Hello World!"
布尔型		boolean	True、False
日期型		time、datetime	2022-10-05

2.2.1　数值型

1. 整型

整型数值包含正整数、0 和负整数，其取值范围是无限的。Python 中的整型数值支持关系运算、算术运算、位运算，以及内置函数、math 模块中的数学运算函数等。

2. 浮点型

浮点型数值通常用于表示实数，包括整数和小数两个部分，有十进制和科学记数法两种表现形式。会计数据一般都是保留两位小数的浮点型数值。Python 中的浮点数同样支持关系运算、算术运算、位运算，以及内置函数、math 模块中的数学运算函数等。

例 2-5 数值类型举例，参考代码如下。

行号	程序代码
1	In [1]:　x = -7777777777777777777
2	print(type(x))
3	Out [1]:　<class 'int'>
4	In [2]:　y = 9999999999999999999
5	print(type(y))
6	Out [2]:　<class 'int'>
7	In [3]:　x = 2e4
8	print(x)
9	Out [3]:　20000.0
10	In [4]:　print(type(x))
11	Out [4]:　<class 'float'>
12	In [5]:　y = 3.09
13	print(type(y))
14	Out [5]:　<class 'float'>

【代码解析】第 1、4 行代码为变量 x 和 y 分别赋予了极小和极大整数值。第 2、5 行代码利用 type()函数查看变量 x 和 y 的数据类型，表明了整数类型可以表示的极大值和极小值。第 7、12 行代码将变量 x 和 y 分别赋予了科学记数法形式和小数形式的浮点数。第 9 行代码用于输出科学记数法形式下的浮点数值。第 10、13 行代码利用 type()函数查看变量 x 和 y 的数据类型。

> **!!!提示**
>
> Python 中只有一种小数类型，就是 float。而 C 语言中有两种小数类型，分别是 float 和 double。

2.2.2 字符串型

1. 字符串的定义

字符串是由若干个字母、数字、标点、特殊符号等有序组成的，通常用单引号或者双引号括起来。即使是数值，用引号括起来，也会变成字符串。Python 中没有独立的字符数据类型，字符即长度为 1 的字符串。

用单引号（''）、双引号（" "）、三单引号（''' '''）或者三双引号（""" """）将字符包围起来即形成字符串，其中单引号和双引号的作用机制相同，三引号用于表示多行字符串，且可以在三引号中自由地使用单引号和双引号。

例 2-6 字符串的创建和表示，参考代码如下。

行号	程序代码
1	In [1]: x = u'This python script is designed for accounting.'
2	print(type(x))
3	Out [1]: <class 'str'>
4	In [2]: x = "This is a python string."
5	print(type(x))
6	Out [2]: <class 'str'>
7	In [3]: x = '''
8	This python script is designed for accounting.
9	I'm a python learner!
10	'''
11	print(type(x))
12	Out [3]: <class 'str'>
13	In [4]: x = "I'm a python learner!"
14	print(x)
15	Out [4]: I'm a python learner!
16	In [5]: x = r"I'm \t a python \n learner!"
17	print(x)
18	Out [5]: I'm \t a python \n learner!

【代码解析】第 1、4、7 行代码为变量 x 分别赋予了 3 个字符串值，这 3 个字符串分别由单引号、双引号和三引号括起。第 2、5、11 行代码用于查看变量 x 的数据类型。第 1 和 16 行代码中字符串前面分别添加了 u 和 r 的标识，其中，u 表示该字符串为 Unicode 编码，能够适用于更广泛的字符集或语言环境下，r 表示后续字符串中任何字符都不会转义。

字符串表示中，无论是单引号、双引号和三引号都应当成双出现。单引号表示的字符串内可以使用双引号，该双引号是字符串的组成部分。双引号表示的字符串内可以使用单引号，该单引号是字符串的组成部分。三引号中间的字符串在输出时会保持原来的格式。

> **!!!提示**
>
> 在实际编程过程中，部分字符无法输出，如换行符、提示音等，需要转义字符进行标识。常见的转义字符列举如表 2-2 所示。使用 r 或 R 标识的字符串称之为原始字符串，其中包含的任何字符都不进行转义，通常用于表示文件的路径，如 open(r' C:\Program Files\python')等。
>
> 表 2-2　　　　　　　　　　　　转义字符举例
>
> | 转义字符 | 功能 |
> | --- | --- |
> | \\ | 反斜线（\） |
> | \' | 单引号（'） |
> | \" | 双引号（"） |
> | \a | ASCII 响铃符（BEL） |
> | \b | ASCII 退格符（BS） |
> | \f | ASCII 换页符（FF） |
> | \n | ASCII 换行符（FL） |
> | \r | ASCII 回车符（CR） |
> | \t | ASCII 水平制表符（CR） |
> | \v | ASCII 垂直制表符（VT） |

例 2-7　下面为某企业的简易收款凭证，该凭证表示一项实际销售收款业务，需要在摘要里面记录相关信息，现需要利用代码将摘要部分打印出来。参考代码如下。

收款凭证				
借方科目：	银行存款	2022 年 10 月 05 日		
摘要	贷方科目		记账	金额
	总账科目	明细科目		
今"2022-10-05"销售 A 产品，收到××公司银行转账 900 元	主营业务收入	A 产品		

行号	程序代码
1	In [1]:　print("今\"2022-10-05\"销售 A 产品，收到××公司银行转账 900 元")
2	Out [1]:　今"2022-10-05"销售 A 产品，收到××公司银行转账 900 元

【代码解析】在输出摘要信息时，如果不使用转义字符，则系统会报错，无法得到用双引号括起来的部分，即"2022-10-05"。因此，需要在代码中用反斜线对双引号进行转义处理。

2.　字符串访问

Python 中的字符串支持索引访问、切片访问、连接操作、重复操作以及求字符串长度、最大值、最小值等，同时支持关系运算、内置函数等运算操作，也能使用"+"拼接两个字符串。上述操作中，字符串访问是使用最广泛的方式。字符串常见操作示例如表 2-3 所示。

表 2-3　　　　　　　　　　　　字符串常见操作

操作	描述	示例
[]	通过索引访问字符串中的字符	a="accounting"，则 a[1] = "c"
[:]	截取字符串中的一部分进行切片访问	a="accounting"，则 a[1:4] ="cco"
+	字符串连接操作	a="accounting"，b="is"，则 a+b = "accounting is"
*	字符串重复操作	a="accounting"，则 a*2= "accountingaccounting"
len(str)	返回字符串长度	a="accounting"，则 len(str)的返回值为 10

　　Python 通过索引（Index）和切片（Slice）的方式对字符串进行访问。与其他编程语言类似，Python 的索引由左至右从 0 开始，对于长度为 N 的字符串，索引序号由 0 到 $N-1$。此外，Python 引入了负数索引的方法，便于从尾部开始由右至左进行字符串访问。对于长度为 N 的字符串，最后一位元素的索引为-1，倒数第二位元素的索引为-2，第一个元素的索引为 $-N$。表 2-4 以字符串"PYTHON"为例设置索引。使用索引可以直接访问字符串中的任意单个元素，如 L="PYTHON"，L[1]="Y"，L[-4]="T"。

表 2-4　　　　　　　　　　　　字符串 " PYTHON " 的索引

自左至右索引	0	1	2	3	4	5
字符串	P	Y	T	H	O	N
自右至左索引	-6	-5	-4	-3	-2	-1

　　访问字符串的部分内容，通常可以采用截取的方式进行。切片形式为字符串[开始索引:结束索引:步长]。开始索引默认为 0，省略时表示默认从 0 开始；结束索引省略时表示默认到字符串末尾结束；步长可省略，默认值为 1，表示截取字符串从开始索引到结束索引-1 部分的内容。当步长设置为其他值时，表示在开始索引到结束索引-1 的区间中，间隔固定步长地取出字符串。以表 2-4 为例，L[0:1] = L[:1] = "P"，L[5:] = L[-1:] = "N"，L[-3:] = "HON"，L[0:6:2] = "PTO"。

例 2-8 访问字符串，参考代码如下。

行号	程序代码	
1	In　[1]:	x = 'This python script is designed for accounting.'
2		length = len(x)
3		print(length)
4	Out [1]:	46
5	In　[2]:	print(x[10])
6	Out [2]:	n
7	In　[3]:	print(x[:11])
8	Out [3]:	This python
9	In　[4]:	print(x[:11:3])
10	In　[4]:	Tsyo
11	In　[5]:	print(x[2::2])
12	Out [5]:	i yhnsrp sdsge o conig
13	In　[6]:	print(x[5:-1])
14	Out [6]:	python script is designed for accounting
15	In　[7]:	print(x[-1:6:-1])
16	Out [7]:	.gnitnuocca rof dengised si tpircs noht

【代码解析】第 2 行代码利用 len()函数获取字符串的长度，并通过第 3 行代码输出。第 5 行代码通过索引的方式获得并输出 x 的第 10 个字符。第 7 行代码通过切片的方式访问字符串，获得并输出 x 的前 11 个字符（不包含索引为 11 的字符）。第 9 行代码每隔两个字符访问 x 的前 11 个字符，并将其输出。第 11 行代码每隔 1 个字符访问 x 的第 3 个字符后的所有字符（不包含最后一个字符），并输出。第 13 行代码访问 x 的第 6 个字符到最后一个字符（不包含最后一个字符），并输出。第 15 行代码由后往前访问，直至 x 的第 7 个字符为止（不包含第 7 个字符）。

3. 字符串格式化

Python 通常采用 format()内置函数将字符串按照设定的格式进行输出。该函数将字符串看作一个模板，通过传入参数对其进行格式化，并且使用花括号（{}）和冒号（:）进行占位。其基本语法格式如下：str.format(格式字符串,值 1,值 2,……)；格式字符串.format(值 1,值 2,……)；格式字符串.format_map(mapping)。

例 2-9 字符串的格式化输出，参考代码如下。

行号	程序代码
1	In [1]: x = "{}科目余额是{}元! ".format('应收账款','800.2')
2	print(x)
3	Out [1]: 应收账款科目余额是 800.2 元!
4	In [2]: x = "{1}科目余额是{0}元! ".format('800.2','应收账款')
5	print(x)
6	Out [2]: 应收账款科目余额是 800.2 元!
7	In [3]: x = "{account}科目余额是{amount:.1f}元! ".format(account = '应收账
8	款',amount = 800.255)
9	print(x)
10	Out [3]: 应收账款科目余额是 800.3 元!

【代码解析】第 1 行代码未指定格式化位置，按照默认顺序格式化。第 4 行代码设置数字顺序来指定格式化位置。第 7 行代码设置关键字 amount 来指定格式化。对于数值，还可以对其精度和进制进行调整，如指定的关键字 amount 为小数位数为 1 的浮点数。

2.2.3 其他类型

1. 布尔类型

在 Python 中，直接用 True 和 False 表示布尔值（注意大小写）。可将布尔类型当作特殊的整型数值对待，即 True 相当于整数值 1，False 相当于整数值 0。布尔值一般产生于逻辑运算、比较运算中。

例 2-10 布尔类型应用举例，参考代码如下。

行号	程序代码
1	In [1]: x = False+1
2	print(x)
3	Out [1]: 1
4	In [2]: x = True+1
5	print(x)
6	Out [2]: 2

2. 空值

空值是 Python 中一个特殊的值，用 None 表示。None 既不能理解为 0，也不能理解为 False，因为 0 和 False 都是有意义的，而 None 是一个特殊的空值。

3. Decimal 模块

Decimal 模块是 Python 中用于精确计算的第三方库，亦被称作金融数据类型。请看下面一段简单的代码。

行号	程序代码
1	In [1]:　print(0.1+0.2)
2	Out [1]:　0.30000000000000004

理论上，第 1 行代码的输出的结果应该为 0.3，但实际输出 0.300 000 000 000 000 04。计算机中部分十进制小数用有限的二进制位是无法表示的，比如十进制的 1/10，在十进制中可以简单写为 0.1，但在二进制中，应写成：0.000 110 011 001 100 110 011 001 100 110 011 001 100 110 011 001 100 1…（后面全是 1001 循环）。因为浮点数只有 52 位有效数字，从第 53 位开始就舍入了。然而 Python 中的浮点数运算，事实上是二进制的浮点数运算，对于二进制无法精确表示的浮点数，则会产生浮点数计算精度损失问题。

基于此，可以考虑用 Python 的第三方库 Decimal 模块来避免精度损失的问题。此处应注意，可以传递给 Decimal 模块整数或者字符串，但不能是浮点数，因为浮点数本身就不准确。

例 2-11 假设本金 100 元，年利率 3.5%，有效存期半年，进行存款利息计算。参考代码如下。

行号	程序代码
1	In [1]:　from decimal import Decimal
2	本金=1000000000000000
3	年利率=0.035
4	半年利息=本金 * 年利率 * 0.5
5	print("半年利息 变量的数据类型: ",type(半年利息))
6	print("半年利息=",半年利息)
7	Out [1]:　半年利息 变量的数据类型: <class 'float'>
8	半年利息=17500000000000.002
9	In [2]:　年利率D=Decimal("0.035")
10	半年利息D =本金 * 年利率D * Decimal("0.5")
11	print("半年利息D 变量的数据类型: ",type(半年利息D))
12	print("半年利息D=",半年利息D)
13	Out [2]:　半年利息D 变量的数据类型: <class 'decimal.Decimal'>
14	半年利息D=17500000000000.0000

【代码解析】第 1 行代码用于引入 Decimal 模块。为了演示 Decimal 类型和浮点类型的差异，第 2 行代码定义了一个很大的本金值。在不考虑 Decimal 类型的前提下，第 8 行应输出 17 500 000 000 000 元，但实际输出却是 17 500 000 000 000.002 元，明显多 0.002 元的利息。众所周知，金融行业对于小数点后的数字都是高度敏感的，涉及实际结算给客户的金额。再看使用了 Decimal 类型后，第 14 行显示半年利息为 17 500 000 000 000.000 0 元，这与实际情况相符。

> **!!!提示**
>
> 在 Decimal 模块中利用 getcontext().prec 可以设置数据的有效数字。若 getcontext().prec=4，则后续运算会保留 4 位有效数字，如 print(Decimal(5)/Decimal(3))得到的结果是 1.667。

4. 时间与日期类型

在实际业务发生过程中，产生的会计凭证都需要记录业务发生时间。获取当前时间可以使用 now()或 utcnow()函数，其中，now()用于获取当地时间，而 utcnow() 用于获取世界标准时间。

例 2-12 现有现金收款记账凭证，要求利用 Python 语言按照 "xxxx 年-xx 月-xx 日" 格式填写凭证日期（2022 年 10 月 5 日）。参考代码如下。

收款凭证				
借方科目：	库存现金	2022 年 10 月 05 日		
摘要	贷方科目		记账	金额
	总账科目	明细科目		

行号	程序代码	
1	In [1]:	import time
2		print(time.strftime("%y年%m月%d日", time.localtime(time.time())))
3	Out [1]:	2022 年 10 月 05 日

在银行承兑汇票贴现时，通常要计算银行发放贴现款日到票据到期日之间的自然日天数，如果两个日期相差大，以人工方式一天一天计数很麻烦，也容易出错，每月天数还得考虑 31 天、30 天或者闰年、平年的区别。Python 语言中内置了一个 datetime 时间模块，可以更加方便地进行计算。

例 2-13 银行承兑汇票贴现时，计算票据到期日和承兑日之间的天数，假设到期日为 2023 年 11 月 30 日，发放贴现款日为 2022 年 10 月 5 日。参考代码如下。

行号	程序代码	
1	In [1]:	import datetime
2		到期日 = datetime.date(2023, 11, 30)
3		发放贴现款日 = datetime.date(2022, 10, 5)
4		print("银行发放贴现款日到票据到期日之间的自然日天数：%s 天"%(到期日
5		-发放贴现款日).days)
6	Out [1]:	银行发放贴现款日到票据到期日之间的自然日天数：421 天

有时，我们需要对时间做格式化处理，可以使用 strftime()或 strptime()函数。strftime()函数用于对 datetime 对象进行格式化，strptime 函数用于对字符串对象进行格式化。感兴趣的读者可以查阅资料了解更多信息。

2.2.4 数据类型转换

当我们需要对数据内置的类型进行转换时，只需将数据类型作为函数名即可。表 2-5 所示的内置函数可以进行数据类型之间的转换。这些函数将返回一个新的对象，表示转换的值。

表 2-5　　　　　　　　　　　　　　　　数据类型转换函数

函数	描述
int(x [,base])	将 x 转换为一个整数
long(x [,base])	将 x 转换为一个长整数
float(x)	将 x 转换为一个浮点数
str(x)	将 x 转换为字符串

如果一个表达式中包含不同类型的操作数，则 Python 会进行类型转换。布尔类型会自动转化为整数类型，整数类型会自动转化为浮点类型。

例 2-14　数据类型转换举例，参考代码如下。

行号	程序代码
1	In [1]: print(int(1.33))
2	Out [1]: 1
3	In [2]: print(float("abc"))
4	Out [2]: ValueError: could not convert string to float: 'abc'
5	In [3]: print(1+1.4)
6	Out [3]: 2.4
7	In [4]: print(6+True)
8	Out [4]: 7

【代码解析】第 1、3 行代码采用数据类型转换函数对参数进行转换。转换过程中会存在精度丢失的问题或引发异常，如第 3 行代码不能将字符串类型转换为浮点数类型。第 5、7 行代码是 Python 对数据类型的自动转换。

2.3　组合数据类型

2.3.1　列表

微课 2-3

列表（List）是 Python 内置的一种数据类型。它是一种有序的集合，可以包含不同类型的元素，如数值、字符串，甚至是其他列表，但通常使用时各个元素的类型相同。列表创建后，用户可以访问、修改、添加或删除列表中的元素，即列表是可变的数据类型。

1. 创建列表

列表是由方括号[]括起来的，里面的数据叫作元素，每个元素之间使用英文逗号分隔。例如，list1=['重庆','成都','西安',2021,True]，其中包含字符串型、布尔型和整型数据。

2. 访问列表中的元素

与字符串访问方式类似，列表也可以通过索引和切片的方式进行访问。列表索引自左向右从 0 开始，反向索引从-1 开始。切片访问格式为列表[开始索引:结束索引:步长]。步长可省略，默认值为 1。

3. 列表的其他常见操作

列表的其他常见操作如表 2-6 所示。

表 2-6　　　　　　　　　　　　　　　　列表的其他常见操作

操作类型	函数	描述
添加	list.append(obj)	在列表末尾添加新的对象
	list.insert(index,obj)	将对象插入指定位置
	list.extend(seq)	在列表末尾一次性追加另一个序列中的多个值（用新列表扩展原来的列表）
修改	list[index] = obj	采用索引的方式修改列表元素
删除	list.pop(obj=list[-1])	移除列表中的一个元素（默认为最后一个元素），并且返回该元素的值
	list.remove(obj)	移除列表中的一个元素（参数是列表中元素），并且不返回任何值
	del list[index]	删除列表中的某一元素
其他操作	len(list)	列表元素个数
	max(list)	返回列表元素的最大值
	min(list)	返回列表元素的最小值
	list(seq)	将元组转换为列表
	list.count(obj)	统计某个元素在列表中出现的次数
	list.index(obj)	从列表中找出某个值的第一个匹配项的索引位置
	list.reverse()	对列表中的元素反向排序
	list.sort([func])	对原列表进行排序
运算符操作	list1+list2	通过拼接、组合的方式新增元素，如[1,2,3] + [4,5,6]=[1,2,3,4,5,6]
	list1*n	通过复制的方式新增元素，如[1,2]*3=[1,2,1,2,1,2]
	obj in list	判断元素是否存在于列表中，如 1 in [1,2,3]的返回值为 True
	for x in list:	通过迭代的方式访问列表

> **!!! 提示**
> 　　无论是列表还是后面的元组等数据结构，在 Python 中索引都是从 0 开始的。切片遵循区间左闭右开的原则。

4．列表推导式

列表推导式提供了一个更简单的创建列表的方法。它的结构是：一对方括号，方括号内包含一个表达式，且表达式后跟一个 for 子句，for 子句后还可以有零个或多个 for 或 if 子句。其结果将是一个新列表，由对表达式后面的 for 和 if 子句的内容进行求值计算而得。例如，输入"[x**3 for x in range(9)]"可得列表[0,1,8,27,64,125,216,343,512]；输入"[x**3 for x in range(9) if x>4]"可得列表[125,216,343,512]。

2.3.2　元组

元组（Tuple）是一种一维的、定长的、不可变的、有序的 Python 对象序列，元组与列表类似，不同之处在于元组的元素不能修改。

1．创建元组

元组可以用圆括号括起来，其内部元素由逗号隔开，且不能被修改、添加或删除，但是可以被访问，例如 tup1=('CPA','CFA','ACCA','CMA')。创建元组时也可以将圆括号去掉，即 tup1='CPA'，'CFA','ACCA','CMA'。元组只包含一个元素时，需要在元素后面加逗号，即 tup1 = ('CPA',)，否则括号会被当作运算符使用。

2. 访问元组的元素

元组的访问方式与列表类似，也是通过索引和切片的方式进行的，例如 tup1[0] = CPA，tup1[1:]=('CFA','ACCA','CMA')，tup1[2:4]=('ACCA','CMA')，tup1[-2]=ACCA。注意：元组的切片操作也遵循左闭右开的原则。

3. 元组的不可变性

所谓元组的不可变性，指的是元组所指向的内存中的内容不可变，但是可以通过+或者*等运算符形成新的元组。例如，输入 "('CPA','CMA')+('CFA','ACCA')"，可得到新元组('CPA','CMA','CFA','ACCA')。

2.3.3　字典

字典（Dict）是一组键/值对的数据结构。字典的值可以为任意类型数据。字典的键是每个值的索引，每个键对应一个值，因此字典中的键不能重复。键可以是任意不可变类型的，通常是字符串或数字。如果一个元组只包含字符串、数字或元组，那么这个元组也可以用作键。但如果元组直接或间接地包含可变对象，那么它就不能用作键。列表不能用作键，因为列表可以通过索引、切片的方式来改变。

字典是一种可变容器模型，且可存储任意类型对象。字典通过花括号中用逗号分隔的键/值对定义，也可以通过字典构造器或者列表推导式创建，具体格式为：dict = {k1:v1[,k2:v2,…,kn:vn]}。字典中对值的访问、修改和新增主要通过键实现，主要格式为 dict[key]。与列表的删除方式类似，使用 del 关键字可以删除特定的元素，也可以删除整个字典。

例 2-15 创建和访问字典，参考代码如下。

行号	程序代码
1	In [1]: dict1 = {'city1':'重庆','city2':'成都','city3':'贵阳'}
2	print(dict1)
3	Out [1]: {'city1': '重庆','city2': '成都','city3': '贵阳'}
4	In [2]: dict2 = {}
5	print(dict2)
6	Out [2]: {}
7	In [3]: dict3 = dict()
8	print(dict3)
9	Out [3]: {}
10	In [4]: dict4 = {i:chr(i) for i in range(97, 100, 1)}
11	print(dict4)
12	Out [4]: {97: 'a',98: 'b',99: 'c'}
13	In [5]: print(dict4[98])
14	Out [5]: b
15	In [6]: dict4[98] = 'B'
16	print(dict4)

17	Out [6] {97: 'a',98: 'B',99: 'c'}
18	In [7]: dict4[100] = 'd'
19	print(dict4)
20	Out [7]: {97: 'a',98: 'B',99: 'c',100: 'd'}
21	In [8]: del dict4[100]
22	print(dict4)
23	Out [8]: {97: 'a',98: 'B',99: 'c'}
24	In [9]: del dict4

【代码解析】第 1 行代码是最典型的字典实例创建方式。第 4、7 行代码用于创建空字典实例，其中第 7 行代码用字典构造器创建。与列表推导式类似，第 10 行代码采用推导式创建。第 13 行代码通过键访问 dict4 中的值。第 15 行代码通过键对 dict4 中的值进行修改。第 18 行代码新增了一个键/值对。第 21、24 行代码使用 del 关键字分别删除了字典的一个键/值对和一整个字典。

> **注意**
> （1）字典是不允许一个键创建两次的，但是在创建字典的时候如果出现了一个键赋值了两次，以最后一次赋值为准。
> （2）字典的键必须不可变，即应当采用不可变类型数据创建，如布尔值、整数、浮点数、复数、字符串、元组等，但是不能使用列表等可变类型数据。
> （3）字典内部存放的顺序和各键放入的顺序没有任何关系。

与列表相比，字典具有以下几个特点：查找和插入的速度极快，不会随着键的增加而变慢；需要占用大量的内存，内存浪费多。常用的字典函数如表 2-7 所示。

表 2-7　　　　　　　　　　　　　　常用字典函数

函数名称	描述
len()	计算字典元素的个数
str()	将字典转换为字符串
type()	返回输入的变量类型，如果变量是字典就返回字典类型
dict.clear()	删除字典内的所有元素
dict.copy()	返回一个字典的浅复制
dict.values()	以列表形式返回字典中的所有值
dict.items()	以列表形式返回可遍历的(键,值)元组数组

2.4　表达式与运算符

微课 2-4

运算符通常与操作数、符号等按一定规则组成用于计算的代码片段，这种代码片段又称为表达式。其中，运算符表示对操作数进行的运算类型，操作数可以是常量，也可以是变量。表达式可以非常简单，也可以是由多个运算符组成的复杂的代码片段。

运算符用于在表达式中对一个或多个操作数进行计算并返回结果。部分运算符只接收一个操作数，如正、负运算符，被称作一元运算符。部分运算符接收两个操作数，如算术运算符等，被称作二元运算符。部分运算符接受三个操作数，被称作三元运算符。同一个表达式包含多个运算符，则计算顺序取决于运算符的括号和优先级。所谓优先级，就是指当多个运算符同时出现在一个表达式中时，先运行哪个运算符。

常见的运算符包括算术运算符、比较运算符、赋值运算符、逻辑运算符等，具体如表 2-8、表 2-9、表 2-10、表 2-11 所示。各运算符优先级如表 2-12 所示。值得注意的是，下述运算符操作中，部分运算符也适用于列表，如表 2-13 所示。

Python 表达式书写时遵循由左到右在同一个基准上的模式，如 2 的 3 次幂，即 2^3，表示为 2**3；括号（具体来说应当是西文圆括号）应当成对出现，且可以嵌套使用，如 data = (0.1+0.2) * ((0.3+0.4)/0.2)，其返回结果为 1.05。此外应注意，Python 中的乘号不能省略，即 a 乘 b 应该写为 a*b。

表 2-8　　　　　　　　　　　　　　　算术运算符

运算符	描述	示例
+	两个数相加，或是字符串连接	2+3 返回 5
−	两个数相减	5−3 返回 2
*	两个数相乘或是返回一个被重复若干次的字符串	2*3 返回 6
/	两个数相除，结果为浮点数	x=9，y=3，x/y 返回 3.0
%	求余数	5%2 返回 1
**	求乘方	x=2，y=3，x**y=2**3 返回 8
//	两个数相除，结果为向下取整的整数	5//2 返回 2

表 2-9　　　　　　　　　　　　　　　比较运算符

运算符	描述	示例
==	等于	(1 == 2) 返回 False
!=	不等于	(1 != 2) 返回 True
>	大于	(1 > 2) 返回 False
<	小于	(1 < 2) 返回 True
>=	大于等于	(1 >= 2) 返回 False
<=	小于等于	(2 <= 2) 返回 True

表 2-10　　　　　　　　　　　　　　　赋值运算符

运算符	描述	示例
=	常规赋值运算符	a = 4，b = 2
+=	加法赋值运算符	a = 4，b = 2，a += b 返回 a = 6，b = 2
−=	减法赋值运算符	a = 4，b = 2，a −= b 返回 a = 2，b = 2
*=	乘法赋值运算符	a = 4，b = 2，a *= b 返回 a = 8，b = 2
/=	除法赋值运算符	a = 4，b = 2，a /= b 返回 a = 2，b = 2
%=	取模赋值运算符	a = 4，b = 2，a %= b 返回 a = 0，b = 2
**=	幂赋值运算符	a = 4，b = 2，a **= b 返回 a = 16，b = 2
//=	取整除赋值运算符	a = 4.5，b = 2，a //= b 返回 a = 2，b = 2

表 2-11 逻辑运算符

运算符	描述	示例
and	逻辑与运算符	a = True，b = True，a and b = True 返回 True a = True，b = False，a and b = False 返回 False a = False，b = True，a and b = False 返回 False a = False，b = False，a and b = False 返回 False
or	逻辑或运算符	a = True，b = True，a or b = True 返回 True a = True，b = False，a or b = False 返回 True a = False，b = True，a or b = False 返回 True a = False，b = False，a or b = False 返回 False
not	逻辑非运算符	a = True，not a = False 返回 False a = False，not a = True 返回 True

表 2-12 运算符优先级

Python 运算符	运算符说明	结合性	优先级顺序
()	圆括号	无	高
x[i] 或 x[i1: i2 [:i3]]	索引运算符	左	∧
x.attribute	属性访问	左	
**	乘方	右	
+（正号）、-（负号）	符号运算符	右	
*、/、//、%	乘除	左	
+、-	加减	左	
==、!=、>、>=、<、<=	比较运算符	左	
is、is not	is 运算符	左	
in、not in	in 运算符	左	
not	逻辑非	右	
and	逻辑与	左	
or	逻辑或	左	∨
exp1,exp2	逗号运算符	左	低

表 2-13 常见的列表运算符

运算符	含义	示例
+	通过拼接组合的方式往列表新增元素	list1+list2，如[1, 2, 3] + [4, 5, 6]=[1, 2, 3, 4, 5, 6]
*	通过复制的方式新增元素	list1*n，如[1, 2]*3=[1, 2, 1, 2, 1, 2]
in	元素是否存在于列表中	obj in list，如 1 in [1, 2, 3]，返回值为 True

2.5 代码编写规则

Python 代码编写规则包含标识符命名规则（详见 2.1.1 节）、表达式书写规则（详见 2.4 节）和语句书写规则 3 个方面。

语句是 Python 程序的组成，用于变量赋值、表达式计算、函数定义等。编写 Python 代码时，每一行语句都要遵守严格的缩进规则，且可以添加注释，以增强代码的可读性。

1. 代码缩进规则

和其他程序设计语言（如 Java、C 语言）采用花括号分隔代码块不同，Python 采用代码缩进和冒号来区分代码块之间的层次。

在 Python 中，对于类定义、函数定义、流程控制语句、异常处理语句等，行尾的冒号和下一行的缩进，表示下一个代码块的开始，而缩进的结束则表示此代码块的结束。

> **⚡注意**
>
> 在 Python 中对代码的缩进，可以使用空格或者【Tab】键实现。但无论是手动敲空格，还是使用【Tab】键，通常情况下都是采用 4 个空格作为一个缩进量（默认情况下，按一次【Tab】键就表示 4 个空格）。

例 2-16 代码缩进规则应用，参考代码如下。

行号	程序代码
1	In　[1]:　param1 = "0"
2	parma2 = 1
3	try:
4	print(param1 == parma2)
5	except:
6	print("error")
7	else:
8	print("it's ok")

【代码解析】Python 对代码的缩进要求非常严格，同一个级别代码块的缩进量必须一样，否则解释器会报 SyntaxError 异常错误。例如，对上面代码做错误改动，将位于 try 语句中代码（第 4 行）的缩进量设置为 8 个空格，代码如下所示。

行号	程序代码
1	In　[1]:　param1 = "0"
2	parma2 = 1
3	try:
4	print(param1 == parma2)
5	except:
6	print("error")
7	else:
8	print("it's ok")

此时系统会报错，提示 "IndentationError: unindent does not match any outer indentation level"。

2. 代码注释

注释（Comment）用来向用户提示或解释某些代码的作用和功能，它可以出现在代码中的任何位置。Python 解释器在运行代码时会自动忽略注释。注释的最大作用是提高程序的可读性。

Python 支持两种类型的注释，分别是单行注释和多行注释。

Python 采用井号（#）作为单行注释的符号，其语法格式为：

```
#注释内容
Python 代码
```

多行注释指的是一次性注释程序中多行的内容（包含一行）。多行注释通常用来为 Python 文件、模块、类或者函数等添加版权或者功能描述信息。Python 使用 3 个连续的单引号或者 3 个连续的双引号注释多行内容，具体语法格式如下。

```
'''
使用 3 个连续的单引号分别作为注释的开头和结尾
可以一次性注释多行内容
这里面的内容全部是注释内容
'''
```

📖对初学者的建议

遵循良好编码规则编写的代码阅读起来更畅快、易懂和易维护。Python 采用 PEP 8 作为编码规则，其中，PEP 是 Python Enhancement Proposal（Python 增强建议书）的缩写，8 代表 Python 代码的样式指南。下面列出 PEP 8 中初学者应严格遵守的一些编码规则。

（1）每个 import 语句只导入一个模块，尽量避免一次导入多个模块。例如：

```
#推荐
import os
import sys
import numpy as np
#不推荐
import os, sys, numpy as np
```

（2）尽量不要在行尾添加分号，也不要用分号将两条命令放在同一行。例如：

```
#不推荐
logging.debug ('debug 信息'); logging.info ('info 信息');
```

（3）建议每行不超过 80 个字符，如果超过，可使用圆括号将多行内容隐式地连接起来，但不推荐使用反斜线进行连接。例如：

```
#推荐
str1=("Python 由荷兰数学和计算机科学研究学会的吉多·范罗苏姆于 20 世纪 90 年代初设计, 作为一门叫作 ABC 语言的替代品。"
"Python 提供了高效的高级数据结构, 还能简单、有效地面向对象编程。")
#不推荐
str2="Python 由荷兰数学和计算机科学研究学会的吉多·范罗苏姆于 20 世纪 90 年代初设计, 作为一门叫作 ABC 语言的替代品。"\
"Python 提供了高效的高级数据结构, 还能简单、有效地面向对象编程。"
```

（4）使用必要的空行可以增加代码的可读性，通常在顶级定义（如函数或类的定义）之间空两行，而在方法定义之间空一行，在用于分隔某些功能的位置也可以空一行。

（5）通常情况下，在运算符两侧、函数参数之间以及逗号两侧，都建议使用空格进行分隔。

本章小结

　　本章围绕 Python 语言的基础知识进行了介绍，主要内容包括变量、常量和赋值，基本数据类型，组合数据类型，表达式与运算符，以及代码编写规则等。变量、表达式、语句等基础元素规范使用是深入学习 Python 语言的必备基础。

习题

一、选择题

1. Python 中合法的标识符为（　　　）。
   A. _aaa 　　　　　　　 B. 3aaa 　　　　　　　 C. False 　　　　　　　 D. $aaa
2. 以下 Python 赋值语句中，正确的是（　　　）。
   A. x = 3 　　　　　　　 B. x+y = 1 　　　　　　　 C. 4x = 3 　　　　　　　 D. x = 1,y = 1
3. 下面数据类型中，Python 不支持的是（　　　）。
   A. float 　　　　　　　 B. int 　　　　　　　 C. char 　　　　　　　 D. list
4. Python 语句 "data = 1+1.1"，则 data 的数据类型是（　　　）。
   A. float 　　　　　　　 B. int 　　　　　　　 C. str 　　　　　　　 D. double
5. Python 语句 "10+5//3-True+False" 的运行结果是（　　　）。
   A. 11 　　　　　　　 B. 10 　　　　　　　 C. 语法错误 　　　　　　　 D. 12

二、填空题

1. 计算 2^4-1 的 Python 表达式是_____。
2. Python 语句 "a,b = 3,5; a,b=b,a; print(a,b)" 的运行结果为_____。
3. Python 使用_____划分语句块。

第 3 章

Python 控制结构

学习目标

- ◆ 熟练应用顺序结构。
- ◆ 熟练应用选择结构。
- ◆ 熟练应用循环结构。
- ◆ 了解 pass、assert 语句的用法。
- ◆ 了解程序调试和异常处理。

引言

自古以来勤奋就是通往成功的"必经之路"。"不积跬步，无以至千里；不积小流，无以成江海""宝剑锋从磨砺出，梅花香自苦寒来"等各类名言无不昭示着只有勤奋才能铸就成功。

在 Python 语言的学习中，程序控制结构是最基础且必须掌握的知识之一。我们应该结合财会实务中的部分场景，如固定资产折旧、工资发放等，深入思考和实践 Python 的顺序结构、选择结构、循环结构和异常调试等，为后续进一步应用 Python 打好基础。

3.1 程序控制结构简介

在 Python 程序执行时，对语句的执行有 3 种基本结构。

（1）顺序结构，即程序中各个操作按照在源代码中的排列顺序，自上而下依次执行。

（2）选择结构，即根据某个特定的条件进行判断，然后选择其中一个分支执行。

（3）循环结构，即在程序中需要反复执行某个或某些操作，直到条件为假或为真时才停止。

3.2 顺序结构

顺序结构是最简单的程序结构，程序中的各个操作是按照它们在源代码中的排列顺序，自上而下依次执行的，不重复执行任何代码，也不跳过任何代码。顺序结构流程如图 3-1 所示。

微课 3-1

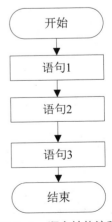

图 3-1 顺序结构流程

例 3-1 顺序结构举例，参考代码如下。

行号	程序代码
1	In　[1]:　print("开始输出日志：")
2	print(abs(-1))
3	print(sum([1, 2, 3]))
4	Out [1]: 开始输出日志：
5	1
6	6

【代码解析】由代码执行结果可发现，前 3 行代码是按代码的加载顺序依次执行的。

3.3　选择结构

选择结构用于判断给定的条件，进而控制程序的流程。它会根据某个特定的条件进行判断，然后选择执行特定的代码。选择结构根据条件判断代码的执行分支。相应的分支结构有单分支、双分支和多分支等多种形式，具体流程如图 3-2 所示。Python 中通常采用 if 语句、if…else 语句和 if…elif…else 语句表达分支结构。

微课 3-2

（a）单分支结构流程

（b）双分支结构流程

（c）多分支结构流程

图 3-2　分支结构流程

3.3.1　if 语句

1．if 语句的单分支结构

if语句的单分支结构形式如下。

```
if 条件:
    语句（块）
```

其中：条件即条件表达式，可以是关系表达式、逻辑表达式、算术表达式等；语句或语句块，可以是单个或多个语句，多个语句的缩进必须一致。

例 3-2 单分支结构举例，参考代码如下。

行号	程序代码
1	In [1]: year = 2022
2	if year >=2022:
3	print('财务数据为 2022 及以后年度的数据')
4	Out [1]: 财务数据为 2022 及以后年度的数据

【代码解析】第 2 行代码为 if 条件表达式，第 3 行代码为条件表达式的结果是 True 后执行的代码块，通过 ":" 和缩进体现。

!!! 提示

在财会数据计算中，经常用到的作为判断条件的变量有年份、月份、公司、科目、报表项目、公司属性等。

2．if 语句的双分支结构

if语句的双分支结构形式如下。

```
if 条件:
    语句（块）1
else:
    语句（块）2
```

其中，条件即条件表达式，当条件表达式的结果为 True 时，执行语句（块）1，否则执行语句（块）2。Python 提供了三元运算符实现双分支结构的功能，其语法格式如下：

```
条件为真时的语句 if(条件) else 条件为假时的语句
```

例如，print("x>1") if(x>1) else print("x<=1")，表示当 x>1 时，输出 "x>1"，否则输出 "x<=1"。

例 3-3 双分支结构举例，参考代码如下。

行号	程序代码
1	In [1]: year = 2021
2	if year >=2022:
3	print('财务数据为 2022 及以后年度的数据')
4	else:
5	print('财务数据为 2022 以前年度的数据')
6	Out [1]: 财务数据为 2022 以前年度的数据

【代码解析】当第 1 行代码的 year 值进行条件表达式运算的结果为 False 时，系统直接跳转到 else 部分的语句块执行。

3. if 语句的多分支结构

if 语句的多分支结构形式如下。

```
if 条件 1:
    语句（块）1
elif 条件 2:
    语句（块）2
……
elif 条件 n:
    语句（块）n
[else:
    语句（块）n+1]
```

前述的 if…else 语句为非此即彼的判断，但是在实际工作中会面临许多可能性判断，这个时候就要用到 elif 语句了。elif 语句可以理解为 "否则如果"，总是跟在 if 或另一条 elif 语句后面。它提供了另一个条件，仅在前面的条件为 False 时才检查该条件。

> **注意**
>
> （1）每个条件后面要使用冒号，表示接下来是满足条件后要执行的语句块。
>
> （2）使用缩进来划分语句块，相同缩进数的语句在一起组成一个语句块。
>
> （3）可以有零个或多个 elif 部分，以及一个可选的 else 部分。关键字 elif 是 else if 的缩写，适用于避免过多的缩进。
>
> （4）多分支结构不管有多少个分支，都只能执行一个分支，或者一个也不执行，不能同时执行多个分支。

例 3-4 多分支结构举例，参考代码如下。

行号	程序代码
1	In　[1]:　amount =50000
2	FAtype='器具、工具、家具'
3	if FAtype=='电子设备':
4	year =3
5	srate = 0.05
6	elif FAtype=='器具、工具、家具':
7	year = 5
8	srate = 0.05
9	else:
10	year = 5
11	srate = 0
12	dep= round(amount*(1- srate)/ year /12, 2)
13	print('每月折旧额为'+str(dep))
14	Out[1]:　每月折旧额为 791.67

【代码解析】上述代码是计算固定资产折旧的例子。已知固定资产折旧政策为：与生产经营活动有关的器具、工具和家具的折旧年限为 5 年，残值率为 5%；电子设备的折旧年限为 3 年，残值率为 5%；其他设备折旧年限为 5 年，无残值。在上述规则下，原值 amount = 50 000 元，类型 FAtype = '器具、工具、家具' 的固定资产，每月折旧额为 791.67 元。

3.3.2　if 语句的嵌套

if 语句中包含一个或多个 if 语句的情况称为 if 语句的嵌套。在 if 嵌套语句中，可以把 if…elif…else 结构放在另外一个 if…elif…else 结构中。

```
if 条件1:
    语句（块）1
    if 条件11:
        语句（块）11
    elif 条件12:
        语句（块）12
    else:
        语句（块）13
elif 条件2:
    语句（块）2
else:
    语句（块）3
```

例3-5 使用 if 嵌套语句，参考代码如下。

行号	程序代码
1	In [1]:　amount =50000
2	FAtype='器具、工具、家具'
3	if FAtype=='电子设备':
4	year =3
5	srate = 0.05
6	elif FAtype=='器具、工具、家具':
7	if amount > 10000:
8	year = 10
9	srate = 0.05
10	else:
11	year = 5
12	srate = 0.03
13	else:
14	year = 5
15	srate = 0
16	dep= round(amount*(1- srate)/ year /12, 2)
17	print('每月折旧额为'+str(dep))
18	Out[1]:　每月折旧额为 395.83

【代码解析】本例是对例 3-4 的拓展。假设器具、工具、家具类固定资产的折旧规则改为：原值为 10 000 元以上的折旧年限为 10 年，残值率为 5%；原值为 10 000 元以下的折旧年限为 5 年，残值率为 3%，则每月折旧额为 395.83 元。

3.3.3　条件表达式

在分支结构选择中需要用到条件表达式，用于判断是否满足某条件，并根据条件表达式的结果，如 True 或者 False，执行程序的不同分支。一般表达式包含比较运算、逻辑运算和测试运算，其中测试运算用于判断二者之间的包含关系。条件表达式的最后结果为布尔值。例如，条件表达式的计算结果不存在（None），或者为 0、空字符串（""）、空字典（{}）、空列表（[]）等，则该条件表达式的返回结果为 False，否则为 True。

例 3-6　条件表达式的应用，参考代码如下。

行号	程序代码
1	In [1]: var1 = True
2	if var1:
3	print('var1=True')
4	else:
5	print('var1=False')
6	Out [1]: var1=True
7	In [2]: num = 0
8	if num:
9	print('num 不是零值')
10	else:
11	print('num 是零值')
12	Out[2]: num 是零值
13	In [3]: l1 = []
14	if l1:
15	print('l1 不是空列表')
16	else:
17	print('l1 是空列表')
18	Out[3]: l1 是空列表

【代码解析】第 8、14 行代码分别将零值、空列表作为判断条件，对应的布尔值是 False。

3.4　循环结构

循环结构用于重复执行一条或多条语句。Python 中通常采用 while 语句和 for 语句实现循环。

3.4.1　while 语句

while 语句的一般形式如下。

微课 3-3

```
while 条件:
    语句（块）1
[else:
    语句（块）2]
```

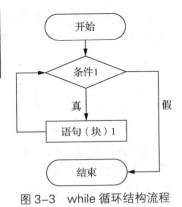

图 3-3   while 循环结构流程

while 语句执行的具体流程为：首先判断条件表达式的值，其值为真（True）时，则执行代码块中的语句；当执行完毕后，再回过头来重新判断条件表达式的值是否为真，若仍为真，则继续执行代码块……如此循环，直到条件表达式的值为假（False）时，才终止循环。因此，while 语句无法提前预知循环要重复多少次。while 循环结构流程如图 3-3 所示。

例 3-7 while 循环语句的应用，参考代码如下。

行号	程序代码
1	In [1]: account= ['资产类','负债类','共同类','所有者权益类','成本类','损益类']
2	i = 0
3	while i < len(account):
4	print(account[i])
5	i = i +1
6	Out [1]: 资产类
7	负债类
8	共同类
9	所有者权益类
10	成本类
11	损益类

【代码解析】例 3-7 通过 while 循环语句和索引自增将 account 列表中的内容依次输出，其中索引变量 i 需要在循环开始前赋值（第 2 行），且随着循环不断变化（第 5 行），直到条件表达式（第 3 行）为 False 时结束循环。while 语句中代码的顺序非常重要，如果第 4 行和第 5 行代码互换，输出的结果将会发生变化。感兴趣的读者可以自己尝试。

!!! 提示

　　如果将第 5 行代码去掉，则例 3-7 的条件表达式一直为真，循环将无限运行下去，形成死循环。出现死循环时程序将没有任何响应，或者不断输出。在 Windows 环境下，大多数计算机系统可以通过组合键【Ctrl+C】中断当前程序的运行。通常在编写代码时就应该避免出现死循环。在每次进入循环体时，控制变量应当可以更新，使得其在某种条件下可以退出循环。

3.4.2　for 语句

　　for 语句用于遍历任何可迭代的对象，如列表、字典、字符串等。for 语句的一般形式如下。

```
for item in seq:
    语句（块）1
[else:
    语句（块）2]
```

例 3-8 for 语句的应用，参考代码如下。

行号	程序代码
1	In [1]:　　listsalary = [30400,56000,48000,40000,89000,70000,10000]
2	listtax = []
3	for psalary in listsalary:
4	if psalary <= 5000:
5	tax = 0
6	elif psalary > 5000 and psalary <= 8000:
7	tax = (psalary - 5000) * 0.03
8	elif psalary > 8000 and psalary <= 17000:
9	tax = (psalary - 5000) * 0.1 - 210
10	elif psalary > 17000 and psalary <= 30000:
11	tax = (psalary - 5000) * 0.2 - 1410
12	elif psalary > 30000 and psalary <= 40000:
13	tax = (psalary - 5000) * 0.25 - 2660
14	elif psalary > 40000 and psalary <= 60000:
15	tax = (psalary - 5000) * 0.3 - 4410
16	elif psalary > 60000 and psalary <= 85000:
17	tax = (psalary - 5000) *0.35 - 7160
18	else:
19	tax = (psalary - 5000) * 0.45 - 15160
20	listtax.append(tax)
21	print(listtax)
22	Out[1]:　　[3690.0,10890.0,8490.0,6090.0,22640.0,15590.0,290.0]

【代码解析】例 3-8 以计算个人所得税应纳税额为例，采用 for 语句将工资列表中的元素依次迭代，同时在 for 语句中嵌入 if 语句。根据现行的七级超额累进个人所得税税率表，判断各员工的工资级数，并计算个人所得税应纳税额，将结果存在列表 listtax 中。

3.4.3　range()函数

Python 内置了可以迭代的 range 对象，相应的 range()函数可以按照参数要求生成指定范围的数字序列，具体语法格式为 range(start,stop[,step])，表示返回从 start 开始，到 stop（不包含 stop）结束，步长为 step 的数字序列。参数 start 和 stop 用于确定数字序列的范围。参数 step 是指两个数字之间的间隔，可以省略（默认步长为 1）。range()函数的所有参数必须为整数。

range()函数可以只有一个参数，如 range(5)，等价于 range(0,5,1)，生成序列 0,1,2,3,4；可以只有两个参数，如 range(2,6)，等价于 range(2,6,1)，生成序列 2,3,4,5；也可以包含 3 个参数，如 range(0,10,3)，生成序列 0,3,6,9。range()函数没有真正生成列表，可以节省大量空间。

3.4.4　enumerate()函数

enumerate(iterable,start=0)返回的是一个枚举对象。iterable 必须是可遍历的数据对象，如列表、元组或字符串。enumerate()返回的迭代器包含一个计数值（从 start 开始，默认为 0）和通过迭代 iterable 获得的值。

例 3-9 enumerate()函数的应用，参考代码如下。

行号	程序代码
1	In [1]:　words = ['重庆','成都','贵阳']
2	for i in range(len(words)):
3	print(i,words[i])
4	Out [1]:　0 重庆
5	1 成都
6	2 贵阳
7	In [2]:　for i, v in enumerate(words):
8	print(i,v)
9	Out [2]:　0 重庆
10	1 成都
11	2 贵阳

【代码解析】第 2～3 行代码的功能与第 7～8 行代码的功能完全相同。enumerate()函数可以返回数据和数据索引，实现枚举。

3.4.5　continue、break 及 else 子句

continue 语句用于提前结束本次循环，即本次循环体内 continue 后面的语句不再执行，直接返回循环开始处执行程序。当面临多个 for 或 while 循环嵌套时，continue 语句只能应用于最里层的循环。

break 语句用于跳出最近的 for 或 while 循环，尤其是当有多个 for 或 while 循环嵌套时，break 语句只能应用于最里层的循环，即只能跳出最里层循环。通常情况下，break 语句会结合 if 语句进行搭配使用，表示在某种条件下跳出循环体。

循环语句可能带有 else 子句，如 3.4.1 节和 3.4.2 节的 while 和 for 循环结构。else 语句会在循环遍历结束（使用 for 语句时），或者条件变为假（使用 while 语句时）的时候被执行。如果 for 或 while 语句被 break 语句终止，则 else 语句不会被执行。

例 3-10 continue、break 及 else 子句的应用，参考代码如下。

行号	程序代码
1	In [1]:　for n in range(2,5):
2	for i in range(2,n):
3	if n % i == 0:
4	print(n,"是一个合数，将执行 break")
5	break

```
 6              else:
 7                      print(n,'是一个质数')
 8              print("执行内层循环体外的代码, 遍历下一个数")
 9   Out [1]    执行内层循环体外的代码, 遍历下一个数
10              3 是一个质数
11              执行内层循环体外的代码, 遍历下一个数
12              4 是一个合数, 将执行 break
13              执行内层循环体外的代码, 遍历下一个数
14   In  [2]:   for n in range(1,10):
15                  if n%2 == 0 :
16                      print(n,"是一个偶数")
17                      continue
18                  print(n,"是一个奇数")
19   Out[2]:    1 是一个奇数
20              2 是一个偶数
21              3 是一个奇数
22              4 是一个偶数
23              5 是一个奇数
24              6 是一个偶数
25              7 是一个奇数
26              8 是一个偶数
27              9 是一个奇数
```

【代码解析】第 1~8 行代码用于判断某个范围内的整数是合数还是质数。根据数学概念，合数是指大于 1 的整数中除了能被 1 和本身整除外，还能被其他数（0 除外）整除的数；质数是指只能被 1 和本身整除的数。因此，代码中设计了双层循环，分别用于取目标整数 n（第 1 行代码）和除数 i（第 2 行代码）。只要 n 能被任意 i 整除，就可以得出结果，判断其为合数，终止内层循环（利用 break 终止）。如果对所有的 i，n 都不能整除，则执行 else 语句（第 6 行代码），可以判断其为质数。

第 14~18 行代码用于判断某个范围内的整数是奇数还是偶数。根据数学概念知道，偶数可以被 2 整除，不能被 2 整除的是奇数。因此，代码采用 for 循环和 if 语句嵌套，分别用于提取目标整数 n，并判断其是否可以被 2 整除。如果可以，则判断其是偶数，后续操作无须再执行（利用 continue 终止），直接返回循环起始，选择下一个目标整数继续判断。

3.4.6　循环嵌套

Python 允许在一个循环里面嵌入另一个循环，即在 while 循环中可以嵌入 while 或 for 循环，也可以在 for 循环中嵌入 while 或 for 循环。

例 3-11 循环嵌套的应用，参考代码如下。

行号	程序代码
1	In [1]:　dict1 = {}
2	dict1['会计'] = [18.04,16.75,18.16,13.19,20.59,21.93]
3	dict1['审计'] = [19.13,19.09,24.98,22.54,31.18,31.05]
4	dict1['财务成本管理'] = [26.28,10.13,26.11,24.99,24.98,29.39]
5	dict1['经济法'] = [24.08,23.98,24.01,26.51,25.29,30.52]
6	dict1['税法'] = [18.64,15.73,22.31,20.49,26.27,29.46]
7	dict1['战略与风险管理'] = [19.98,19.99,25.80,28.17,28.62,29.47]
8	list2 = [2013,2014,2015,2016,2017,2018]
9	for (i1,v1) in dict1.items():
10	for j1 in range(len(v1)):
11	print(i1,"科目在第",str(list2[j1]),"年通过率为",str(v1[j1]),"%")
12	Out[1]:　会计科目在第 2013 年通过率为 18.04 %
13	会计科目在第 2014 年通过率为 16.75 %
14	会计科目在第 2015 年通过率为 18.16 %
15	会计科目在第 2016 年通过率为 13.19 %
16	会计科目在第 2017 年通过率为 20.59 %
17	会计科目在第 2018 年通过率为 21.93 %
18	……（输出结果过多，只列举部分说明）

【代码解析】第 1～8 行代码获取并存储 2013—2018 年注册会计师考试 6 门课程的平均通过率，第 9～11 行代码将不同科目在不同年份的通过率输出。

3.5　其他语句

程序设计时可能会存在部分代码逻辑尚不明确的情况，可以使用 pass 语句定义一个空方法。具体来说，pass 语句什么也不做。当语法上需要一个语句，但程序需要什么动作也不做时，可以使用它。其语法结构如下。

微课 3-4

```
def func1():
    pass
```

此外，Python 的 assert 语句，又称断言语句，可以看作功能缩小版的 if 语句。它用于判断某个表达式的值，如果值为真，则程序可以继续往下执行；反之，Python 解释器会报"AssertionError"错误。其语句的语法结构如下。

```
assert 表达式
```

实际应用中，assert 语句通常用于检查用户的输入是否符合规定，或者用于判断某些变量是否为空。如果用户输入不合规或者变量不合法，程序抛出"AssertionError"可以改变程序执行流程或者终止程序运行。例如，运行语句 assert 1>2，结果会输出"AssertionError"。

3.6　程序调试和异常处理

在程序编写和运行过程中，总会遇到各种各样的错误，需要为程序找错。通常的错误类型包括语法错误、运行时错误和逻辑错误。

语法错误是指源代码存在语法结构错误，例如，if 条件判断语句后面没有跟冒号、语句块缩进不合理等。这些错误会导致 Python 编译器无法编译源代码，产生"SyntaxError"错误信息。运行时错误是指代码在解释执行时遇到的错误，例如，为引入相关模块、文件路径出错等。这些错误会使 Python 编译器返回各类错误信息，如"NameError""FileNotFoundError"等。逻辑错误是指程序可以正常运行，即对于计算机来说程序是没问题的，但是运行结果不正确。

语法错误和运行时错误可以通过分析 Python 编译器和解释器抛出的错误信息，定位并修改提示的程序错误。对于逻辑错误，则需要编程人员根据结果调试判断。调试就是指通过逐步执行代码，分析堆栈帧并设置中断点，观察变量赋值情况和程序执行逻辑等，判断与预先设计的逻辑是否一致，并快速定位问题。

3.6.1　程序调试

有的 bug 很简单，比如语法错误，看看错误描述信息就知道；有的 bug 很复杂，要具体分析变量赋值及程序执行情况。因此，需要一整套完整的调试程序手段来修复 bug。

1．直接输出法

该方法简单、直接、有效，是指用 print() 把所有可能有问题的变量输出来查看。例如，对于代码片段 var1=2+3，想看看 var1 的结果是否符合预期，可以直接在下一行输入 print(var1)。但是用 print() 也有不足，例如，未来想要删除它时会发现程序到处都是 print()，输出结果中包含很多"垃圾信息"。

2．断言法

该方法可以代替 print()，即凡是可以用 print() 来辅助查看的地方，都可以用断言语句来替代。如果断言失败，assert 语句本身就会抛出"AssertionError"。例如，同样对于代码片段 var1=2+3，想看看 var1 的结果是否符合预期（假设预期为 6），可以直接在下一行输入 assert(var1==6)。程序运行后如果抛出"AssertionError"，则表示结果不符合预期。

3．logging 方法

该方法可以替代 print()，即在合适的位置输出 log 语句，或者把合适的信息输出到 log 文件中，便于通过 log 文件分析代码的执行情况。和 assert 语句相比，logging 方法不会抛出错误，而且可以输出到文件。

4．利用 IDE 调试程序

目前 Python 的集成开发环境（Integrated Development Environment，IDE）都有调试功能，可以利用"IDE+断点"的方式，逐步执行代码，观察代码执行过程和变量值的变化，从而提升程序的正确性。

3.6.2　异常处理

1．异常

即使 Python 语句或表达式在语法上是正确的，但在程序执行时，它仍可能会引发错误。Python 解释器针对错误类型会创建一个异常对象。因此，在程序执行时检测到的错误被称为异常。

常见的异常类型包括：TypeError（类型错误）、IndexError（序列中没有此索引）、NameError（没有定义或初始化变量）、SyntaxError（语法错误）、AttributeError（属性错误）、ValueError（赋值错误）、ZeroDivisionError（除零错误）、KeyError（映射中没有此键）等。错误信息的最后一行会告诉我们程序遇到了什么类型的错误。

例 3-12 常见的异常类型举例，参考代码如下。

行号	程序代码
1	`In  [1]:  1+'1'`
2	`Out [1]:  TypeError: unsupported operand type(s) for +: 'int' and 'str'  #不同类` `型数据之间的无效操作`
3	`In  [2]:  list1=['重庆', '成都', '西安', 2021, True]`
4	`print(list1[20])`
5	`Out [2]:  IndexError: list index out of range    #索引超出列表范围`
6	`In  [3]:  4+a`
7	`Out [3]:  NameError: name 'a' is not defined    #变量名未定义`
8	`In  [4]:  for i in range:`
9	`Out [4]:  SyntaxError: unexpected EOF while parsing    #语法错误`
10	`In  [5]:  dict1 = {}`
11	`dict1.append()`
12	`Out [5]:  AttributeError: 'dict' object has no attribute 'append'    #属性引用异常`
13	`In  [6]:  float("w")`
14	`Out [6]:  ValueError: could not convert string to float: 'w'    #赋值错误`
15	`In  [7]:  1/0`
16	`Out [7]:  ZeroDivisionError: division by zero  #除法运算中除数为 0 引发异常`
17	`In  [8]:  dict1 = {1:'a',2:'b'}`
18	`dict1[3]`
19	`Out [8]:  KeyError:3    #字典中查找一个不存在的关键字引发异常`

2. 异常处理机制

Python 采用基于 try 语句的结构化异常处理机制，其一般形式如下。

```
try:
    语句（块）1
except Exception:
    语句（块）2
else:
    语句（块）3
finally:
    语句（块）4
```

其中，语句（块）1 在程序运行时可能会出错，它位于 try 语句下。语句（块）1 在执行时可能会抛出某种特定的异常，即"OneException"错误类型，通过 except 语句可以捕获该错误类型并进行后续处理。语句（块）2 是针对异常的处理机制，即异常发生后才执行的用于了解或解决异常的代码块，except 机制可以多次出现以捕获并处理多种类型的异常。语句（块）3 在程序执行没有异常发生时正常执行，位于 else 语句下。语句（块）4 无论程序是否存在异常都要执行，位于 finally 语句下。注意：else 语句和 finally 语句部分不是必选项，且 else 语句必须放在所有 except 语句后面。

例 3-13 异常处理举例，参考代码如下。

行号	程序代码
1	In [1]: try:
2	1/0
3	except Exception:
4	print("除数不能为 0")
5	Out [1]: 除数不能为 0

try 语句的工作过程如下。

（1）执行 try 子句（try 和 except 关键字之间的单行或多行语句）。

（2）如果没有异常发生，则跳过 except 子句并完成 try 语句的执行。如果此时存在 else 子句，则执行。

（3）如果在执行 try 子句时发生了异常，则跳过该子句中剩下的部分。如果异常的类型和 except 关键字后面的异常匹配，则执行 except 子句，然后继续执行 try 子句模块之后的代码。

（4）如果发生的异常和 except 子句中指定的异常不匹配，则将其传递到外部的 try 语句中；如果没有找到处理程序，则它是一个未处理异常，执行将停止。

（5）finally 语句通常做一些清理操作，如数据库连接、释放等。

本章小结

程序是由语句组成的序列，执行程序就是按特定的次序执行程序中的语句。程序控制结构用于控制程序的具体执行步骤和执行点变迁。常用的程序控制结构包括顺序结构、选择结构和循环结构。当程序出错时采用异常处理机制进行处理，这几乎在所有计算机语言中都是通用的。因此，学习本章内容不仅是熟练应用 Python 的基础，也是学习其他各类计算机语言的基础。

习题

一、选择题

1. 执行下列 Python 语句将产生的结果是（　　　）。

```
x = 4
y = 4.00
if x == y:
    print("equal")
else:
    print("not equal")
```

　　A.　equal　　　　　　B.　not equal　　　　　　C.　出错　　　　　　D.　无法确定

2. 某企业购买固定资产，花费金额 10 000 元。涉及的凭证的借方和贷方科目分别为固定资产和银行存款。现在对该凭证进行稽核，下列 Python 语句正确的是（　　　）。

已知代码片段为：

```
dict1 = {'借':'固定资产','贷':'银行存款'}
dict2 = {'借':10000,'贷':10000}
```

A.
```
if dict1['借'] == '固定资产' and dict1['贷'] == '银行存款' and dict2['借'] == 10000 and
dict2['贷'] == 10000:
print('稽核正确')
```

B.
```
if dict1['借'] == '固定资产' and dict1['贷'] == '银行存款' and dict2['借'] == dict2['
贷'] :
print('稽核正确')
```

C.
```
if dict1['借'] == '固定资产' and dict1['贷'] == '银行存款' and dict2['借'] == 10000 or
dict2['贷'] == 10000:
print('稽核正确')
```

D.
```
if dict1['借'] == '固定资产' or dict1['贷'] == '银行存款' or dict2['借'] == 10000 or
dict2['贷'] == 10000:
print('稽核正确')
```

3. 下列循环的执行次数及最终结果是（　　　　）。
```
sum = 0
count = 0
for i in range(10):
    sum = sum + i
    count = count + 1
print(count)
print(sum)
```
    A. 10，40　　　　　B. 11，45　　　　　C. 10，45　　　　　D. 11，50

4. 假设某企业开设有外汇账户，分别为欧元、美元、卢布账户，现编写程序对其进行遍历。下列遍历程序错误的是（　　　　）。

已知代码片段为：
```
list = ['美元','欧元','卢布']
```
A. `for i in list:`
        `print(i)`

B. `for i in range(len(list)):`
        `print(list[i])`

C. `for i,v in enumerate(list):`
        `print(v)`

D. `for i,v in enumerate(list):`
        `print(i)`

5. Python 程序代码片段有 var1 = 1/0，则解释器在运行时将抛出（　　　　）错误信息。
    A. NameError　　　　B. ZeroDivisionError　C. SytaxError　　　　D. AttributeError

二、填空题

1. 已知 Python 程序如下，则程序输出为_____。

```python
flowasset = ['库存现金','银行存款','原材料','应收账款']
nonflowasset = ['长期股权投资','固定资产','无形资产','在建工程']
asset = []
for i in flowasset:
    asset.append(i)
for i in nonflowasset:
    asset.append(i)
print(asset)
```

2. Python 死循环"while True:"的循环体中，可以使用_____语句退出循环。

3. Python 语言采用_____语句对异常进行结构化处理。

4. 用三元运算符求 x 和 y 中较大数的 Python 程序代码为：_____。

5. 使用关键字_____可以声明断言。

三、程序题

1. 使用 range() 函数和循环语句，输出 100 以内的全部质数。

2. 已知某企业一固定资产的原价为 30 000 元，预计使用年限为 10 年，预计净残值为 5%。按直线法计算折旧，截至上个月，累计折旧金额为 25 734.9 元。请使用 Python 循环语句计算该固定资产未来 12 个月的月折旧金额。

第 4 章

Python 函数和模块

◆ 掌握函数的创建和调用方法。

◆ 熟悉常见的内置函数、标准库函数和第三方库函数。

◆ 会使用可选参数、关键字参数和可变参数。

◆ 熟悉变量的作用域。

◆ 掌握匿名函数，熟悉常用的 map()、reduce()、reversed()、sorted()函数。

◆ 会构造模块和导入第三方包。

引言

人类在创造历史、进行劳动的时候伴随着各种技能的学习。随着数智化时代的不断发展，人类对于信息化技能的要求也越来越高。就 Python 学习而言，我们不仅要通过不断地练习和实践获得知识，还要在学习中培养自己的创新精神和注重细节、追求完美、精益求精的工匠精神，成为一名追求卓越的人。

在处理实际的财会审（即财务管理、会计、审计）问题时，通常会遇到很多重复的子问题，例如，固定资产的新增、修改、清理、折旧；凭证的新增、复核、记账；银行对账；工资的新增、计算、分配；采购与销售业务的新增、退货；成本计算与结转；纳税申报；电子报表的生成等。可将上述问题进行梳理并抽象出通用逻辑，使其在不同地方、不同时间可以被重复利用。

微课 4-1

4.1 函数

在 Python 程序中可以进行代码组织和复用的机制是函数，使用函数可以有效增加代码复用率，提高代码使用效率。

4.1.1 函数的创建和调用

函数用 def 关键字声明，并使用 return 关键字返回。函数的具体创建格式如下。

```
def 函数名([参数列表]):
    函数体
return [表达式]
```

其中，函数名是用户定义的函数标识符；位于函数名后的圆括号中的参数列表是指函数创建时可以声明的参数，即形参（形式参数），各个形参之间用逗号隔开；函数体是指用于完成特定任务的代码片段；return 语句用于返回值。

函数的调用非常简单，当存在参数时传入相应的参数，该参数称为实参，即实际参数，其顺序与形参列表完全一致。具体的调用格式如下。

```
函数名([参数列表])
```

例 4-1 创建和调用函数的方法，参考代码如下。

行号	程序代码
1	In [1]: def forcurr(dictfor,cur,rate):
2	dictfor[cur] = rate
3	return dictfor
4	if __name__=="__main__":
5	dictfor = {}
6	cur = '美元'
7	rate = '7.0'
8	dictfor = forcurr(dictfor,cur,rate)
9	print(dictfor)
10	Out [1]: {'美元': '7.0'}

【代码解析】代码第 1～3 行定义了 forcurr() 函数，用于添加企业新的外汇币种和期初汇率。第 4 行代码为 Python 的特殊函数，通过 if 语句判断 __name__ 是否为字符串"__main__"，当结果为 True 时，表示其为调用各函数的入口。第 8 行代码是 forcurr() 函数的调用语句，实参包括 3 个，分别对应于形参的外汇词典 dictfor、外汇币种 cur 和期初汇率 rate。

> **注意**
>
> 函数创建时应注意以下几点。
>
> （1）函数代码块以 def 关键字开头，后接函数标识符和圆括号。函数标识符的命名规则是全部用小写字母，也可以使用下画线（_）增强可读性。
>
> （2）def 可以看作复合语句，其函数体需要遵守缩进规则。
>
> （3）可以有多条 return 语句。如果到达函数末尾时没有遇到任何一条 return 语句，则返回 None。
>
> （4）return 也可以返回多个值，中间以逗号隔开，等同于返回一个元组。
>
> 函数调用时应注意以下几点。
>
> （1）实参列表必须与形参列表一一对应。
>
> （2）函数一般以表达式的形式进行调用。如果有返回值，可以只用赋值表达式；如果没有返回值，则可以单独作为表达式语句使用。

4.1.2　函数的分类

函数作为结构化程序设计的重要手段，主要通过把程序分为不同功能模块以实现自顶向下的结构化设计，可以大大减少程序的结构，提高程序可读性和可理解性。在实际应用中，一次定义多次调用，不仅可以提高代码的复用率和代码质量，还有利于团队的分工协作，以及复杂功能的实现。

　　Python 语言中的函数可以分为内置函数、标准库函数、第三方库函数和用户自定义函数 4 类。内置函数是编程语言预定义的函数。大多数编程语言都有自己的内置函数，Python 也不例外，内置函数的存在大大提升了编程的效率。与此同时，Python 作为一个开源的编程语言，其强大的功能主要依赖于公开的标准库和第三方库。与内置函数的直接使用不同，标准库函数和第三方库函数使用前均需要通过 import 语句将相应模块（Module）导入，然后才能使用其中的函数。具体使用方式将在 4.5 节中详细讲述。此外，用户可以根据自身功能需求，定义和调用函数。

4.1.3　内置函数

　　Python 解释器内置了若干常用函数，用户可以直接使用。图 4-1 按字母顺序给出了内置函数。

A	E	L	R
abs()	enumerate()	len()	range()
aiter()	eval()	list()	repr()
all()	exec()	locals()	reversed()
any()			round()
anext()	**F**	**M**	
ascii()	filter()	map()	**S**
	float()	max()	set()
B	format()	memoryview()	setattr()
bin()	frozenset()	min()	slice()
bool()			sorted()
breakpoint()	**G**	**N**	staticmethod()
bytearray()	getattr()	next()	str()
bytes()	globals()		sum()
		O	super()
C	**H**	object()	
callable()	hasattr()	oct()	**T**
chr()	hash()	open()	tuple()
classmethod()	help()	ord()	type()
compile()	hex()		
complex()		**P**	**V**
	I	pow()	vars()
D	id()	print()	
delattr()	input()	property()	**Z**
dict()	int()		zip()
dir()	isinstance()		–
divmod()	issubclass()		
	iter()		

图 4-1　Python 内置函数

例 4-2 内置函数的应用，参考代码如下。

行号	程序代码
1	In [1]:　listmon = [4000,8000,10300,7000,21000,5800,3000]

2		print("企业 2021 年向 A 供应商采购记录中，最大的一笔金额是：",
3		max(listmon),"元")
4	Out [1]:	企业 2021 年向 A 供应商采购记录中，最大的一笔金额是：21000 元
5	In [2]:	print("企业 2021 年向 A 供应商采购记录中，最小的一笔金额是：",
6		min(listmon),"元")
7	Out [2]:	企业 2021 年向 A 供应商采购记录中，最小的一笔金额是：3000 元
8	In [3]:	print("企业 2021 年向 A 供应商共采购了",len(listmon), "次")
9	Out [3]:	企业 2021 年向 A 供应商共采购了 7 次
10	In [4]:	print("企业 2021 年向 A 供应商共采购了",sum(listmon), "元")
11	Out [4]:	企业 2021 年向 A 供应商共采购了 59100 元

【代码解析】上述代码用于对某企业与 A 供应商之间 2021 年度采购金额进行简单的分析。第 1 行代码用列表记录了 2021 年度该企业与 A 供应商之间的历次采购金额记录。第 3、6、8、10 行代码分别采用内置函数 max()、min()、len()、sum()获取采购的统计信息，有利于全面了解采购情况，以便于深入进行数据分析。

4.1.4　标准库函数

Python 拥有功能强大的标准库，能够提供的功能范围非常广。这些库可以实现系统级功能，如文件 I/O；可以实现常用问题的标准化解决方案，如网页信息爬取。常用的标准库函数如表 4-1 所示。

表 4-1　　　　　　　　　　　常用的标准库函数

名称	作用	应用举例
datetime	能有效完成日期和时间的处理，以及格式化输出。当前包含的类有 date、time、datetime、datetime_CAPI、timedelta、tzinfo	import datetime datetime.date.today()　　#获取当天的日期
random	提供生成随机数的工具	import random random.random()　　#获取[0,1]的随机数
math	为浮点运算提供对底层 C 函数库的访问	import math math.fmod(a,b)　　#求 a%b 的值
os	提供与操作系统相关联的函数	import os os.write(fd,str)　　#将 str 写入 fd
urllib	获取网页源代码	import urllib.request urllib.request.urlopen(url)　#打开某个网页 URL，并将相应网页作为返回结果

4.1.5　第三方库函数

第三方库是基于 Python 和 C 语言开发出的软件包，在解决专业问题时使用非常方便、高效，通常采用 pip 或者 python setup.py 的方法安装。常用的第三方库包括 requests、pyspider、bs4、scrapy、crwaley、portia、newspaper、lxml 等网络爬虫第三方库，matplotlib、numpy、pandas、scipy、wordcloud、jieba 等数据分析和可视化第三方库，bltk、tensorflow、keras、scikit-learn 等机器学习第三方库。

本书后续章节会详细介绍常用的数据分析和可视化第三方库，并将其应用于财会审业务中。

4.2 参数传递

微课 4-2

Python 中所有的赋值操作皆是"引用赋值"，所以，Python 中参数的传递都是"引用传递"，而不是"值传递"。函数调用时参数间的传递是实参（实际参数）按照顺序依次传递给形参。如果实参是字符串类型、整数类型、浮点数类型、元组等不可变类型，则其实际向形参传递的是引用。若在函数体中修改了上述不可变类型的值，则其实际上变成了新的对象。

例 4-3 函数参数的用法，参考代码如下。

行号	程序代码
1	In[1]:　def purchaseFun(store, num):
2	print("采购前，函数体内商品总数参数 store 的内存地址为：",id(store))
3	store=store+num
4	print("采购后，函数体内商品总数参数 store 的内存地址为：",id(store))
5	print("采购后，函数体内商品总数参数 store 的值：",store)
6	if __name__=="__main__":
7	store = 100
8	num = 30
9	print("采购前，函数体外商品总数参数 store 的内存地址为：",id(store))
10	purchaseFun(store, num)
11	print("调用 purchaseFun()函数后，商品总数变量 store 的值：",store)
12	Out[1]:　采购前，函数体外商品总数参数 store 的内存地址为：4306778208
13	采购前，函数体内商品总数参数 store 的内存地址为：4306778208
14	采购后，函数体内商品总数参数 store 的内存地址为：4306779168
15	采购后，函数体内商品总数参数 store 的值：130
16	调用 purchaseFun()函数后，商品总数变量 store 的值：100

【代码解析】上述程序是采购业务发生后，某种商品库存量变化的简单计算，对应的核心函数是 purchaseFun()。主函数中调用了 purchaseFun()函数，并且向函数中传递了 store 和 num 两个参数。purchaseFun()函数体内的 store 改变时，实际上变成了新的对象，且值发生了变化（第 3、4、5 行为函数体，第 13、14、15 行为输出）。此外注意到函数体内 store 的变化并没有传递到函数体外，如第 16 行所示。事实上，上述程序并没有实现库存量计算的存储，应当加以修改。

一种常见的修改方式就是为 purchaseFun()函数增加返回值，即在第 5 行后新增代码 return store，第 10 行代码改为 store = purchaseFun(store,num)。这样就可以将参数 store 的变化传递到函数外了。

4.2.1 可选参数

在函数声明时如果不是所有参数都需要传入实参，可以在定义声明时设置默认的参数值，使其变为可选参数。

例 4-4 可选参数的用法，示例代码如下。

行号	程序代码
1	`In  [1]:    def mondepre(value, monthwork,remainratio = 0.05,totalwork = 200000):`
2	`                perdepreciation = value * (1 - remainratio) / totalwork`
3	`                monthdepreciation = perdepreciation * monthwork`
4	`                return monthdepreciation`
5	`            if __name__=="__main__":`
6	`                value = 102000`
7	`                monthwork = 60000`
8	`                monthdepreciation = mondepre(value, monthwork)`
9	`                print("该固定资产月折旧额为: ",monthdepreciation)`
10	`Out [1]:    该固定资产月折旧额为: 29070.0`

【代码解析】上述代码用于计算某企业新购入的固定资产（汽车）的月折旧额。该辆汽车原价值为 102 000 元，本月累计已行驶 60 000 千米，计算方式为工作量法，核心函数为 mondepre()。根据工作量法的月折旧额计算公式，其预计总工作量（totalwork）和预计残值率（remainratio）可以提前确定（如第 1 行代码所示），也可以根据实际需要确定，因此二者在核心函数中以可选参数的形式存在。

4.2.2 关键字参数

除去可选参数外，函数的参数类型还包括关键字参数。一般情况下，实参按照形参定义的顺序依次传入，使用关键字参数则允许函数调用时参数的顺序与声明时不一致。

例 4-5 关键字参数的用法，参考代码如下。

行号	程序代码
1	`In  [1]:    def mondepre(value,monthwork,remainratio = 0.05,totalwork = 200000):`
2	`                perdepreciation = value * (1 - remainratio) / totalwork`
3	`                monthdepreciation = perdepreciation * monthwork`
4	`                return monthdepreciation`
5	`            if __name__=="__main__":`
6	`                monthdepreciation = mondepre(monthwork = 60000,value = 102000)`
7	`                print("该固定资产月折旧额为: ",monthdepreciation)`
8	`Out [1]:    该固定资产月折旧额为: 29070.0`

【代码解析】例 4-5 是对例 4-4 的拓展，其中的 monthwork 和 work 都是关键字参数，可以在调用时自行定义参数的引入顺序。如果关键字参数要赋值，则后面的参数都要显示指定参数名。

4.3 变量的作用域

微课 4-3

变量声明的位置不同，其可被访问的范围也不同，这种可被访问的范围称为变量的作用域。

Python 是静态作用域语言，变量的作用域是由它在源代码中的位置决定的。

Python 中变量的作用域有局部的（Local）、封闭的（Enclosing）、全局的（Global）和内置的（Built-in）4 种。作用域为局部的指的是函数或者类的方法内部的作用域，作用域为封闭的指的是外部嵌套函数（一个函数包裹另一个函数，闭包）的作用域，作用域为全局的指的是模块中的作用域；作用域为内置的指的是 Python 为自己保留的特殊作用域。如果某个变量映射在局部作用域中没有找到，接下来就会在闭包作用域进行搜索；如果闭包作用域也没有找到，Python 就会到全局作用域中进行查找，最后会在内置作用域搜索。通常会用到的作用域是局部作用域和全局作用域，对应的变量是局部变量和全局变量。

4.3.1　局部变量

局部变量是指在函数内部（包括函数参数）声明的变量，其有效范围是函数体。任何在函数中赋值的变量默认都是被分配到局部命名空间（Local Namespace）中的。

局部命名空间在函数被调用时创建，且函数参数会立即填入该命名空间。在函数执行完毕后，局部命名空间就会被销毁（会有一些例外的情况，例如闭包）。在 Python 程序中，要直接访问一个变量，会从内到外依次访问所有的作用域直到找到该变量，否则会报未定义的错误。

4.3.2　全局变量

在模块中函数或者类之外声明的变量是全局变量。全局变量的作用域为定义的模块，即从定义的位置开始到模块结束。通过 import 语句导入模块的方式，一个模块中定义的全局变量可以被其他模块访问。全局变量可以在任意函数内部访问，但是不能直接修改。若想在函数中改变全局变量的值，则需要利用 global 关键字定义该变量。

例 4-6　访问全局变量的方法，参考代码如下。

行号	程序代码
1	In [1]: store = 100
2	In [2]: def purchaseFun():
3	In [3]: print("全局变量 store",store)
4	In [4]: if __name__=="__main__":
5	In [5]: purchaseFun()
6	Out [5]: 全局变量 store 100

例 4-7　修改全局变量的方法，参考代码如下。

行号	程序代码
1	In [1]: store = 100
2	In [2]: def purchaseFun(store,num):
3	In [3]: print("全局变量 store",store)
4	In [4]: store =store+num
5	In [5]: print("采购后，函数体内商品总数变量 store 的值：",store)
6	In [6]: if __name__=="__main__":
7	In [7]: num = 30
8	In [8]: purchaseFun(store,num)

9	In [9]:	print("调用 purchaseFun() 函数后，商品总数变量 store 的值：",store)
10	Out [9]:	全局变量 store 100
11	Out [9]:	采购后，函数体内商品总数变量 store 的值：130
12	Out [9]:	调用 purchaseFun() 函数后，商品总数变量 store 的值：100

【代码解析】上述代码将某种商品的库存量 store 看作全局变量，利用 purchaseFun() 函数对其库存进行动态更新。然而核心函数并不是直接改变 store 的值（第 4 行），而是将新值赋值给了新变量 store，无法实现对全局变量 store 的修改。

例 4-8　修改全局变量的方法，参考代码如下。

行号		程序代码
1	In [1]:	store = 100
2		def purchaseFun(num):
3		global store
4		store =store+num
5		print("采购后，函数体内商品总数变量 store 的值：",store)
6		if __name__=="__main__":
7		num = 30
8		purchaseFun(num)
9		print("调用 purchaseFun() 函数后，商品总数变量 store 的值：",store)
10	Out [1]:	采购后，函数体内商品总数变量 store 的值：130
11		调用 purchaseFun() 函数后，商品总数变量 store 的值：130

【代码解析】上述代码利用全局变量实现库存函数的新增。函数体内通过 global 关键字声明全局变量 store，使得 store 在函数体内的修改可以传递到函数体外。

> **!!! 提示**
>
> 对于一个变量，先声明内部作用域就会覆盖外部变量，不声明直接使用，就会使用外部作用域的变量；内部作用域要修改外部作用域变量的值时，全局变量要使用 global 关键字。关键字 global 可以指向多个全局变量，如 global x,y,z 等。

4.4　函数高级特性和典型函数举例

4.4.1　匿名函数

在 Python 中，通过 lambda 关键字来定义的函数称为匿名函数。匿名函数广泛应用于自身需要作为参数，且函数体简单的场合。值得注意的是：没有必要给匿名函数命名；匿名函数的参数规则、作用域关系等与一般函数保持一致；匿名函数的函数体通常是一个表达式，该表达式必须要有一个返回值。匿名函数定义的基本格式如下。

微课 4-4

```
lambda para1,para2,…<expression>
```

其中，para1 和 para2 为函数的参数，<expression>为函数的表达式，其结果为函数返回值，且不需要写 return。

例 4-9 匿名函数的用法，参考代码如下。

行号	程序代码
1	In [1]:　　workingyear = [8,7,6,10,5]
2	dayssick = [3,2,4,2,1]
3	basepay = [4000,3560,5000,6000,3500]
4	cutpay = lambda x,y,z: y*z/21*0.7 if x<=7 else y*z/21*0.6
5	for i in range(5):
6	print(cutpay(workingyear[i],dayssick[i],basepay[i]))
7	Out [1]:　　342.85714285714283
8	237.33333333333331
9	666.6666666666666
10	342.85714285714283
11	116.66666666666666

【代码解析】上述代码用于计算某部门员工的病假扣款，其中的病假扣款由工作年限 workingyear、病假天数 dayssick 和基本工资 basepay 组成（第 1、2、3 行）。对于工作年限未超过 7 年的员工，病假扣款计算公式为：病假天数×基本工资/21×0.7。对于工作年限在 7 年以上的员工，病假扣款计算公式为：病假天数×基本工资/21×0.6。第 4 行代码以匿名函数的形式定义了上述病假扣款的计算方式，且直接在第 6 行代码对函数进行调用。

> 💡 **说明**
>
> 匿名函数可以看作函数的简单版本，使用 lambda 表达式省去函数声明过程，可以让代码更简洁。对于不需要多次复用的函数，使用 lambda 表达式可以在用完之后立即释放，提高程序执行的性能。

4.4.2 函数式编程

函数式编程是指使用一系列函数来解决问题，允许把函数本身作为参数传入另一个函数，还允许返回一个函数。函数式编程就是一种抽象程度很高的编程范式，纯粹的函数式编程语言编写的函数没有变量。因此，任意一个函数，只要输入是确定的，输出就是确定的，这种纯函数我们称为没有副作用的函数。而允许使用变量的程序设计语言，由于函数内部的变量状态不确定，同样的输入，可能得到不同的输出，因此这种函数是有副作用的。Python 支持函数式编程，其内置函数包括 map()、reduce() 和 filter() 函数。

1. map() 函数

map() 函数为 Python 内置函数，其功能类似于程序循环。其基本语法格式如下。

```
map(func,seq1[,seq2,…])
```

map() 函数接收两类参数，一类是函数，另一类是可迭代对象（如序列）。map() 函数将传入的函数 func() 依次作用于后续可迭代对象，返回结果也是可迭代对象。

例 4-10 map()函数的用法，参考代码如下。

行号	程序代码
1	In [1]: workingyear = [8,7,6,10,5]
2	dayssick = [3,2,4,2,1]
3	basepay = [4000,3560,5000,6000,3500]
4	cutpay = map(lambda x,y,z: y*z/21*0.7 if x<=7 else
5	y*z/21*0.6,workingyear,dayssick,basepay)
6	print(list(cutpay))
7	Out [1]: [342.85714285714283,237.33333333333331,666.6666666666666,
8	342.85714285714283,116.66666666666666]

【代码解析】上述代码是对例 4-9 的修改，采用映射的方式让每个元素循环执行函数，将每个函数执行的结果保存到新的可迭代对象中。本例中 map()函数的第一个参数是匿名函数，后续 3 个参数均为可迭代对象（列表）。映射的结果可以转为列表或其他类型输出。

2．reduce()函数

reduce()函数把作为参数的函数作用于另一个参数（序列）上，其基本语法格式如下。

```
reduce(func,seq)
```

reduce()把函数 func()作用在序列 seq 上。具体来说就是 func()的结果会和 seq 的下一个元素做累积计算，其计算方式与流式计算类似。值得注意的是，函数 func()必须包含两个参数。

例 4-11 reduce()函数的用法，参考代码如下。

行号	程序代码
1	In [1]: from functools import reduce
2	def fn(x,y):
3	return x * 10 + y
4	print(reduce(fn, [1,4,6,8,2,5]))
5	Out [1]: 146825

【代码解析】上述代码用于将一个列表转换为整数，实际计算过程依次是 fn(1,4)，fn(14,6)，fn(146,8)，fn(1468,2)，fn(14682,5)。

例 4-12 综合运用 map()、reduce()函数，计算现金流量现值。假设有一笔等额本息还款的房贷，每月还款 2 630 元，贷款期限 20 年，年利率 4.9%，求房贷净现值。净现值列表计算的过程如表 4-2 所示。参考代码如下。

表 4-2　　　某房贷净现值计算示例

期数	0	1	2	3	…	240
还款额		2 630	2 630	2 630	…	2 630
期利率		4.9%/12	4.9%/12	4.9%/12	…	4.9%/12
折现系数	1	1/(4.9%/12)	1/(4.9%/12)^2	1/(4.9%/12)^3	…	1/(4.9%/12)^{240}
现值		2 619.3045	2 608.6525	2 598.0438		989.0398
净现值	40 1867.82					

行号	程序代码
1	In [1]: def pv_function(pmt, r, n):
2	# 年期序列
3	seq1 = [pmt] * n
4	# 折现系数，用 map() 函数计算每一期的折现系数
5	seq_r = map(lambda x: 1/(1 + r) ** x, range(1, n + 1))
6	seq2 = list(seq_r)
7	# 计算现值，并用 reduce() 函数求和
8	sumResults = reduce(lambda x,y : x +
9	round(y[0]*y[1],4),zip(seq1,seq2),0)
10	return round(sumResults,2)
11	if __name__ == '__main__':
12	c = 2630
13	r = 0.049 / 12
14	n = 12 * 20
15	print("净现值为: ",pv_function(c, r, n),"元")
16	Out [1]: 净现值为: 401867.82 元

【代码解析】每一期的折现系数计算都可以采用 map() 函数实现；采用 reduce() 函数可以按期累积计算最终净现值；zip() 函数介绍详见 4.4.3 节。在实际业务中，采用 Python 自带的 map()、reduce() 等函数可以巧妙地完成计算，例如房贷净现值。

3. filter() 函数

该函数为 Python 内置函数，主要用于序列过滤。其基本语法格式如下。

```
filter(func,seq)
```

该函数通过调用布尔函数 func() 迭代遍历 seq 中的每个元素，返回所有使 func() 函数返回值为 True 的元素的序列。filter() 函数的参数分别为函数和序列，filter() 函数将作为参数的函数作用于序列的每个元素，然后根据返回值是 True 还是 False 决定是保留还是丢弃该元素。

例 4-13 filter() 函数的用法，参考代码如下。

行号	程序代码
1	In [1]: def needTax(n):
2	if n > 5000:
3	return True
4	else:
5	return False
6	salary = [4000,5560,6000,7000,4500]
7	print(list(filter(needTax,salary)))
8	Out [1]: [5560,6000,7000]

【代码解析】上述代码用于筛选出列表中所有超过 5 000 的工资，以便进一步进行个税计算。其布尔函数为 needTax()，序列为 salary，筛选的结果可以转为 list 类型的输出。

4.4.3 典型函数举例

1. zip()函数

Python 内置序列函数之一，用于将任意多个序列（列表、元组等）中的元素"配对"和"合并"，从而产生一个新的元组列表。其一般形式如下。

```
zip(seq1,seq2,…)
```

例 4-14 zip()函数的用法，参考代码如下。

行号	程序代码
1	In [1]: workingyear = [8,7,6,10,5]
2	dayssick = [3,2,4,2,1]
3	basepay = [4000,3560,5000,6000,3500]
4	seq = ['员工1','员工2','员工3','员工4','员工5']
5	print(list(zip(seq,workingyear,dayssick,basepay)))
6	Out [1]: [('员工1',8,3,4000),('员工2',7,2,3560),('员工3',6,4,5000),('员工4',
7	10,2,6000),('员工5',5,1,3500)]
8	In [2]: for i,(a,b,c,d) in enumerate(zip(seq,workingyear,dayssick,basepay)):
9	print('%d: %s 的工作年限是%d 年，病假天数是%d 天，基本工资
10	是%d 元' % (i, a, b, c, d))
11	Out [2]: 0：员工1 的工作年限是8 年，病假天数是3 天，基本工资是4000 元
12	1：员工2 的工作年限是7 年，病假天数是2 天，基本工资是3560 元
13	2：员工3 的工作年限是6 年，病假天数是4 天，基本工资是5000 元
14	3：员工4 的工作年限是10 年，病假天数是2 天，基本工资是6000 元
15	4：员工5 的工作年限是5 年，病假天数是1 天，基本工资是3500 元

【代码解析】上述代码基于 zip()函数迭代多个序列，实现对员工工作年限、病假天数及基本工资等信息的配对与展示。zip()函数与 enumerate()函数一起使用，可以有效提升信息的直观程度，如第 6、7、8 行所示。zip()函数对于不等长序列的配对通常以最短序列的长度为准。

2. reversed()函数

reversed()函数是 Python 内置序列函数之一，其功能是对于给定的序列（包括列表、元组、字符串等）返回一个逆序序列的迭代器。reversed()函数一般用于反向遍历序列，其语法格式如下。

```
reversed(seq)
```

其中，seq 可以是列表、元素、字符串以及 range()生成的区间列表等。

例 4-15 reversed()函数的用法，参考代码如下。

行号	程序代码
1	In [1]: print([x for x in reversed("abc")])
2	seq1 = ['重庆','成都','西安']
3	print(list(reversed(seq1)))
4	Out [1]: ['c','b','a']
5	['西安','成都','重庆']

3. sorted()函数

sorted()函数是 Python 内置序列函数之一，其功能是对序列（列表、元组、字典、集合、字符串等所有可迭代对象）进行排序。其语法格式如下。

```
sorted(seq,cmp=None,key=None,reverse=False)
```

其中，seq 是可迭代对象，cmp 是比较的函数，key 是用来比较的元素，reverse 是排序规则。

例 4-16 sorted()函数的用法，参考代码如下。

行号	程序代码
1	In [1]:　workingyear = [8,7,6,10,5]
2	dayssick = [3,2,4,2,1]
3	basepay = [4000,3560,5000,6000,3500]
4	seq = ['员工1','员工2','员工3','员工4','员工5']
5	cutpay = map(lambda x,y,z: y*z/21*0.7 if x<=7 else
6	y*z/21*0.6,workingyear,dayssick,basepay)
7	tmp=zip(seq,list(cutpay))
8	print(list(sorted(tmp,key = lambda s:s[1])))
9	Out [1]:　[('员工5',116.66666666666666),('员工2',237.33333333333331),('员工
10	1',342.85714285714283),('员工4',342.85714285714283),('员工3',
11	666.6666666666666)]

【**代码解析**】上述代码综合应用 lambda()、map()、zip()和 sorted()函数计算员工病假扣款，并按照病假扣款金额对员工进行排序。在排序过程中，对于合并后的序列，选择第二个元素作为比较元素。

4.5 模块和包

Python 中包含用户定义和声明的变量、函数和类等代码的源文件称为模块，其扩展名为.py。功能相近的模块可以组成包，包是模块的层次性组织结构。上述模块和包的概念主要来自软件工程中的模块化程序设计，即在解决问题时，采用自顶向下的方法将其划分为几个部分，形成相对独立的功能模块，对于每个模块，单独编写程序文件，方便各项目组和开发人员独立开发。对于上述相对独立的程序代码，一般通过模块和包的形式将其组织起来。

微课 4-5

4.5.1 模块的导入和使用

在使用模块前，必须要先将模块加载进来。导入和使用模块的基本形式如下。

```
import module
module.func()
module.var
```

其中，代码片段 import module 用于导入模块，module.func()和 module.var 是使用模块名调用或者访问该模块中的函数或者变量。也可以使用 from…import…语句直接导入需要访问或者调用的成员，例如 from module import *，表示导入 module 模块中的所有成员。其语法格式如下。

```
from module import name1[,name2[,… nameN]]
```

import 语句用于新建一个命名空间，将模块名存放在该命名空间中，使用时应添加模块名来导入函数或变量；使用 from module import name1，name2 语句则会将 name1 和 name2 单个导入命名空间中。既然是导入当前的命名空间中，那就可以直接拿来使用，前面不需要再添加模块名。

模块可以包含可执行的语句和函数的定义，它们只在模块名第一次遇到导入 import 语句时才执行，后续导入同一个模块的语句仅是对已经加载到内存中的模块对象增加了一次引用，不会重新执行模块内的语句。

例 4-17　导入模块的方法，参考代码如下。

行号	程序代码
	modulesample.py 模块
1	In　[1]:　　def func():
2	print("func")
3	print("导入模块 modulesample 时执行")
4	if __name__=="__main__":
5	print("导入模块 modulesample 时执行_main")
	test.py 模块
1	In　[1]:　　import modulesample
2	Out [1]:　　导入模块 modulesample 时执行

【代码解析】上述 modulesample.py 文件是自定义模块，在 test.py 文件中通过 import 语句导入。但当我们多次导入的时候，例如在 test.py 文件中再次输入 import modulesample，会发现结果只输出了一次。这是因为每次导入模块时，解释器都会检查一下这个模块之前有没有被导入过。

test.py 模块第 1 行代码执行时，Python 解释器需要找到这个模块，判断模块是否被导入过，如果没有被导入过，则创建属于模块的命名空间。如果用户没有定义变量引用该命名空间，则使用该模块的名称作为变量进行引用。如果该模块被导入过，则解释器不会重新执行模块内的语句，后续的 import 语句是对已加载到内存中的模块增加一次引用。

modulesample.py 模块的第 4、5 行代码为 main()函数及其函数体，然而其作为模块被引入时并没有被执行。只有将 modulesample.py 文件作为 Python 脚本时才会执行。

📖**对初学者的建议**

（1）当我们使用 import 语句导入模块时，Python 解释器首先会去内置命名空间中寻找，即判断导入的模块是不是内置模块（例如 time 模块就是 Python 内置模块），然后去 sys.path 列表中定义的路径从前往后寻找.py 文件。可以通过如下代码确定包的路径：

```
import sys
print(sys.path)
```

（2）考虑到扩展或自定义模块可能调用了内置模块，因此在模块导入时，应先导入解释器内置的模块，然后导入扩展模块，最后导入自定义模块。因此，多个模块导入时的顺序规范建议为：模块应该一个一个地导入，先后顺序为内置模块→扩展（第三方）模块→自定义模块。

（3）模块在导入的时候开辟了新空间内存，默认是使用模块的名称来引用这个内存地址的，有时候模块的名称很长，再加上调用里面的功能时，就显得很不方便。为了更好地使用模块，我们可以给模块起别名。例如：

```
import module_1 as m1
m1.fun1()
```

4.5.2　Python 中的包

多个功能相似的模块可以使用包组织起来，便于维护和使用。从形式上看，包就是一个文件夹，里面包含很多.py 文件，外加一个 __init__.py 文件。其中，每个.py 文件是一个模块，通过目录的方式将众多的模块组织为一个包。同名的模块可以放在不同的包下，以避免名称冲突。注意，在每个包下，都应该有一个 __init__.py 文件。从逻辑上看，包的本质依然是模块，因此包又可以包含包。

定义一个简单的包。新建一个名叫 first_package1 的文件夹，然后在该文件夹中添加一个 __init__.py 文件，该文件内容如下。

```
'''
这是 package1
'''
print('this is package1')
```

再通过程序应用该包，其引用代码如下。

```
import package1
```

事实上，导入包和导入模块的语法一样。import package1 就是用于执行该包下面的 __init__.py 文件。包是用来组织各个子包和功能模块的，所有在当前包目录下的 __init__.py 一般不包含逻辑功能，而是用来导入该包内的其他模块。

本章小结

函数作为结构化编程的重要部分，其最大的价值是可以降低重复工作，实现代码复用。无论是业务处理还是数据分析，灵活使用函数都可以大大降低工作量。事实上，Python 提供了强大的标准库和第三方库，对其进行合理应用可以有效提高业务处理或数据分析的效率。此外，掌握函数的用法需要大量的练习，只有大量的实践才能实现灵活运用。

习题

一、选择题

1. Python 语句 "f=lambda x,y: x+y;f(3,5)" 的运行结果是（　　）。
   A. 15　　　　　　　B. 3　　　　　　　C. 8　　　　　　　D. 运行错误
2. 已知 Python 代码片段，则 main()函数中 store 的运行结果是（　　）。

```
def purchaseFun(store, num):
    store=store+num
```

```
    return store
if __name__=="__main__":
    store = 100
    num = 30
    store = purchaseFun(store, num)
```

　　A. 100　　　　　　　　B. 130　　　　　　　　C. 未知结果　　　　　　D. 运行错误

　3. 已知 Python 代码片段，则 main()函数的运行结果是（　　　）。

```
def judge(param1, *param2):
print(param2)
if __name__=="__main__":
judge(1, 2, 3, 4, 5)
```

　　A. (2)　　　　　　　　B. (2,3)　　　　　　　C. (2,3,4)　　　　　　D. (2,3,4,5)

　4. Python 语句"f=lambda x:x**2;print(f(f(3)))"的运行结果是（　　　）。

　　A. 12　　　　　　　　B. 36　　　　　　　　C. 18　　　　　　　　D. 81

　5. 已知 Python 代码片段，则 main()函数的运行结果是（　　　）。

```
def judge(param1, *param2):
print(type(param2))
if __name__=="__main__":
judge(1, 2, 3)
```

　　A. <class 'int'>　　　B. <class 'list'>　　　C. <class 'tuple'>　　　D. <class 'dict'>

二、填空题

1. 函数中默认赋值的变量默认被分配到_____中。

2. Python 语言中的函数可以分为_____、_____、_____、_____类。

3. 若想在函数中改变全局变量的值，则需要利用_____关键字定义该变量。

4. 下述 Python 代码片段的运行结果为_____。

```
basepay = [4000, 3560, 5000, 6000, 3500]
seq = ['员工1','员工2','员工3','员工4','员工5']
tmp=zip(seq,basepay)
print(list(sorted(tmp,key = lambda s:s[1])))
```

5. 执行 Python 代码时，Python 解释器会执行下述两个步骤_____、_____。

三、程序题

1. 基于平均年限法（预计使用年限 5 年，净残值率 3%）编写函数，计算某企业固定资产（原值为 3 000 元，已计提折旧 5 个月，累计折旧 242.5 元）的月折旧额。

2. 假设员工工资由基本工资、病假扣款确定。对于工作年限低于 7 年的员工，病假扣款计算公式为病假天数×基本工资/21×0.8；工作年限大于 7 年的员工，病假扣款计算公式为病假天数×基本工资/21×0.7。已知某部门员工相关信息如表 4-3 所示，设计函数计算员工税后工资（个人所得税依照七级超额累进税率计算）。

表 4-3 某部门员工相关信息

序号	职员代码	基本工资/元	病假天数	工作年限
1	0101	5 600	2	4
2	0102	6 700	3	4
3	0201	8 900	0	2
4	0202	5 000	0	2
5	0301	4 800	0	2
6	0302	10 300	2	8
7	0303	15 000	1.5	9

Python 数据分析基础

- ◆ 了解 NumPy 数组的概念、属性和数据类型，掌握 NumPy 数组的创建方法。
- ◆ 掌握常用的数组操作方法。
- ◆ 熟悉数组索引和切片的概念，掌握数组索引和切片的用法。
- ◆ 掌握数组的各类运算方法。
- ◆ 掌握 NumPy 通用函数的基本用法和常用统计函数的用法。
- ◆ 掌握 Pandas 的两种数据结构：Series 和 DataFrame。
- ◆ 熟悉 DataFrame 的基本功能，掌握 DataFrame 的行操作与列操作。
- ◆ 掌握 Pandas 的常见操作，包括查看常用属性、查改增删数据、算术运算和统计计算等。

引言

生活中我们常说"众人拾柴火焰高""人多力量大"，只有集体或团队中的每个成员都齐心协力，拧成一股绳，朝着一个目标努力，才有可能创造出超常的价值。以 Python 为例，作为世界上发展最快的编程语言之一，由众多开发者无私奉献的第三方库和标准库使得 Python 拥有强大的生态发展体系，通过以 NumPy、Pandas 和 Matplotlib 为代表的第三方库可以实现完整的数据分析流程。

Python 本身的数据分析功能不强，需要安装一些第三方扩展库来扩展。Anaconda 发行版的 Python 环境中已经自带了 NumPy、Pandas 和 Matplotlib 库。

本章主要是对 NumPy 和 Pandas 进行简单的介绍。后面的章节会通过各种案例对这些库的应用场景进行更加深入的说明。

5.1 数据分析的基本流程

数据分析是基于商业目的对数据进行收集、整理、加工和分析，并提炼出有价值的信息的一个过程。整个数据分析过程大致可分为 5 个阶段，具体如图 5-1 所示。

微课 5-1

图 5-1 数据分析的基本流程

1．明确目的和思路

在进行数据分析之前，我们必须要搞清楚几个问题，比如数据对象是谁，要解决什么业务问题，并基于对项目的理解，整理出分析的框架和思路。在实际业务场景中，减少新客户的流失、优化活动效果、提高客户响应率等，不同的项目对数据的要求是不一样的，使用的分析手段也是不一样的。

2．数据收集

数据收集是按照确定的数据分析思路和框架内容，有目的地收集、整理相关数据的一个阶段，它是数据分析的基础。

3．数据处理

数据处理是指对收集到的数据进行清洗、整理、加工，以便开展数据分析，它是数据分析前必不可少的阶段。这个阶段在数据分析整个流程中是最耗时的，也在一定程度上保证了数据分析的质量。

4．数据分析

数据分析是指通过各种手段、方法和技巧对准备好的数据进行探索、分析，从中发现因果关系、内部联系和业务规划，为商业决策提供参考。

> **!!! 提示**
>
> 要想驾驭数据开展数据分析，就会涉及工具和方法的使用。一是要熟悉常规数据分析方法及原理，二是要熟悉专业数据分析工具的用法，比如 NumPy、Pandas 等，以便进行专业的数据统计、数据建模等。

5．数据可视化

俗话说："字不如表，表不如图。"在通常情况下，数据分析的结果都会通过图表方式进行展现，常用的图表包括饼图、折线图、条形图、散点图等。借助图表这种展现数据的手段，数据分析师可以更加直观地表述想要呈现的信息、观点和建议。

5.2　NumPy 基础

Python 并没有提供数组功能。虽然列表可以完成基本的数组功能，但它不是真正的数组，在数据量较大时，使用列表的速度会慢得让人难以接受。为此，NumPy 提供了强大的多维数组、向量、稠密矩阵、稀疏矩阵等对象，支持线性代数、傅里叶变换等科学运算，还提供了 C/C++及 Fortran 代码的整合工具。NumPy 的执行效率比 Python 自带的数据结构要高效得多。在 NumPy 的基础上，研究者们开发了大量用于统计学习、机器学习等科学计算的框架，例如后面章节介绍的 Pandas 和 Matplotlib 等库都依赖于 NumPy。基于 NumPy 的高效率，这些计算框架具备了较好的实用性。可以说，NumPy 库极大地推动了 Python 在数据科学领域的流行。

本节将介绍初学者需要了解的 NumPy 基础知识，包括如何创建 NumPy 数组、如何使用 NumPy 中的广播机制、如何获取值，以及如何操作数组等。更重要的是，初学者可以通过本节了解 NumPy 相对于 Python 列表的优势：更简洁、更快速地读写、更方便、更高效。

在 Python 中调用 NumPy 往往使用如下约定俗成的方式。

```
import numpy as np
```

在调用 NumPy 中的模块或函数时，应该使用"np.模块或函数名称"的形式。

5.2.1　NumPy 基本数据结构

NumPy 提供了一个名为 ndarray 的多维数组对象。该数组只能存放同一种数据类型的对象。因此，NumPy 能够确定存储数组所需空间的大小，能够运用向量化运算来处理整个数组，具有较高的运算效率。

1. 创建 NumPy 数组

创建 NumPy 数组的方式有若干种，最简单的方式就是使用 array() 函数。

例 5-1　使用一维列表作为参数来创建数组，参考代码如下。

行号	程序代码
1	In [1]: import numpy as np
2	data = np.array([1, 2, 3])
3	print(data)
4	Out [1]: [1 2 3]

【代码解析】上述代码中，第 1 行代码使用 import 语句导入 NumPy 库，并为其取别名为 np，表示后续会用 np 代替 NumPy 执行操作。此行代码是不可或缺的；但本书后面有些示例代码为了节约篇幅，省略了 import 语句，这是读者需要注意的地方。第 2 行代码传入列表[1,2,3]，调用 NumPy 的 array() 函数来创建一维数组，并赋值给变量 data。第 3 行代码调用 print(data)以输出 data 的值，结果如第 4 行所示。

> !!! 提示
>
> 注意数组的格式，方括号内各元素之间没有逗号，而列表中各元素之间是用逗号分隔的。本例中，传入的列表为[1,2,3]，print()函数的运行结果为一维数组[1 2 3]。

例 5-2　使用元组作为数组的参数来创建数组，参考代码如下。

行号	程序代码
1	In [1]: import numpy as np
2	data = np.array((1, 2, 3))
3	print(data)
4	Out [1]: [1 2 3]

【代码解析】上述代码中，第 1 行和第 3 行代码的含义参见例 5-1。第 2 行代码传入元组(1,2,3)，调用 NumPy 的 array() 函数来创建一维数组，并赋值给变量 data。

我们常说的维度是空间上的维度，例如一维空间是条线、二维空间是个面、三维空间是个体等。数据也是有维度概念的，例如二维数据由多个一维数据构成，是一维数据的组合形式，如表格就是典型的二维数据；多维数据则由一维或二维数据在新维度上扩展形成。在数组中可使用嵌套的形式来表达数据多维度的概念。例如，[[1 2 3] [4 5 6]]是一个二维数组，其包含两个一维度数组，每个一维数组中有 3 个元素。

例 5-3 使用二维列表作为参数来创建数组，参考代码如下。

行号	程序代码
1	In [1]:　import numpy as np
2	data = np.array([[1, 2, 3], [4,5,6]])
3	print(data)
4	Out [1]:　[[1 2 3]
5	[4 5 6]]

【代码解析】第 1 行和第 3 行代码的含义参见例 5-1。第 2 行代码传入嵌套列表[[1,2,3],[4,5,6]]，调用 NumPy 的 array()函数来创建二维数组，并赋值给变量 data。第 4 行和第 5 行为运行结果。从运行结果可以知道，array()函数创建了一个 2 行 3 列的二维数组 data。以此类推，我们也可以根据需要创建多维数组。

2. 数组的属性

在对数组的操作中，常常需要了解数组的属性，如数组的维度、数据类型和数组中的元素个数等。ndarray 对象中定义了一些重要的属性，具体如表 5-1 所示。

表 5-1　　　　　　　　　　　　ndarray 对象的常用属性

属性	说明
ndim	维度个数，也就是数组轴的个数，比如一维、二维、三维等
shape	数组的维度，这是一个整数的元组，表示每个维度上数组的大小。例如，一个 n 行 m 列的数组，它的 shape 属性值为(n,m)
size	数组元素的总个数，相当于 shape 属性中 $n \times m$ 的值
dtype	描述数组中元素的类型，既可以使用标准的 Python 类型创建或指定，也可以使用 NumPy 特有的数据类型来指定，比如 numpy.int32、numpy.float64 等

例 5-4 数组属性的应用，参考代码如下。

行号	程序代码
1	In [1]:　import numpy as np
2	data = np.array([[1, 2, 3], [4,5,6]])
3	Print(data)
4	Out [1]:　array([[1, 2, 3],
5	[4, 5, 6]])
6	In [2]:　data.ndim
7	Out [2]:　2
8	In [3]:　data.shape
9	Out [3]:　(2, 3)
10	In [4]:　data.size
11	Out [4]:　6
12	In [5]:　data.dtype
13	Out [5]:　dtype('int32')

【代码解析】上述代码中，第 1~5 行代码的含义参见例 5-3。第 6 行代码获取 data 的维度个

数，返回结果为 2，表示 data 是二维数组。第 8 行代码获取 data 的维度，返回结果为(2,3)，表示数组有 2 行 3 列。第 10 行代码获取 data 中元素的总个数，返回结果为 6，表示数组中共有 6 个元素。第 12 行代码获取 data 中元素的具体数据类型，返回结果为 dtype('int32')，表示元素的数据类型为 int32。

3. 创建数组的其他方法

上面介绍的创建数组的方法是传入列表或元组，调用 array()函数来创建数组，这样做的效率不是很高，因此 NumPy 提供了许多专门用来创建数组的函数。

（1）使用 arange()函数可以创建一个等差数组，它的功能类似于 range()函数，只不过它返回的结果是数组，而不是列表。可通过指定起始值、终止值和步长来创建一维数组，但是该函数所创建的数组中不包含终止值。

例 5-5 使用 arange()函数创建一个等差数组，参考代码如下。

行号	程序代码
1	In [6]:　data = np.arange(12)
2	print(data)
3	Out [6]:　array([0, 1, 2, 3, 4, 5, 6, 7, 8, 9, 10, 11])
4	In [7]:　data = np.arange(12).reshape(3,4)
5	print(data)
6	Out [7]:　array([[0, 1, 2, 3],
7	[4, 5, 6, 7],
8	[8, 9, 10, 11]])

【代码解析】上述代码中，第 1 行代码生成 0～11 的一维数组。第 4 行代码使用 arange()和 reshape()函数创建一个 3 行 4 列的二维数组 data。reshape()函数的功能是重组数组的行数、列数和维度。先通过 np.arange(12)函数创建了 0～11 的一维数组，再通过 reshape(3,4)函数将该一维数组转换成 3 行 4 列的二维数组，结果如第 6～8 行所示。

（2）通过 ones()函数创建元素值都为 1 的数组。如下面的代码所示。

行号	程序代码
1	In [8]:　np.ones(5)
2	Out [8]:　array([1., 1., 1., 1., 1.])

此外，我们还可以通过 zeros()、linspace()、logspace()、empty()等函数来创建数组。

!!!提示

在前面的示例中，读者可能注意到，有些数组元素的后面会跟着一个小数点，而有些数组的元素后面没有，比如 1 和 1.。产生这种现象，主要是因为元素的数据类型不同。

4. 数据类型

Python 虽然支持整数、浮点数等，但是在财务应用中只需要用到常见的几种数据类型，如 bool（布尔型）、int（整型）和 float（浮点型）。

（1）指定数据类型。创建数组时，如果没有指定数据类型，NumPy 会给新建的数组指定一个合适的数据类型。当然，也可以给创建的数组明确指定数据类型。指定数据类型是通过参数 dtype 实现的。

例 5-6 指定数组的数据类型，参考代码如下。

行号	程序代码
1	In [1]: import numpy as np
2	x = np.ones (3)
3	print(x)
4	Out [1]: array([1., 1., 1.])
5	In [2]: y = np.ones(3, dtype=np.int32)
6	print(y)
7	Out [2]: array([1, 1, 1])

【代码解析】上述代码中，第 2 行代码通过 ones() 函数创建了一个含 3 个元素的一维数组，默认为浮点数，所以元素值都为浮点数 1。而在第 5 行代码中，我们指定数组的数据类型为整数，从第 7 行输出结果中可以看到元素值为整数 1。

（2）转换数据类型。astype() 函数可以把数组元素转换成指定类型的数据。

例 5-7 转换数据类型，参考代码如下。

行号	程序代码
1	In [1]: import numpy as np
2	x = np.array([1.1, 2.6, 3.2], dtype=np.float)
3	y = x.astype(np.int)
4	print('x =', x)
5	Out [1]: x = [1.1 2.6 3.2]
6	In [2]: print('y =', y)
7	Out [2]: y = [1 2 3]
8	In [3]: print('y.dtype =', y.dtype)
9	Out [3]: y.dtype = int32
10	In [4]: print('x.dtype =', x.dtype)
11	Out [4]: x.dtype = float64

【代码解析】上述代码中，第 2 行代码用于创建一维数组，同时指定数组元素的数据类型为 float，并将其赋值给变量 x。第 3 行代码使用 astype() 函数将数据类型 float 转换为 int，即将浮点数转换为整数，将结果赋值给变量 y。

从例 5-7 中可以知道，将浮点数转换为整数时元素的小数部分被截断，而不是四舍五入。第 5 行代码中数组 x 的第 2 个元素为 2.6，转换成整数后，在第 7 行可以看到其值并没有四舍五入转换为数值 3，而是被截断为数值 2。

此外，astype() 函数会创建一个新的数组，但不会改变原有数组的数据类型。第 3 行代码中原数组 x 应用 astype() 函数进行数据类型转换，得到一个新的数组 y。从第 9 行可以知道，新数组 y 的数据类型为 int32；而从第 11 行可知，原数组 x 的数据类型没有受到影响，还是 float64。

5.2.2　数组的索引和切片

NumPy 数组的内容可以通过索引或切片来访问、修改，与 Python 中序列的索引和切片操作一样。但是，数组还提供了比常规 Python 序列更多的索引功能。除了可以使用整数进行索引以外，还可以使用整数数组和布尔数组进行索引。接下来，本节将针对数组的索引和切片进行详细的讲解。

1. 一维数组的索引和切片

一维数组的索引和切片操作类似于 Python 中列表索引和切片的操作。首先定义 arr 为一维数组，数组有 *n* 个元素，则数组中元素与索引的对应关系如下。

一维数组	arr=	[	a1	a2	a3	a4	…	an	]
索引			0	1	2	3	…	n-1	
负索引			-1	-2	-3	-4	…	-n	

（1）利用数组索引获取指定元素。获取数组中指定元素的方法是：数组名[索引]。

例如，获取数组 arr 中第 3 个元素 a3，用 arr[2]或 arr[-3]表示即可。注意：NumPy 数组的索引是从 0 开始编号的。

（2）数组的切片。获取数组中某个范围内元素的方法是：数组名[start:end:step]。其中，start 表示切片的开始索引，可以省略，省略时为 0；end 表示切片的结束索引，可以省略，省略时表示截取数据要包括数组的最后一个元素；step 表示步长，即从开始索引到结束索引多长取一个值，默认为 1。

例 5-8 一维数组的索引和切片用法，参考代码如下。

行号	程序代码
1	In [1]: import numpy as np
2	arr = np.arange(10)
3	print('arr = ', arr)
4	Out [1]: arr = [0 1 2 3 4 5 6 7 8 9]
5	In [2]: x = arr[2]
6	print('x = ', x)
7	Out [2]: x = 2
8	In [3]: y = arr[2:]
9	print('y = ', y)
10	Out [3]: y = [2 3 4 5 6 7 8 9]
11	In [4]: z = arr[2:7]
12	print('z = ', z)
13	Out [4]: z = [2 3 4 5 6]

【代码解析】上述代码中，第 2 行代码创建了一维数组 arr，从 0 到 9 共 10 个值。在访问数组时，如果只放置一个参数，如 arr[2]，将返回与该索引相对应的单个元素，如第 7 行代码所示，其值为 2。如果为 arr[2:]，表示从索引 2 开始以后的所有项都将被提取，如第 10 行代码所示，返回结果为[2 3 4 5 6 7 8 9]。如果使用了两个参数，如 arr[2:7]，表示提取两个索引（不包括停止索引）之间的值，如第 13 行代码所示，返回结果为[2 3 4 5 6]。

2. 二维数组的索引与切片

二维数组是由行和列组成的，二维数组中的每一行相当于一维数组。二维数组中元素的索引是由该元素所在的行下标和列下标组成的，即由元素的行索引和列索引组成。例如，arr 是二维数组，该数组的元素用 arr[行索引,列索引]表示，该数组中元素与索引的对应关系如图 5-2 所示。

列索引→		0	1	…	N
行索引↓	0	arr[0,0]	arr[0,1]	…	arr[0,n]
	1	arr[1,0]	arr[1,1]	…	arr[1,n]
	…	…	…	…	…
	N	arr[n,0]	arr[n,1]	…	arr[n,n]

图 5-2　元素与索引的对应关系

（1）利用二维数组的行索引和列索引获取指定元素，方法如下。

数组名[行索引,列索引]

例如，获取数组 arr 中第 1 行第 2 列的元素，用 arr[0,1]表示即可。

（2）二维数组的切片。获取二维数组中某个区域内元素的方法如下。

数组名[row_start:row_end:row_step, col_start:col_end:col_step]

其中，row_start:row_end 表示获取数组中元素的行索引范围，row_start 为行开始索引，可以省略，省略时为 0；row_end 为行结束索引，可以省略，省略时表示获取数据要包括数组的最后一行；row_step 表示行索引的步长。col_start:col_end 表示获取数组中元素的列索引范围，col_start 为列开始索引，可以省略，省略时为 0；col_end 为列结束索引，可以省略，省略时表示获取数据要包括数组的最后一列；col_step 表示列索引的步长。

二维（或多维）数组的切片是沿着行或列的方向选取元素的，可以传入一个切片，也可以传入多个切片，还可以将切片与整数索引混合使用。

例 5-9 二维数组的索引和切片用法，参考代码如下。

行号	程序代码
1	In [1]:　import numpy as np
2	arr = np.array([[1, 2, 3], [4,5,6], [7,8,9]])
3	print('arr = ', arr)
4	Out [1]:　arr = [[1 2 3]
5	[4 5 6]
6	[7 8 9]]
7	In [2]:　x = arr[0, 1]　　　#获取数组 arr 中第 1 行第 2 列的元素
8	print('x = ', x)
9	Out [2]:　x = 2
10	In [3]:　y = arr[:2]　　　#传入一个切片
11	print('y = ', y)
12	Out [3]:　y = [[1 2 3]
13	[4 5 6]]
14	In [4]:　z = arr[0:2, 0:2]　　#传入两个切片
15	print('z = ', z)

16	Out [4]:　z = [[1 2]
17	[4 5]]
18	In　[5]:　w = arr[1, :2]　　　#切片与整数索引混合使用
19	print('w = ', w)
20	Out [5]:　w = [4 5]

【代码解析】（1）第 2 行代码创建了一个 3 行 3 列的二维数组 arr。

（2）如果要获取二维数组的单个元素，需要同时指定这个元素的行索引和列索引。如第 7 行代码，获取数组 arr 中第 1 行第 2 列的元素，可以通过 arr[0,1] 来实现。

（3）当传入一个切片时，数组会按照 0 轴方向（行的方向）进行切片。类似笛卡儿坐标系的坐标轴，NumPy 数组也有轴（axis）的概念。在二维数组中，轴沿着行和列的方向，位于纵向的轴（y 轴，沿着行的方向）编号为 0，位于横向的轴（x 轴，沿着列的方向）编号为 1，其编号示意如图 5-3 所示。

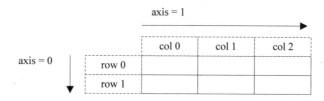

图 5-3　轴编号示意

数组 arr 的轴编号及行、列索引信息如图 5-4 所示。

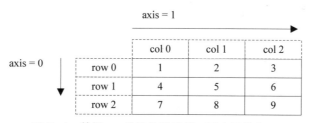

图 5-4　数组 arr 的轴编号及行、列索引信息

如第 10 行代码所示，只传入了一个切片，则按行的方向进行切片。arr[:2] 表示要获取从第 0 行开始，到第 2 行截止（不包括第 2 行）的元素，即包括第 0 行和第 1 行的元素，因此返回结果为 [[1,2,3],[4,5,6]]，如第 12 行和第 13 行输出结果所示。

另外，需要提醒的是，NumPy 的一维数组只有一个轴（即 axis=0）。例 5-8 中一维数组 arr 的轴编号示意如图 5-5 所示。

图 5-5　一维数组 arr 的轴编号示意

（4）第 14 行代码传入两个切片，arr[0:2,0:2] 表示要截取第 0 行到第 1 行，以及第 0 列到第 1 列构成的区域内的元素，其切片的相关示意如图 5-6 所示，其中灰色背景的元素为要截取的元素。

	col 0	col 1	col 2
row 0	1	2	3
row 1	4	5	6
row 2	7	8	9

图 5-6　arr[0:2,0:2]切片示意

因此，返回结果如第 16 行和第 17 行所示。

（5）第 18 行代码是切片与索引的混合使用，arr[1,:2]即要截取第 1 行（索引的方式），从第 0 列到第 1 列（切片的方式）构成的区域内的元素，其切片的相关示意如图 5-7 所示，其中灰色背景的元素为截取的元素。

	col 0	col 1	col 2
row 0	1	2	3
row 1	4	5	6
row 2	7	8	9

图 5-7　arr[1,:2]切片示意

因此，返回结果如第 20 行所示。

3. 布尔型索引

布尔型索引指的是将一个布尔型数组作为数组索引，返回的数据是布尔型数组中 True 对应位置的元素。

例 5-10　布尔型索引的应用，参考代码如下。

行号	程序代码
1	In　[1]:　　import numpy as np
2	arr = np.array([1,2,0,3,0,4,0])
3	print('arr = ', arr)
4	Out [1]:　　arr = [1 2 0 3 0 4 0]
5	In　[2]:　　marks = (arr != 0)　　#生成一个布尔型数组
6	print('marks = ', marks)
7	Out [2]:　　marks = [True True False True False True False]
8	In　[3]:　　print(arr[marks])　　#布尔型索引的应用
9	Out [3]:　　[1 2 3 4]
10	In　[4]:　　print(arr[arr!=0])　　#简洁形式
11	Out [4]:　　[1 2 3 4]

【代码解析】第 2 行代码创建了一个有 7 个元素的一维数组 arr。第 5 行代码把数组 arr 中元素为零的位置设为 False，元素非零的位置设为 True，产生的是一个布尔型数组 marks，结果如第 7 行所示。第 8 行代码中 arr[marks]将布尔型数组 marks 作为索引应用于目标数组 arr，返回 marks 为 True 的对应位置的元素，结果为[1 2 3 4]。我们也可以将上述过程采用简洁的写法完成，如第 10 行代码所示。得到的结果如第 11 行所示，这与第 9 行代码中的结果是一致的。

5.2.3　数组运算

我们已经知道，可以用 array() 函数将列表转换为数组，那么为什么 Python 已有列表类型，还需要 NumPy 数组对象呢？下面我们通过一个示例来比较列表与数组的区别：计算序列 A 的平方和，分别使用列表和数组两种方式来实现。

例 5-11 比较列表与数组的不同用法，参考代码如下。

行号	程序代码
1	In [1]:　import numpy as np
2	#1.列表方式
3	A = [1,2,3,4,5]
4	B=0　　#B 的初始值为 0
5	for i in range(len(A)):
6	B += A[i]**2
7	print('列表方式 B = ', B)
8	Out [1]:　列表方式 B = 55
9	In [2]:　#2.数组方式
10	A = np.array([1,2,3,4,5])　#将列表转换成数组
11	C = (A**2).sum()
12	print('数组方式 C = ', C)
13	Out [2]:　数组方式 C = 55

【代码解析】第 3 行代码定义了一个列表 A，为[1,2,3,4,5]。第 4 行代码定义了变量 B，并将其初始值设为 0，用以记录计算得到的平方和。对于列表来说，一些常见的操作，如求列表的最大值、最小值、所有元素的算术和等，都需要程序员编写代码来完成，因此比较麻烦，不便于开发。如本例中，要计算列表中所有元素的平方和，如第 5 和第 6 行代码所示，需要通过一个循环来计算每个元素的平方，然后进行累加，并将结果保存到变量 B 中。从第 8 行可以知道结果为 55。第 9～12 行代码以 NumPy 数组的方式实现了同样的功能。从第 11 行代码可以看出，数组不需要循环遍历，即可对每个元素执行批量的算术运算操作，A**2 可对数组中每个元素都执行求平方值的操作，得到的结果还以数组形式存在。另外，数组还提供了非常丰富的函数来实现常见的操作，如前文提到的求最大值、最小值及求和等操作，这样程序员不必自己编写代码就可以实现常见操作。本例中就调用了数组的 sum() 函数来计算数组中元素的算术和。从第 13 行可以知道数组方式的结果与列表方式的结果是相同的。

!!!提示

（1）NumPy 数组对象可以去掉元素间运算所需的循环，简化批量数据处理的代码编写工作，使一维向量更像单个数据。

（2）NumPy 设置专门的数组对象，底层采用 C 语言实现，经过优化，可以提升运算速度。

（3）科学计算中，一个维度所有数据的类型往往相同，数组对象采用相同的数据类型，有助于节省运算和存储空间。

（4）本章将要重点讲解的 Pandas 正是基于 NumPy 构建的含有更高级数据结构和工具的数据分析库，因此 Pandas 也有相似的特征，可以进行高效运算。

NumPy 数组不需要循环遍历，即可对每个元素执行批量的算术运算操作，这个过程叫作矢量化运算。不过，如果两个数组的维度不同，则它们进行算术运算时会出现广播机制。此外，数组还支持使用算术运算符与标量进行运算，本节将对数组运算的内容进行详细介绍。

1. 矢量化运算

矢量化指的是用数组表达式代替循环来操作数组里的每个元素。一般来说，矢量化运算要比等价的 Python 循环方式快很多。

例 5-12 矢量化运算的应用，参考代码如下。

行号	程序代码
1	In [1]: import numpy as np
2	arr1 = np.array([1,2,3,4])
3	arr2 = np.array([5,6,7,8])
4	result1 = arr1+arr2
5	print('数组相加 = ', result1)
6	Out [1]: 数组相加 = [6 8 10 12]
7	In [2]: result2 = arr1*arr2
8	print('数组相乘 = ', result2)
9	Out [2]: 数组相乘 = [5 12 21 32]

【代码解析】 在 NumPy 中，维度相同的数组之间的任何算术运算都会应用到元素级，即应用于位置相同的元素之间，所得的运算结果组成一个新的数组。第 2 行和第 3 行代码，分别创建了一个维度相同的一维数组 arr1 和 arr2。第 4 行代码中的数组表达式 arr1+arr2 即矢量化加法运算，其示意如图 5-8 所示。第 7~9 行代码为数组 arr1 与 arr2 进行乘法运算的过程。

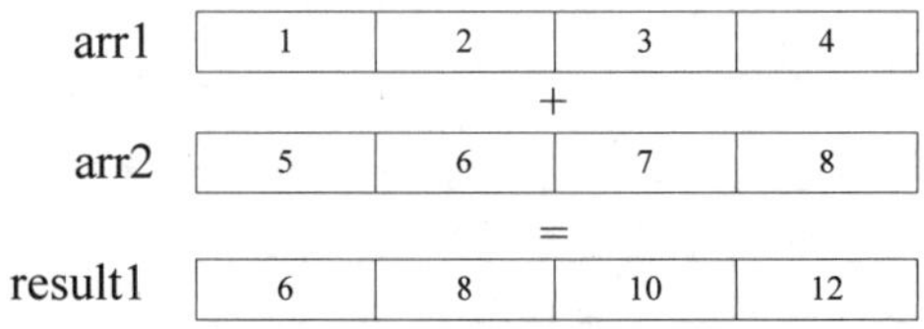

arr1	1	2	3	4
		+		
arr2	5	6	7	8
		=		
result1	6	8	10	12

图 5-8　两个维度相同的数组加法运算

由图 5-8 可知，数组 arr1 和 arr2 对齐后，会让相同位置的元素相加得到一个新的数组 result1。result1 数组中的每个元素为操作数相加的结果，并且结果的位置与操作数的位置是相同的。

2. 数组与标量间的运算

当数组进行相加、相减、乘或除以一个数字时，我们称为数组与标量间的运算（或称为标量运算）。和矢量化运算相似，标量运算也会将标量（即参与运算的数字）传播到数组的各个元素进行相应的运算。

例 5-13 标量运算的应用，参考代码如下。

行号	程序代码
1	In [1]: import numpy as np
2	arr = np.array([1, 2, 3, 4])
3	data = 10

4		result1 = arr+data　　#加法
5		print('加法 = ', result1)
6	Out [1]:	加法 = [11 12 13 14]

【代码解析】上述代码中，我们用一个数组加上一个数值，结果是数组中的每个元素分别与该数值相加组成一个新的数组。这个数值的维度跟数组 arr 的维度其实是不一样的，但还是能够相加，这是怎么回事呢？其实，NumPy 会自动尝试把数值或数组进行广播操作，以便于进行矢量化运算。这里就是将单个数值扩展成了和 arr 一样维度的数组，然后进行矢量化运算。

5.2.4　NumPy 通用函数

通用函数（ufunc）是针对 NumPy 数组执行元素级运算的函数，即通用函数会对数组中的每一个元素作用后产生新的元素，并以数组形式返回。因此，通用函数都是以 NumPy 数组作为输出的。通常情况下，我们可以按照通用函数所接收的数组参数个数来划分，将接收一个数组参数的称为一元通用函数，而接收两个数组参数的称为二元通用函数。表 5-2 和表 5-3 分别列举了一些常用的一元和二元通用函数。

表 5-2　　　　　　　　　　常用的一元通用函数

函数	说明
ceil()	计算各元素的最高整数值，即大于等于该值的最小整数
floor()	计算各元素的最小整数值，即小于等于该值的最大整数
abs()	计算整数或浮点数的绝对值
sqrt()	计算各元素的平方根
square()	计算各元素的平方

表 5-3　　　　　　　　　　常用的二元通用函数

函数	说明
add()	将数组中对应元素值相加
subtract()	从第一数组中减去第二数组中的元素值
multiply()	将数组中对应元素值相乘（数量积）
dot()	数组中对应元素值相乘的累加和（矢量积）
mod()	元素级的求模计算（除法的余数）
maximum()	元素级的最大值计算
minimum()	元素级的最小值计算

在二元通用函数中，当第二个参数为标量时，将进行广播运算。

为了让读者更好地理解，下面我们通过一些示例来演示上述部分函数的用法。

例 5-14　NumPy 通用函数的应用，参考代码如下。

行号	程序代码
1	In [1]:　import numpy as np
2	x = np.array([2, 3, 4])

3		np.sqrt(x)	#计算数组元素的平方根
4	Out [1]:	array([1.41421356, 1.73205081, 2.])	
5	In [2]:	np.square(x)	#计算数组元素的平方
6	Out [2]:	array([4, 9, 16], dtype=int32)	
7	In [3]:	y = np.array([12, 9, 15])	
8		z = np.array([2, 13, 9])	
9		np.add(y, z)	#二元函数的加法
10	Out [3]:	array([14, 22, 24])	

【代码解析】第 2 行代码创建了一维数组 x，随后第 3 行和第 5 行代码中分别调用一元函数 sprt()和 square() 来计算数组中每个元素的平方根及平方。例如，数组 x 中第 3 个元素为 4，其平方根为 2，平方为 16，结果在第 4 行和第 6 行中分别得到了验证。第 7 行和第 8 行代码分别创建了数组 y 和 z，它们的维度相同。第 9 行代码调用二元函数 add() 计算两个数组的和，执行时将会按两个数组中对应位置元素值相加的方式来执行，结果如第 10 行所示。例如，y 中第一个元素为 12，z 中第一个元素为 2，相加后的结果为 14，即结果数组中的第一个元素 14。

5.2.5　利用 NumPy 数组进行数据处理

NumPy 数组可以将许多数据处理任务转换为简洁的数组表达式，处理数据的速度要比 Python 用循环处理快了一个数量级，所以我们把数组作为处理数据的首选。本节将讲解如何利用数组来处理数据，包括统计、排序及检索数组等。

1. 简单统计函数

NumPy 的核心就是基于数组的运算，相比于列表和其他数据结构，数组的运算效率是最高的。在统计分析和挖掘过程中，经常会使用到 NumPy 的统计函数，例如计算数组的最大值、最小值及平均值等，表 5-4 列举了一些常用的统计函数。

表 5-4　　　　　　　　　　　　　　NumPy 常用统计函数

函数	说明
min()	按照轴的方向计算最小值
max()	按照轴的方向计算最大值
mean()	按照轴的方向计算平均值
median()	按照轴的方向计算中位数
sum()	按照轴的方向计算和
std()	按照轴的方向计算标准差
var()	按照轴的方向计算方差

统计函数绝大部分都有 axis 参数，其目的就是在统计数组元素时按照不同的轴方向计算。如果 axis=1，则计算各行的统计值；如果 axis=0，则计算各列的统计值。

例 5-15　NumPy 统计函数的应用，参考代码如下。

行号	程序代码
1	In [1]:　　import numpy as np

2		`arr = np.array([[2,10,20],[80,43,31],[22,43,10]])`
3		`arr` #显示数组元素(不使用 `print()` 函数，直接使用变量名，也可显示结果)
4	`Out [1]:`	`array([[2, 10, 20],`
5		`[80, 43, 31],`
6		`[22, 43, 10]])`
7	`In [2]:`	`np.min(arr)` #计算所有元素的最小值
8	`Out [2]:`	`2`
9	`In [3]:`	`np.min(arr, axis=0)` #按列计算最小值
10	`Out [3]:`	`array([2, 10, 10])`
11	`In [4]:`	`np.min(arr, axis=1)` #按行计算最小值
12	`Out [4]:`	`array([2, 31, 10])`

【代码解析】第 2 行代码创建了一个 3 行 3 列的二维数组 arr。第 7 行代码调用 min() 函数计算最小值，由于没有指定 axis 参数，因此计算得到了数组中所有元素的最小值 2，结果如第 8 行所示。第 9 行代码同样还是调用 min() 函数，但指定 axis=0，因此是按列分别计算每列的最小值，结果为[2,10,10]，分别是每列元素中的最小值，结果如第 10 行代码所示。第 11 行代码调用 min() 函数，指定 axis=1，因此是按行分别计算每行的最小值，结果为[2,31,10]，分别是每行元素中的最小值，结果如第 12 行所示。

2. 数组排序

如果希望对数组中的元素进行排序，可以通过 sort() 函数实现。

例 5-16 NumPy 排序函数 sort() 的应用，参考代码如下。

行号	程序代码	
1	`In [5]:`	`np.sort(arr)` #排序
2	`Out [5]:`	`array([[2, 10, 20],`
3		`[31, 43, 80],`
4		`[10, 22, 43]])`
5	`In [6]:`	`np.sort(arr, axis=0)` #按列排序
6	`Out [6]:`	`array([[2, 10, 10],`
7		`[22, 43, 20],`
8		`[80, 43, 31]])`

【代码解析】第 1 行代码调用 sort() 函数排序，由于我们没有指定排序的轴，因此 sort() 函数将按最后一个轴（即 axis=1）排序，即按行从小到大进行排序，结果如第 2~4 行所示。需要注意的是，使用 sort() 函数排序会修改数组本身。第 5 行代码调用 sort() 函数时指定了 axis=0，即数组元素将按列排序，所以数组每列元素都从小到大进行排序，结果如第 6~8 行所示。

3. 检索数组元素

在 Numpy 中，all() 函数用于判断整个数组中的元素是否全部满足条件，如果全部满足条件则返回 True，否则返回 False。any() 函数用于判断整个数组中的元素是否至少有一个满足条件，如果至少有一个满足条件则返回 True，否则返回 False。

例 5-17 使用 all()和 any()函数检索数组元素，参考代码如下。

行号	程序代码
1	In [7]: np.all(arr>3) #是否所有的元素值都大于 3
2	Out [7]: False
3	In [8]: np.any(arr>3) #是否有元素的值大于 3
4	Out [8]: True

【代码解析】第 1 行代码调用 all()函数以判断是否所有的元素值都大于 3，显然 arr 数组中有一个元素的值为 2，因此结果返回 False，结果如第 2 行所示。第 3 行代码调用 any()函数以判断是否有元素的值大于 3，显然 arr 数组除了值为 2 的元素，其余元素都大于 3，因此结果返回 True，如第 4 行所示。

!!!提示
　　NumPy 是 Python 中相当成熟且常用的库，官网中的帮助文档非常有参考价值，读者遇到相应的问题时，可以自行搜索解决。

5.3　Pandas 基础

　　NumPy 中的多维数组、矩阵等对象具有极高的执行效率，但是在数据分析中，我们不仅需要很多数据，还需要了解各行、列的意义，同时会针对结构化数据进行相关计算，这些是 NumPy 不具备的。为了方便分析，研究者们开发了 Pandas 用于简化对结构化数据的操作。

微课 5-2

5.3.1　Pandas 简介

　　Pandas 是一个基于 NumPy 开发的更高级的结构化数据分析工具，提供了 Series、DataFrame、Panel 等数据结构，可以很方便地对序列、截面数据二维表、面板数据进行处理。DataFrame 是我们常见的二维数据表，包含多个变量（列）和样本（行），通常称为数据框。Series 是一个一维结构的序列，包含指定的索引信息，可以视作 DataFrame 中的一列或一行，操作方法与 DataFrame 十分相似。简而言之，DataFrame 就相当于我们平时接触的 Excel 表格，而 Series 就相当于 Excel 表中的任意一列，Panel 是包含序列及截面数据的三维结构，通常称为面板数据。总的来说，Pandas 是专门为了实现数据分析任务而创建的。它不仅纳入了大量的库和一些标准的数据模型，而且提供了高效地操作大型数据集所需的工具，被广泛应用到经济、统计等领域中。

　　在 Python 中调用 Pandas 往往使用如下约定俗成的语法格式。

```
import pandas as pd
```

!!!提示
　　在调用 Pandas 中的模块或函数时，应该使用 "pd.模块或函数名称" 的方式。

　　Pandas 是本书的重点内容，本章只介绍其基础功能，更多高级的功能会在后续的章节中进行介绍。

5.3.2　Pandas 的数据结构

　　Pandas 的核心是 Series 和 DataFrame 两大数据结构，与数据分析相关的所有事务都是围绕这两种结构进行的。

1. Series

Series 是一种类似于一维数组的对象，它是由一组数据（可以是 NumPy 中任意类型的数据）以及一组与之相关的数据标签组成的。Series 对象的内部结构是由两个相互关联的数组组成的，其中用于存放数据（即值）的是 value 主数组。主数组的每一个元素都带有一个自动索引（索引从 0 开始），索引存储在叫作 index 的数组中。

Series 对象的结构表现形式为：索引在左边，值在右边。例如，Series 对象[3,7,5,9]的结构表现形式如图 5-9 所示。

Series 对象可以使用以下构造函数创建。

index	value
0	3
1	7
2	5
3	9

图 5-9　Series 对象的结构表现形式

```
Pandas.Series(data, index)
```

其中，data 表示传入的数据，可以是数组、列表等；index 表示数据的标签（即索引），如果没有传入索引参数，则系统会自动创建一个从 0～N 的整数索引。

例 5-18　通过传入一个列表来创建 Series 对象，参考代码如下。

行号	程序代码
1	In [1]: import pandas as pd #导入 Pandas 库
2	ser_obj = pd.Series(['库存现金','银行存款','应付账款','实收资本'])
3	ser_obj
4	Out [1]: 0 库存现金
5	1 银行存款
6	2 应付账款
7	3 实收资本
8	dtype: object

【代码解析】上述代码中，使用构造函数创建了一个 Series 对象。从输出结果可以看出，左边一列是索引，从 0 开始递增；右边一列是数据，为字符串形式。因此，从返回的数据类型可以看出，Pandas 是以对象的形式来存储字符串的。

如果想对各个数据使用有特定意义的标签，就必须在调用构造函数时为数据指定索引，把存放有标签的列表赋值给 index 参数。例 5-18 中，数据为科目名称，我们用科目代码作为其相应的索引，参考代码如下。

行号	程序代码
1	In [2]: ser_obj = pd.Series(['库存现金','银行存款','应付账款','实收资本'], \
2	index=['1001','1002', '2202', '4001'])
3	ser_obj
4	Out [2]: 1001 库存现金
5	1002 银行存款
6	2202 应付账款
7	4001 实收资本
8	dtype: object

2. DataFrame

DataFrame 是一个类似于二维数组或 Excel 工作表的对象。DataFrame 数据结构是由按一定顺序排列的多列数据组成的，各列数据的类型可以不同（数值类型、字符串类型或布尔类型等）。DataFrame 的数据结构特点如下。

（1）DataFrame 由共用相同索引的一组列组成。

（2）DataFrame 是一个表格型的数据结构，每列数据的类型可以不同。

（3）DataFrame 常用于表示二维数据。

（4）DataFrame 既有行索引（index），也有列索引（columns）。

例如，我们将科目余额表以 DataFrame 的形式来表现，其包含科目代码、科目名称、科目类别、借贷方向和年初余额等列，如图 5-10 所示。

行索引		列索引（columns）			
index	科目代码	科目名称	科目类别	借贷方向	年初余额
0	1001	库存现金	资产	借	1 000
1	1002	银行存款	资产	借	4 000
2	2202	应付账款	负债	贷	2 000
3	4001	实收资本	所有者权益	贷	3 000

图 5-10　DataFrame 结构

由图 5-10 可知，行索引位于最左边一列，列索引位于最上面一行，并且数据可以有多列。与 Series 的索引相似，DataFrame 的索引也是自动创建的，默认是从 0～*N* 的整数索引。

DataFrame 对象可以使用以下构造函数创建。

```
pandas.DataFrame(data, index, columns)
```

其中，参数 data 表示传入的数据，可以是二维数组或者由数组、列表或元组组成的字典等。

例 5-19　创建 DataFrame 对象，参考代码如下。

行号	程序代码
1	In　[1]:　import numpy as np
2	import pandas as pd
3	arr = np.array([['1001','库存现金','资产','借',1000],['1002','银行存款', '资产','借',4000], \
4	['2202','应付账款','负债','贷',2000], \
5	['4001','实收资本','所有者权益','贷',3000]])　#创建二维数组
6	df_obj=pd.DataFrame(arr, columns=['科目代码','科目名称','科目类别','借贷方
7	向','年初余额'])　#基于数组创建 DataFrame 对象
8	df_obj

行号		科目代码	科目名称	科目类别	借贷方向	年初余额
9	Out [1]:					
10		0　1001	库存现金	资产	借	1 000
11		1　1002	银行存款	资产	借	4 000
12		2　2202	应付账款	负债	贷	2 000
13		3　4001	实收资本	所有者权益	贷	3 000

【代码解析】 第 1 行和第 2 行代码分别导入了 NumPy 和 Pandas 库。第 3～5 行代码创建了一个 4 行 5 列的二维数组 arr，然后在第 6 行通过 arr 构建了一个 DataFrame 对象 df_obj，最后在第

8 行输出了 df_obj。

从例 5-19 的输出结果可以看出，由于没有指定行索引，因此 df_obj 的行索引是自动从 0 开始编号的整数索引。而我们为 df_obj 指定了列索引，则 DataFrame 的列会按照指定索引的顺序进行排列，即按"科目代码""科目名称""科目类别""借贷方向""年初余额"的顺序排列。

我们还可以传递一个字典对象给 DataFrame 的构造函数。字典对象以每一列的名称作为键，每个键都有一个数组列表、元组作为值。

例 5-20　由字典对象创建 DataFrame 对象，参考代码如下。

行号	程序代码
1	In [1]:　import pandas as pd
2	dt={'科目代码':['1001','1002','2202','4001'],'科目名称':['库存现金','银行
3	存款','应付账款','实收资本'],'科目类别':['资产','资产','负债','所有者权益'],'借贷
4	方向':['借','借','贷','贷'],'年初余额':[1000,4000,2000,3000]}　#创建字典
5	df_obj=pd.DataFrame(dt)　#基于字典创建 DataFrame 对象
6	df_obj

行号		科目代码	科目名称	科目类别	借贷方向	年初余额
7	Out [1]:					
8		0　1001	库存现金	资产	借	1 000
9		1　1002	银行存款	资产	借	4 000
10		2　2202	应付账款	负债	贷	2 000
11		3　4001	实收资本	所有者权益	贷	3 000

本例中，我们可以使用列索引的方式获取每列的数据。返回的结果是一个 Series 对象，该对象拥有与原 DataFrame 对象相同的行索引。例如，获取列索引为"科目名称"的列数据，参考代码如下。

行号	程序代码
1	In [2]:　name_data=df_obj['科目名称']　#通过列索引的方式获取一列数据
2	name_data
3	Out [2]:　0　库存现金
4	1　银行存款
5	2　应付账款
6	3　实收资本
7	Name: 科目名称, dtype: object
8	In [3]:　type(name_data)　#查看 name_data 的类型
9	Out [3]:　pandas.core.series.Series

上述示例在输出列数据的同时，还输出了列索引的名称和数据类型，分别为"科目名称"和"object"。

5.4　Pandas 的常见操作

创建 DataFrame 之后，我们需要使用 DataFrame 的属性与方法对数据的分

微课 5-3

布、大小等基本状况有一个了解，然后才能够做进一步的统计、分析。

5.4.1　常用属性

DataFrame 的基础属性有 index、values、columns 和 dtypes，分别用于获取索引、数值、列名和 DataFrame 中每列数据的类型。

例 5-21 在例 5-20 的基础上演示 DataFrame 的常用属性，参考代码如下。

行号	程序代码
1	In [4]:　df_obj.index　　#显示行索引属性
2	Out [4]:　RangeIndex(start=0, stop=4, step=1)
3	In [5]:　df_obj.columns　　#显示列索引属性
4	Out [5]:　Index(['科目代码', '科目名称', '科目类别', '借贷方向', '年初余额'], 　　　　　dtype='object')
5	In [6]:　df_obj.values　　#获取数据
6	Out [6]:　array([['1001', '库存现金', '资产', '借', '1000'],
7	['1002', '银行存款', '资产', '借', '4000'],
8	['2202', '应付账款', '负债', '贷', '2000'],
9	['4001', '实收资本', '所有者权益', '贷', '3000']], dtype=object)

【代码解析】 上述代码中，第 1 行代码显示了 df_obj 对象的行索引属性，其行索引为 0~4（不包含终值）、步长为 1 的序列。第 3 行代码调用 columns 属性获取 DataFrame 对象所有列的名称。如果想获取存储在 DataFrame 中的数据，可使用 values 属性获取所有的数据，如第 5 行代码所示。

5.4.2　查改增删数据

DataFrame 作为一种二维数据表结构，能够像数据库一样实现查询、修改、增加和删除（简称查改增删）等操作。

1. 查询 DataFrame 的数据

（1）DataFrame 数据的基本查询方式。

根据 DataFrame 的数据结构特点可知，DataFrame 是一个带有标签的二维数组，每个标签相当于每一列的列名。

例 5-22 在例 5-21 的基础上，查询 DataFrame 的数据，参考代码如下。

行号	程序代码
1	In [8]:　df_obj['科目名称']　　#通过列索引的方式获取一列数据
2	Out [8]:　0　　库存现金
3	1　　银行存款
4	2　　应付账款
5	3　　实收资本
6	Name: 科目名称, dtype: object

访问 DataFrame 中某一列的某几行时，单列数据为一个 Series，而访问 Series 的方式基本和访问一维数组相同。参考代码如下。

行号	程序代码
1	In [9]:　df_obj['科目名称'][:2]　#访问"科目名称"的前 2 行数据
2	Out [9]:　　0　　库存现金
3	1　　银行存款
4	Name: 科目名称, dtype: object

访问 DataFrame 的多列数据中的多行数据和访问单列数据的多行数据的方式基本相同。例如，访问"科目代码"和"科目名称"的前 2 个元素，参考代码如下。

行号	程序代码		
1	In [10]:　df_obj[['科目代码', '科目名称']][:2]　#访问多列多行数据		
2	Out [10]:	科目代码	科目名称
3	0	1001	库存现金
4	1	1002	银行存款

如果只是需要访问 DataFrame 的某几行数据，则可以使用":"代替所有列名称即可。参考代码如下。

行号	程序代码				
1	In [11]:　df_obj[:][:2]　#访问前 2 行数据				
2	Out [11]:	科目代码	科目名称	科目类别	借贷方向　　年初余额
3	0	1001	库存现金	资产	借　　　1 000
4	1	1002	银行存款	资产	借　　　4 000

除了使用上述方式能够得到多行数据以外，通过 DataFrame 提供的 head() 和 tail() 函数也可以得到多行数据，但是用这两种方式得到的数据都是从开始或者末尾获取的连续数据。调用 head() 和 tail() 函数时，若使用的是默认参数，则分别访问的是前、后 5 行数据；若在函数后的括号中输入访问行数，即可实现按目标行数访问。参考代码如下。

行号	程序代码					
1	In [12]:　df_obj.head()　#访问前 5 行数据					
2	Out [12]:		科目代码	科目名称	科目类别	借贷方向　　年初余额
3		0	1001	库存现金	资产	借　　　1 000
4		1	1002	银行存款	资产	借　　　4 000
5		2	2202	应付账款	负债	贷　　　2 000
6		3	4001	实收资本	所有者权益	贷　　　3 000
7	In [13]:　df_obj.tail（2）　#访问后 2 行数据					
8	Out [13]:		科目代码	科目名称	科目类别	借贷方向　　年初余额
9		2	2202	应付账款	负债	贷　　　2 000
10		3	4001	实收资本	所有者权益	贷　　　3 000

（2）DataFrame 的 loc、iloc 访问方式。

DataFrame 的基本查询方式虽能够满足大多数需求，但是终究不够灵活。Pandas 提供了 loc 和 iloc 两种更加灵活的方式来实现数据访问。在具体讲解 loc 和 iloc 之前，先介绍一下 Pandas

索引的分类：原始索引与自定义索引。在 Pandas 的两种数据结构中，原始索引（由 Pandas 自动创建的从 0～N 的整数索引，即索引位置）和自定义索引（创建 Series 和 DataFrame 时传入的索引）并存。如图 5-11 所示，在创建 DataFrame 时，没有传入 index 参数，因此行索引就只有原始索引，而没有自定义索引；而对于列索引而言，由于创建时传入了 columns=['科目代码','科目名称','科目类别','借贷方向','年初余额']，因此，列索引除了拥有原始索引 0～4 之外，还拥有自定义索引。

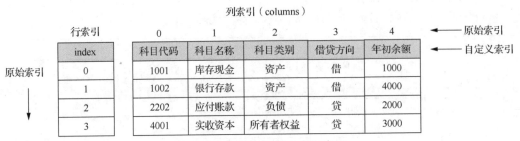

图 5-11　原始索引和自定义索引

loc 方式只能使用自定义索引。如果 DataFrame 中没有自定义索引名，则索引名为原始索引。其语法格式如下。

```
DataFrame.loc[行自定义索引或条件，列自定义索引]
```

iloc 方式与 loc 方式的使用几乎相同，唯一不同的是，iloc 中只能使用原始索引，不能使用自定义索引。其语法格式如下。

```
DataFrame.iloc[行原始索引/行索引位置，列原始索引/列索引位置]
```

例 5-23　使用 loc 和 iloc 方式分别实现单列切片，参考代码如下。

行号	程序代码
1	In [14]: df_obj.loc[:, '科目名称'] #访问"科目名称"列
2	Out [14]:　0　库存现金
3	1　银行存款
4	2　应付账款
5	3　实收资本
6	Name: 科目名称, dtype: object
7	In [15]: df_obj.iloc[:, 1] # "科目名称"的索引位置为 1，即第 2 列
8	Out [15]:　0　库存现金
9	1　银行存款
10	2　应付账款
11	3　实收资本
12	Name: 科目名称, dtype: object

如上述代码所示，根据 loc 和 iloc 进行数据选取时，先按行索引选取，后按列索引选取，也可以直接传入 ":" 来获取所有行或所有列的数据。

使用 loc 和 iloc 方式分别实现多列切片，其原理的通俗解释就是将多列的列名或者索引位置作为一个列表传入，参考代码如下。

行号	程序代码
1	In [16]:　df_obj.loc[:, ['科目代码', '科目名称']]　#访问 "科目代码" "科目名称" 两列
2	Out [16]:　　　　　科目代码　　　科目名称
3	0　　　1001　　　库存现金
4	1　　　1002　　　银行存款
5	2　　　2202　　　应付账款
6	3　　　4001　　　实收资本
7	In [17]:　df_obj.iloc[:, [0, 1]]　#使用位置访问多列
8	Out [17]:　　　　　科目代码　　　科目名称
9	0　　　1001　　　库存现金
10	1　　　1002　　　银行存款
11	2　　　2202　　　应付账款
12	3　　　4001　　　实收资本

使用 loc 和 iloc 方式可以获取 DataFrame 中的任意数据，参考代码如下。

行号	程序代码
1	In [18]:　df_obj.loc[:2 , ['科目代码', '科目名称']]
2	Out [18]:　　　　　科目代码　　　科目名称
3	0　　　1001　　　库存现金
4	1　　　1002　　　银行存款
5	2　　　2202　　　应付账款
6	In [19]:　df_obj.iloc[:2 , [0, 1]]
7	Out [19]:　　　　　科目代码　　　科目名称
8	0　　　1001　　　库存现金
9	1　　　1002　　　银行存款

如上述代码所示，第 1 行代码使用 loc 方式获取 "科目代码" 和 "科目名称" 的前 3 行数据，此时 df_obj 的 index 没有自定义索引，因此 index 即原始索引。这里，我们需要掌握 loc 和 iloc 的区别：在使用 loc 方式的时候，如果传入的索引名称以区间表示，则该区间为闭区间，如本例中，loc 的 index 为 ":2"，因此获取了第 0、1、2 行共 3 行数据；而在使用 iloc 方式时，如果传入的索引位置为区间，则为前闭后开区间，如本例中，loc 的 index 为 ":2"，即包含第 0 行，而不包含第 2 行，因此获取了第 0、1 行共 2 行数据。查询结果分别如第 2～5 行、第 7～9 行所示。

loc 方式还可以传入表达式，结果会返回满足表达式的所有值。

2. 更改 DataFrame 中的数据

更改 DataFrame 中数据的原理是将这部分数据提取出来，重新赋值为新的数据。需要注意的是，数据更改是直接更改 DataFrame 中的原数据，操作无法撤销，更改前需要对更改条件进行确认或对数据进行备份。

试将 "银行存款" 科目的 "年初余额" 更改为 4 200，参考代码如下。

行号	程序代码
1	In [20]:　df_obj.loc[1 , '年初余额'] = 4200　#更改数据
2	df_obj

3	Out [20]:		科目代码	科目名称	科目类别	借贷方向	年初余额
4		0	1001	库存现金	资产	借	1 000
5		1	1002	银行存款	资产	借	4 200
6		2	2202	应付账款	负债	贷	2 000
7		3	4001	实收资本	所有者权益	贷	3 000

如上述代码所示，第 1 行代码使用 loc 方式定位到第 1 行的"年初余额"单元格，并将其值更改为 4 200；第 2 行代码的作用是展示更改后的数据；从第 3~7 行显示的返回结果中也验证了行索引为 1 的行其"年初余额"的值已被更改为 4 200。

3. 为 DataFrame 增添数据

为 DataFrame 添加一行数据的方法是使用 loc 方式为 DataFrame 新添加一行，并为此行赋值即可。为科目余额表增加新科目信息，参考代码如下。

行号	程序代码						
1	In [21]:	df_obj.loc[4] = ['4002','资本公积','所有者权益','贷',200] #添加一行					
2		df_obj						
3	Out [21]:		科目代码	科目名称	科目类别	借贷方向	年初余额
4		0	1001	库存现金	资产	借	1 000
5		1	1002	银行存款	资产	借	4 200
6		2	2202	应付账款	负债	贷	2 000
7		3	4001	实收资本	所有者权益	贷	3 000
8		4	4002	资本公积	所有者权益	贷	200

为 DataFrame 添加一列的方法比较简单，只需要新建一个列索引，并对该索引下的数据进行赋值操作。在科目余额表中，"科目代码"和"科目名称"是独立的两列，在某些情况下需要将这两列的内容进行合并，成为单独的一列，参考代码如下。

行号	程序代码						
1	In [22]:	df_obj['科目'] = df_obj['科目代码'] + ' ' + df_obj['科目名称'] #添加一列					
2		df_obj						
3	Out [22]:		科目代码	科目名称	科目类别	借贷方向	年初余额	科目
4		0	1001	库存现金	资产	借	1 000	1001 库存现金
5		1	1002	银行存款	资产	借	4 200	1002 银行存款
6		2	2202	应付账款	负债	贷	2 000	2202 应付账款
7		3	4001	实收资本	所有者权益	贷	3 000	4001 实收资本
8		4	4002	资本公积	所有者权益	贷	200	4002 资本公积

4. 删除某列或某行数据

删除某列或某行数据需要用到 Pandas 提供的 drop()函数。drop()函数的语法格式如下。

```
DataFrame.drop(labels, axis=0, inplace=False)
```

drop()函数的重要参数及其说明如下。

（1）labels：代表删除的行或列的标签，可以是数组或列表。

（2）axis：代表操作的轴向。当 axis=0 时，删除行；当 axis=1 时，删除列。

（3）inplace：代表操作是否对原数据生效。当 inplace 为 True 时，drop()函数会直接在原数据上进行删除操作，原数据发生改变，且不返回任何值；当 inplace 为 False 时，则删除操作不改变原数据，且会返回一个执行删除操作后的新 DataFrame。使用 drop()函数将新增加的"科目"列删除，参考代码如下。

行号	程序代码						
1	In [23]:	df_new = df_obj.drop('科目', axis=1)　#删除一列，原数据不改变					
2		df_obj						
3	Out [23]:		科目代码	科目名称	科目类别	借贷方向	年初余额	科目
4		0	1001	库存现金	资产	借	1 000	1001 库存现金
5		1	1002	银行存款	资产	借	4 200	1002 银行存款
6		2	2202	应付账款	负债	贷	2 000	2202 应付账款
7		3	4001	实收资本	所有者权益	贷	3 000	4001 实收资本
8		4	4002	资本公积	所有者权益	贷	200	4002 资本公积
9	In [24]:	df_new						
10	Out [24]:		科目代码	科目名称	科目类别	借贷方向	年初余额	
11		0	1001	库存现金	资产	借	1 000	
12		1	1002	银行存款	资产	借	4 200	
13		2	2202	应付账款	负债	贷	2 000	
14		3	4001	实收资本	所有者权益	贷	3 000	
15		4	4002	资本公积	所有者权益	贷	200	

【代码解析】第 1 行代码使用 drop()函数，axis=1 表示删除列，inplace 没有传入，默认为 False，表示原数据不改变，并将返回结果赋值于变量 df_new。第 2 行代码查看 df_obj 的内容，从第 3～8 行的结果中可以发现，其值没有发生改变，"科目"列依然存在。第 9 行代码查看 df_new，从第 11～15 行显示的结果中可以发现，已经不存在"科目"列，说明其已被删除。

要删除某行，只需要将 drop()函数中的 labels 参数换成对应的行索引，将 axis 参数设置为 0，参考代码如下。

行号	程序代码						
1	In [25]:	df_obj.drop(4, axis=0, inplace=True)　#删除一行，原数据改变					
2		df_obj						
3	Out [25]:		科目代码	科目名称	科目类别	借贷方向	年初余额	科目
4		0	1001	库存现金	资产	借	1 000	1001 库存现金
5		1	1002	银行存款	资产	借	4 200	1002 银行存款
6		2	2202	应付账款	负债	贷	2 000	2202 应付账款
7		3	4001	实收资本	所有者权益	贷	3 000	4001 实收资本

如上述代码所示，第 1 行代码使用 drop()函数，axis=0 表示删除行，inplace 为 True 表示直接对原数据进行删除。从对原数据 df_obj 的查询中可以发现，原数据发生改变，行索引为 4 的行已经被删除了。

5.4.3 算术运算与数据对齐

微课 5-4

Pandas 执行算术运算时，会先按照索引对齐，对齐以后再进行相应的运算，没有对齐的位置会用 NaN 补齐。其中，Series 是按行索引对齐的，DataFrame 是按行索引、列索引对齐的。

Pandas 提供的算术运算方法有 add()、sub()、mul()、div() 和 mod() 等函数。这些函数分别可完成加、减、乘、除和求余数等运算，其中 add() 函数的调用方法如下。

```
obj1.add(obj2)
```

这里的 obj1 和 obj2 是 Series 或 DataFrame 对象。sub()、mul()、div() 和 mod() 等函数的调用方法与 add() 相同。

例 5-24 创建两个 Series 对象，参考代码如下。

行号	程序代码
1	In [1]: import pandas as pd #导入 Pandas 库
2	ser1 = pd.Series([10, 11, 12])
3	ser1
4	Out [1]: 0 10
5	1 11
6	2 12
7	dtype: int64
8	In [2]: ser2 = pd.Series([20, 21, 22, 23, 24])
9	ser2
10	Out [2]: 0 20
11	1 21
12	2 22
13	3 23
14	4 24
15	dtype: int64

【代码解析】上述代码创建了两个 Series 对象：ser1 和 ser2，从输出结果可以看出，ser1 比 ser2 少两行数据。ser1 与 ser2 进行加法运算时，会按照索引先对齐位置，然后再进行加法运算，没有对齐的位置使用 NaN 填充，其运算过程如图 5-12 所示。

ser1			ser2			结果	
0	10		0	20		0	30
1	11		1	21		1	32
2	12	+	2	22	=	2	34
3	NaN		3	23		3	NaN
4	NaN		4	24		4	NaN

图 5-12 算术运算过程

ser1 与 ser2 进行加法运算的参考代码如下。

行号	程序代码
1	In [3]: ser1.add(ser2) #进行加法运算
2	Out [3]: 0 30.0
3	1 32.0
4	2 34.0
5	3 NaN
6	4 NaN
7	dtype: float64

如果不使用 NaN 填充缺失数据，则可以在调用 add() 函数时提供 fill_value 参数的值，fill_value 将会使用对象中存在的数据进行补充，参考代码如下。

行号	程序代码
1	In [4]: ser1.add(ser2, fill_value=0) #进行加法运算，补充缺失值
2	Out [4]: 0 30.0
3	1 32.0
4	2 34.0
5	3 23.0
6	4 24.0
7	dtype: float64

其他的算术运算与此类似，此处不再过多介绍。

5.4.4　统计计算与描述

描述性统计是用来概括、表达事物整体状况，以及事物之间关联、类属关系的统计方法。使用几个统计值就可以表示一组数据的集中趋势和离散程度。

本节及第 6～8 章将用到某公司的销售数据集，其包含以下字段：订单号、订单日期、产品类别、产品子类别、订单数量、单价、运输成本、销售额等。部分数据如表 5-5 所示。

表 5-5　　　　　　　　　　　　　　　某公司的销售数据

订单号	订单日期	产品类别	产品子类别	订单数量/个	单价/元	运输成本/元	销售额/元
3	2020-10-13	办公用品	容器，箱子	6	38.94	35	261.54
6	2022-2-20	办公用品	剪刀，尺子	2	2.08	2.56	6
32	2021-7-15	家具产品	办公装饰品	26	107.53	5.81	2 808.08
32	2021-7-15	家具产品	桌子	24	70.89	89.3	1 761.4
32	2021-7-15	技术产品	电话通信产品	23	7.99	5.03	160.23
32	2021-7-15	技术产品	电脑配件	15	8.46	8.99	140.56
35	2021-10-22	办公用品	笔、美术用品	30	9.11	2.25	288.56
35	2021-10-22	技术产品	电话通信产品	14	155.99	8.99	1 892.85
36	2021-11-2	技术产品	电话通信产品	46	65.99	4.2	2 484.75
65	2021-3-17	技术产品	电脑配件	32	115.79	1.99	3 812.73

1. 数值型特征的描述性统计

数值型特征的描述性统计主要包括计算数值型数据的完整情况、最小值、均值、中位数、最大值、四分位数、极差、标准差、方差、协方差和变异系数等。

表 5-5 中介绍了 NumPy 库中常用的统计函数。Pandas 库基于 NumPy，自然也可以用这些统计函数对 DataFrame 进行描述性统计。

例 5-25 使用 np.mean()函数计算平均运输成本，参考代码如下。

行号	程序代码
1	In [1]: import pandas as pd #导入 Pandas 库
2	dict_sale = {'订单号': ['3','6', '32', '32', '32', '32', '35', '35', '36', '65'],
3	'订单日期': ['2020-10-13', '2022-2-20', '2021-7-15', '2021-7-15', '2021-
4	7-15', '2021-7-15', '2021-10-22', '2021-10-22', '2021-11-2', '2021-3-17'],
5	'产品类别': ['办公用品', '办公用品', '家具产品', '家具产品', '技术产品', '技
6	术产品', '办公用品', '技术产品', '技术产品', '技术产品'],
7	'产品子类别': ['容器, 箱子', '剪刀, 尺子, 锯', '办公装饰品', '桌子', '电话通
8	信产品', '电脑配件', '笔、美术用品','电话通信产品', '电话通信产品', '电脑配件'],
9	'订单数量': [6, 2, 26, 24, 23, 15, 30, 14, 46, 32],
10	'单价': [38.94, 2.08, 107.53, 70.89, 7.99, 8.46, 9.11, 155.99, 65.99,
11	115.79],
12	'运输成本': [35, 2.56, 5.81, 89.3, 5.03, 8.99, 2.25, 8.99, 4.2, 1.99],
13	'销售额': [261.54, 6, 2808.08, 1761.4, 160.23, 140.56, 288.56, 1892.85,
14	2484.75, 3812.73] } #定义字典对象
15	df_sale=pd.DataFrame(dict_sale) #通过字典对象创建 DataFrame 对象
16	df_sale
17	Out [1]: 订单号 订单日期 产品类别 …… 单价 运输成本 销售额
18	0 3 2020-10-13 办公用品 …… 38.94 35 261.54
19	1 6 2022-2-20 办公用品 …… 2.08 2.56 6
20	2 32 2021-7-15 家具产品 …… 107.53 5.81 2 808.08
21	3 32 2021-7-15 家具产品 …… 70.89 89.3 1 761.4
22	……
23	8 36 2021-11-2 技术产品 …… 65.99 4.2 2 484.75
24	9 65 2021-3-17 技术产品 …… 115.79 1.99 3 812.73
25	In [2]: round(np.mean(df_sale['运输成本']), 2) #计算运输成本的均值
26	Out [2]: 16.41

【代码解析】上述代码中，第 2～14 行代码首先定义了一个字典对象 dict_sale，然后在第 15 行通过 dict_sale 创建了 DataFrame 对象 df_sale，并在第 25 行调用 np.mean()函数计算出运输成本的均值，结果如第 26 行所示。

Pandas 提供了更加便利的方法来进行数值型数据的统计。上述用 np.mean()函数求解运输成本均值的计算，也可以通过 Pandas 实现，参考代码如下。

行号	程序代码
1	`In  [3]:  round(df_sale['运输成本'].mean(), 2)   #计算运输成本的均值`
2	`Out [3]:  16.41`

此外，Pandas 提供了一个叫作 describe 的函数，能够一次性得到 DataFrame 中所有数值型字段的非空值个数（count）、均值（mean）、四分位数（25%、50% 和 75%）、最小值（min）、最大值（max）和标准差（std）。上例销售数据中，"订单数量""单价""运输成本"和"销售额"为数值型字段，调用 describe() 函数可以求得上述指标的结果，参考代码如下。

行号	程序代码				
1	`In  [4]:  round(df_sale[['订单数量','单价','运输成本','销售额']].describe(),2)`				
2	`Out [4]:`				
3		订单数量	单价	运输成本	销售额
4	count	10.00	10.00	10.00	10.00
5	mean	21.80	58.28	16.41	1 361.67
6	std	13.04	54.22	27.41	1 371.83
7	min	2.00	2.08	1.99	6.00
8	25%	14.25	8.62	2.97	185.56
9	50%	23.50	52.47	5.42	1 024.98
10	75%	29.00	98.37	8.99	2 336.78
	max	46.00	155.99	89.30	3 812.73

通过 describe() 函数对数据进行描述性统计，比起用 np.mean() 函数进行每一个统计量的计算无疑要方便很多。Pandas 提供的与描述性统计相关的主要函数，如表 5-6 所示，这些函数能够满足绝大多数数据分析所需的数值型特征的描述性统计工作。

表 5-6　　　　　　　　　　　Pandas 描述性统计函数

函数	说明	函数	说明
min()	最小值	max()	最大值
mean()	均值	ptp()	极差
median()	中位数	std()	标准差
var()	方差	cov()	协方差
sem()	标准误差	mode()	众数
skew()	样本偏度	kurt()	样本峰度
quantile()	四分位数	count()	非空值数目
describe()	描述统计	mad()	平均绝对离差

2. 类别型特征的描述性统计

描述类别型特征的分布状况，可以使用频数统计表实现。Pandas 库中实现频数统计的函数为 value_counts()，对销售数据中的"产品类别"进行频数统计，参考代码如下。

行号	程序代码
1	`In  [5]:  df_sale['产品类别'].value_counts()`
2	`Out [5]:  技术产品      5`

3	办公用品	3
4	家具产品	2
5	Name：产品类别, dtype: int64	

从结果中可以发现，表 5-5 所示的销售数据中，共有 3 种产品类别：技术产品、办公用品和家具产品，它们在数据集中分别出现 5 次、3 次和 2 次。

前文所述的 describe()函数除了支持数值型特征以外，还支持对类别数据进行描述性统计，主要提供 4 个统计量：count（非空元素的数目）、unique（类别的数目）、top（数目最多的类别）和 freq（数目最多类别出现的次数）。下面对销售数据中的"产品类别"进行描述性统计，参考代码如下。

行号	程序代码
1	In　[6]:　df_sale['产品类别'].describe()
2	Out [6]:　count　　　 10
3	unique　　　 3
4	top　　　 技术产品
5	freq　　　　 5
6	Name：产品类别, dtype: object

从结果中可以发现，在销售数据集中共有 3 种产品类别，出现最多的类别为"技术产品"，共出现了 5 次，这和 value_counts()函数统计的结果是一致的。

本章小结

本章主要讲解了以下两个知识点。

（1）NumPy 库。首先介绍了 NumPy 数组的定义、数据类型、数组的属性查看、数组的索引、切片和算术运算等基础知识，然后介绍了数组的通用函数，以及使用数组进行数据处理的相关操作。NumPy 能够对多维数组进行处理，并且具有很高的效率，是数据分析中处理数据的基础。

（2）Pandas 库。首先介绍了 Pandas 的两个数据结构：Series 和 DataFrame，然后重点介绍了 DataFrame 的基础操作，包括查看 DataFrame 常用属性、查改增删数据，以及 DataFrame 的数据运算和统计函数等。

本章内容较多，知识点琐碎，需要多加练习才能较好地掌握。通过本章的学习，读者应能熟练使用 NumPy 和 Pandas 库，为后面章节的学习奠定基础。

习题

一、选择题

1. 下列不属于数组属性的是（　　　）。

    A．ndim　　　　　　　B．shape　　　　　　　C．size　　　　　　　D．add

2. 下列选项中，用来表示数组维度的属性是（　　　）。

    A．ndim　　　　　　　B．shape　　　　　　　C．size　　　　　　　D．dtype

3. 下面代码中，创建的是一个 3 行 3 列数组的是（　　　）。

A. arr=np.array([1,2,3])　　　　　　B. arr= np.array([1,2,3].[4,5,61])

C. arr=np.array([1,2].[3,4I])　　　　D. np.ones((3,3))

4. 请阅读下面一段程序：

```
arr_2d=np.array([[11,20,13],[14,25,16],[27,18,91]])
print(arr_2d[1,:1])
```

执行上述程序后，最终输出的结果为（　　　）。

A. [14]　　　　　B. [25]　　　　　C. [14,25]　　　　　D. [20,25]

5. 在 NumPy 中创建一个元素均为 0 的数组可以使用（　　　）函数。

A. zeros()　　　　B. arrange()　　　　C. linspace()　　　　D. logspace()

6. 下列不属于数组的常用统计函数的是（　　　）。

A. split()　　　　B. sum()　　　　C. mean()　　　　D. std()

7. 下列选项中，描述不正确的是（　　　）。

A. Pandas 中只有 Series 和 DataFrame 这两种数据结构

B. Series 是一维的数据结构

C. DataFrame 是二维的数据结构

D. Series 和 DataFrame 都可以重置索引

8. 下列选项中，描述正确是（　　　）。

A. Series 是一维数据结构，其索引在右，数据在左

B. DataFrame 是二维数据结构，并且该结构具有行索引和列索引

C. Series 结构中的数据不可以进行算术运算

D. sort_values()函数可以将 Series 或 DataFrame 中的数据按照索引排序

9. 下列函数中，哪个可以一次性输出多个统计指标?（　　　）

A. describe()　　　B. mean()　　　C. median()　　　D. sum()

10. 请阅读下面一段程序：

```
import pandas as pd
ser_obj=pd.Series(range(1,6),index=[5,3,0,4,21])
ser_obj.sort_index()
```

执行上述程序后，最终输出的结果为（　　　）。

A. 5	1	B. 0	3	C. 21	5	D. 2	5
3	2	3	5	5	1	4	4
0	3	4	2	4	4	0	3
4	4	5	4	3	2	3	2
2	5	21	1	0	3	5	1

11. 下列关于 loc.iloc.ix 属性的用法正确的是（　　　）。

A. df.loc['列名','索引名'];df.iloc['索引位置','列位置'];df.ix['索引位置','列名']

B. df.loc['索引名','列名'];df.iloc['索引位置','列名'];df.ix['索引位置','列名']

C. df.loc['索引名','列名'];df.iloc['索引位置','列名'];df.ix['索引名','列位置']

D. df.loc['索引名','列名'];df.iloc['索引位置','列位置'];df.ix['索引位置','列位置']

12. Pandas 库的数据结构中处理一维数组的是（　　　）。

A. List　　　　B. Array　　　　C. DataFrame　　　　D. Series

二、判断题

1. 数组之间的任何算术运算都会将运算应用到元素级。（　　）

2. DataFrame 中每列数据都可以看作一个 Series 对象。（　　）

3. 使用 describe() 函数会输出 Pandas 对象的多个统计指标。（　　）

4. Series 如同一个三维数组，DataFrame 如同一个表格。（　　）

5. Pandas 中 head(n) 的意思是获取最后 n 行数据。（　　）

6. `df1=pd.DataFrame([[5,2,3],[4,5,6],[7,8,9]],index=['A','B','D'],columns=['C1','C2',` `'C3'])`，则其中 `df1.iloc[1:2]=5`。（　　）

三、程序题

1. 创建一个数组，数组的维度为（5,0），元素都是 0。

2. 现有如表 5-7 所示的数据，请对其进行以下操作。

表 5-7　　　　　　　　　　　　　　　　　　示例数据

	A	B	C	D
0	1	5	8	8
1	2	2	4	9
2	7	4	2	3
3	3	0	5	2

（1）创建一个结构如表 5-7 所示的 DataFrame 对象。

（2）查看前 2 行数据的内容。

（3）查询数据集的列数。

（4）输出全部的列名称。

（5）查看数据集的索引信息。

（6）输出行索引为[1,3]且列索引为['A','B']的数据。

（7）增加一列，列名为"A 与 B 的乘积"，数据为 A×B 的结果。

第 6 章

Python 数据分析实战

◆ 熟悉 Pandas 操作外部数据的方法，掌握读写 Excel 和 CVS 文件的方法。

◆ 熟悉数据清洗的概念和方法，掌握重复值、缺失值和异常值的检测与处理方法。

◆ 掌握数据抽取和数据排序的常用方法。

◆ 掌握数据合并的常用方法，会使用不同的方法合并数据。

◆ 掌握数据分析的方法，包括基本统计分析、分组分析、分布分析、交叉分析、结构分析和相关分析。

引言

实践是人类能动地改造客观世界的物质活动。宋代诗人陆游曾说过，"纸上得来终觉浅，绝知此事要躬行"，书上得来的知识是不完善的，只有通过实践才能深入了解其中的道理。事实上，随着信息技术的不断发展，数据分析已经成为财会专业学生参加工作的必备技能之一。仅仅依靠书本中的知识与案例，难以充分掌握数据分析的核心技能。因此，我们在学习时应当充分发挥自主学习和持续学习的精神，结合自身专业特点和项目经历，将理论知识不断运用到实践中，提高自身的职业素养。

通过第 5 章介绍的 Pandas 数据分析基础知识，我们了解了 Pandas 库中的 Series 和 DataFrame 两种数据结构及它们的常用操作，明确了 Python 的数据处理、数据计算和数据分析都是围绕这两种数据结构展开的。

本章按照数据分析的基本流程，首先讲解在 Pandas 库中读取和写入数据文件的方法。其次，由于采集到的数据，或多或少都存在一些瑕疵，因此，我们在进行数据分析之前需要对数据进行预处理，如清理、转换等操作。最后，本章详细介绍了 Pandas 的数据分析方法，包括基本统计分析、分组分析、分布分析、交叉分析、结构分析和相关分析等。

6.1 数据读取与写入

在对数据进行分析时，通常不会将需要分析的数据直接写入程序中（例如第 5 章中 DataFrame 的数据都是手动录入的），这样不仅造成代码臃肿，而且可用率很低。常用的方法是将需要分析的数据存储到本地文件中，之后对文件进行读取。针对不同的存储文件，Pandas 读取数据的方式是不同的。

微课 6-1

6.1.1 读写 Excel 文件

Pandas 提供了对 Excel 文件进行读写操作的方法，分别是使用 read_excel()和 to_excel()函数。关于它们的用法具体介绍如下。

1. 读取 Excel 文件

Pandas 提供了 read_excel()函数来读取 Excel 文件中的数据，并将其转换成 DataFrame 对象。该函数的语法格式如下，这里只列举常用的一些参数。

```
pandas.read_excel(io, sheet_name=0, header=0, names=None, index_col=None,
usecols=None, converters=None)
```

read_excel()函数的常用参数说明如表 6-1 所示。

表 6-1 read_excel()函数的常用参数

参数	说明	示例
io	文件路径	如 r'D:\Examples\Ch6\某公司销售数据.xlsx'，r 写在字符串前面，防止字符转义
sheet_name	导入的工作表名称页	（1）sheet_name=0，默认导入第 1 个工作表。 （2）sheet_name='表名'，导入指定名称的工作表。如 sheet_name='Sheet2'，代表导入名为“Sheet2”的工作表
header	用哪一行作为列名	（1）header=0，默认表格的第一行作为列名。 （2）header=[0,1]，将前两行作为列名
names	自定义列名	names=['列名 1', '列名 2', '列名 3']
index_col	索引号	（1）默认数据不带行索引号，Pandas 自动分配从 0 开始的索引号。 （2）index_col=0，以第 1 列作为行索引
usecols	需要读取哪些列	（1）默认读取所有列。 （2）usecols=[0, 1, 3]，以列号代表要读取的列。 （3）usecols='A, C, E'，以传统 Excel 列名代表要读取的列
converters	强制规定列数据类型	converters={'列名 1':str, '列名 2':float}

5.4.4 节中提到的某公司销售数据，其在 Excel 文件中如图 6-1 所示。

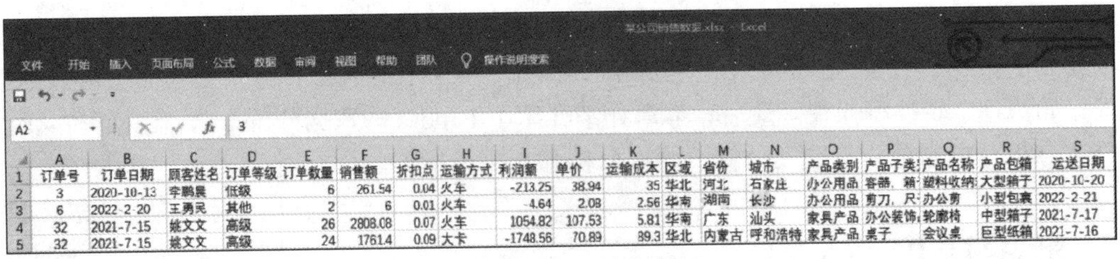

	A	B	C	D	E	F	G	H	I	J	K	L	M	N	O	P	Q	R	S
1	订单号	订单日期	顾客姓名	订单等级	订单数量	销售额	折扣点	运输方式	利润额	单价	运输成本	区域	省份	城市	产品类别	产品子类	产品名称	产品包箱	运送日期
2	3	2020-10-13	李鹏晨	低级	6	261.54	0.04	火车	-213.25	38.94	35	华北	河北	石家庄	办公用品	容器，箱	塑料收纳	大型箱子	2020-10-20
3	6	2022-2-20	王勇民	其他	2	6	0.01	火车	-4.64	2.08	2.56	华南	湖南	长沙	办公用品	剪刀，尺	办公剪	小型包裹	2022-2-21
4	32	2021-7-15	姚文文	高级	26	2808.08	0.07	火车	1054.82	107.53	5.81	华南	广东	汕头	家具产品	办公装饰	轮廓椅	中型箱子	2021-7-17
5	32	2021-7-15	姚文文	高级	24	1761.4	0.09	大卡	-1748.56	70.89	89.3	华北	内蒙古	呼和浩特	家具产品	桌子	会议桌	巨型纸箱	2021-7-16

图 6-1 某公司销售数据

例 6-1 使用 read_excel()函数读取“某公司销售数据.xlsx”文件中的全部数据，参考代码如下。

行号	程序代码
1	`In [1]: import pandas as pd  #导入 Pandas 库`
2	`df_sale = pd.read_excel(r'D:\Examples\Ch6\某公司销售数据.xlsx')`

3		df_sale.shape　#显示行数和列数					
4	Out [1]:	(8568, 18)					
5	In [2]:	df_sale.columns #显示列信息					
6	Out [2]:	index(['订单号', '订单日期', '顾客姓名', '订单等级', '订单数量', '销售额',					
7		'折扣点', '运输方式', '利润额', '单价', '运输成本', '区域', '省份', '城市',					
8		'产品类别', '产品子类别', '产品包箱', '运送日期'], dtype='object').					
9	In [3]:	df_sale.head()　#显示前 5 行数据					
10	Out [3]:		订单号	订单日期	顾客姓名	……	产品包箱	运送日期
11		0	3	2020-10-13	李鹏晨	……	大型箱子	2020-10-20
12		1	6	2022-02-20	王勇民	……	小型包裹	2022-02-21
13		2	32	2021-07-15	姚文文	……	中型箱子	2021-07-17
14		3	32	2021-07-15	姚文文	……	巨型纸箱	2021-07-16
15		4	32	2021-07-15	姚文文	……	中型箱子	2021-07-17

【代码解析】上述代码中，第 1 行代码导入 Pandas 库；第 2 行代码使用 read_excel() 函数读取某公司销售数据，只传入"io"这个参数（其他参数使用默认值），结果返回一个 DataFrame 对象，并将其赋值于变量 df_sale；第 3 行代码调用 shape 属性展示 DataFrame 的行数和列数，分别为 8 568 行和 18 列；第 5 行代码调用 columns 属性展示 DataFrame 的列信息；由于 df_sale 的行数比较多，第 9 行代码调用 head() 函数只展示其前 5 行数据，结果如第 10~15 行所示。

2. 存储 Excel 文件

将 DataFrame 的数据保存为 Excel 文件，可使用 to_excel() 函数。该函数的语法格式如下，这里只列举常用的一些参数。

```
pandas.to_excel(excel_writer, sheet_name='Sheet1', header=True, index=True, mode='w')
```

to_excel() 函数的常用参数如表 6-2 所示。

表 6-2　　　　　　　　　　　　　to_excel() 函数的常用参数

参数	说明	示例
excel_writer	文件路径	r'D:\Examples\Ch6\科目余额表.xlsx'，r 写在字符串前面，防止字符转义
sheet_name	导出的工作表名称	（1）默认名称是 Sheet1。 （2）sheet_name='表名'，导出为指定名称的工作表
header	是否输出列名	（1）header=True，默认输出。 （2）header=False，不输出
index	是否输出行名（索引）	（1）index=True，默认输出。 （2）index=False，不输出
mode	数据写入的模式	（1）mode='w'，默认值，若要保存的文件在系统中已存在，再次保存，并将原内容覆盖。 （2）mode='a'，若要保存的文件在系统中已存在，再次保存，并将内容追加到原文件的后面

例 6-2　以第 5 章的科目余额表为例，使用 to_excel() 函数将数据写入"科目余额表.xlsx"文件中，参考代码如下。

行号		程序代码
1	In [1]:	`import numpy as np`
2		`import pandas as pd`　#导入 Pandas 库
3		`arr = np.array([['1001','库存现金','资产','借',1000],['1002','银行存款',`
4		`'资产','借',4000],['2202','应付账款','负债','贷',2000],['4001','实收资本',`
5		`'所有者权益','贷',3000]])`　　　　#创建二维数组
6		`df_obj=pd.DataFrame(arr, columns=['科目代码','科目名称','科目类别','借贷方`
7		`向','年初余额'])`　　#基于数组创建 DataFrame 对象
8		`df_obj`
9	Out [1]:	科目代码　科目名称　科目类别　借贷方向　年初余额
10		0　1001　库存现金　资产　借　1 000
11		1　1002　银行存款　资产　借　4 000
12		2　2202　应付账款　负债　贷　2 000
13		3　4001　实收资本　所有者权益　贷　3 000
14	In [2]:	`df_obj.to_excel(r'D:\Examples\Ch6\科目余额表.xlsx')`

【代码解析】上述代码中，第 6~7 行代码创建 DataFrame 对象 df_obj 之后，第 14 行代码使用 to_excel()函数将数据存储为 Excel 文件，这里只传入参数 excel_writer，其他参数使用默认值。打开"D:\Examples\Ch6"目录下的"科目余额表.xlsx"文件（见图 6-2）可以发现，df_obj 的内容写入工作表"Sheet1"，且内容与第 9~13 行的输出结果是一致的。

图 6-2　"科目余额表.xlsx"文件的内容

> 💡 说明
>
> 　　如果写入的文件不存在，系统会自动创建一个文件，否则会默认将原文件的内容覆盖。要解决这个问题，可以根据需求设定 mode 参数的值为"w"（默认覆盖）或"a"（追加）即可。

6.1.2　读写文本文件

　　CSV 文件是一种用分隔符分隔的文本文件格式，其默认分隔符为逗号。CSV 文件可以使用任何文本编辑器进行编辑，它支持追加模式，节省内存开销，且大量程序都支持 CSV 文件或者其变体。正是因为 CSV 文件具有诸多优点，所以很多时候会将数据保存到 CSV 文件中。

1. CSV 文件读取

　　Pandas 提供了 read_csv()函数来读取 CSV 文件。read_csv()函数的作用是将 CSV 文件中的数据读取出来，并将其转换成 DataFrame 对象。该函数的语法格式如下，这里只列举了常用的一些参数。

```
pandas.read_csv(filepath_or_buffer, sep=',', header='infer', names=None, index_col=
None,encoding=None)
```

read_csv()函数的常用参数如表 6-3 所示。

表 6-3　　　　　　　　　　　　　read_csv()函数的常用参数

参数	说明	示例
filepath_or_buffer	文件路径，可以为 URL 字符串	r'D:\Examples\Ch6\科目余额表.csv', r 写在字符串前面，是防止字符转义的一种方式
sep	指定使用的分隔符	默认用 "," 分隔
header	指定行数用来作为列名	默认为 "infer"，表示自动识别
names	自定义列名	names=['列名 1', '列名 2', '列名 3']
index_col	索引号	（1）默认数据不带行索引号，Pandas 自动分配从 0 开始的索引。（2）index_col=0，以第一列作为行索引
encoding	文件的编码方式	常用的编码方式有 UTF-8、UTF-16、GBK、GBK2312 等

用 "记事本" 软件打开 "D:\Examples\Ch6" 目录下的 "科目余额表.csv" 文件，文件内容如图 6-3 所示。其中，第一行是列名，且每行的列之间以逗号（,）分隔。

图 6-3　"科目余额表.csv" 文件内容

例 6-3 使用 read_csv()函数读取 "科目余额表.csv" 文件中的全部数据，参考代码如下。

行号	程序代码
1	In [1]:　　import pandas as pd　#导入 Pandas 库
2	df_yeb = pd.read_csv(r'D:\Examples\Ch6\科目余额表.csv', encoding='GBK')
3	df_yeb
4	Out [1]:　　　　　　科目代码　　　科目名称　　　科目类别　　　借贷方向　　　年初余额
5	0　　1001　　　库存现金　　　资产　　　借　　　1 000
6	1　　1002　　　银行存款　　　资产　　　借　　　4 000
7	2　　2202　　　应付账款　　　负债　　　贷　　　2 000
8	3　　4001　　　实收资本　　　所有者权益　　　贷　　　3 000

【代码解析】在读取文本文件时，要注意设置文件的 encoding（编码方式）和 sep（分隔符）参数。上述代码中，第 2 行代码使用 read_csv()函数读取 "科目余额表.csv" 文件，除了指定文件路径参数外，特别指定了 encoding 参数为 "GBK"（这是由于科目余额表中包含汉字，若使用默

认的编码方式"utf-8"，读取结果中汉字将会变成乱码），其他参数使用默认值，结果返回一个 DataFrame 对象，并将其赋值于变量 df_yeb；第 3 行代码显示变量 df_yeb 的内容，结果如第 4～8 行所示。

2. CSV 文件存储

Pandas 中的 to_csv()函数可以实现以 CSV 格式存储文件。该函数的语法格式如下，这里只列举了常用的一些参数。

```
pandas.to_csv(filepath_or_buffer, sep=',', header=True, index=True, encoding=None)
```

to_csv()函数的常用参数如表 6-4 所示。

表 6-4   to_csv()函数的常用参数

参数	说明	示例
filepath_or_buffer	文件路径，可以为 URL 字符串	r'D:\Examples\Ch6\科目余额表.csv'，r 写在字符串前面，防止字符转义
sep	指定使用的分隔符	默认用 "，" 分隔
header	是否保存列名	默认为 True，表示存储列名
index	是否保存行索引	默认为 True，表示存储行索引
encoding	文件的编码方式	常用的编码方式有 UTF-8、UTF-16、GBK、GBK2312 等

使用 to_csv()函数时，如果指定的路径下文件不存在，则会新建一个文件来保存数据；如果文件已经存在，则会将文件中的内容进行覆盖。

例 6-4 以例 6-3 读取的科目余额表数据为例，读取"科目余额表.csv"文件后，在 df_yeb 中增加一个新的科目信息（'4002','资本公积','所有者权益','贷',200），然后使用 to_csv()函数将增加数据后的内容存储到"科目余额表_new.csv"文件中，参考代码如下。

行号	程序代码					
1	In [2]:	df_yeb.loc[4] = ['4002','资本公积','所有者权益','贷',200] #添加一行				
2		df_yeb				
3	Out [2]:		科目代码	科目名称	科目类别	借贷方向	年初余额
4		0	1001	库存现金	资产	借	1 000
5		1	1002	银行存款	资产	借	4 000
6		2	2202	应付账款	负债	贷	2 000
7		3	4001	实收资本	所有者权益	贷	3 000
8		4	4002	资本公积	所有者权益	贷	200
9	In [3]:	df_yeb.to_csv(r'D:\Examples\Ch6\科目余额表_new.csv', index=False,				
10		encoding='GBK')				

【代码解析】 上述代码中，第 1 行代码在 df_yeb 中添加一行新数据，随后将其展示出来，如第 3～8 行所示。第 9 行代码使用 to_csv()函数将数据存储为 CSV 文件，指定 index=False，表示不存储行索引。代码运行结束后，打开"D:\Examples\Ch6"目录下的"科目余额表_new.csv"文件，内容如图 6-4 所示。

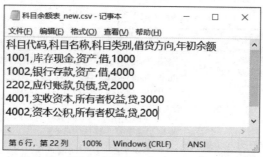

图 6-4　"科目余额表_new.csv"文件内容

6.2　数据预处理

微课 6-2

通常，前期采集到的原始数据大多数是不完整和不一致的"脏"数据，无法直接进行数据分析。因此，在进行数据分析之前需要对数据进行预处理，包括数据清洗、数据合并、数据转换等。Pandas 中专门提供了用于数据预处理的很多函数与方法，用于替换异常数据、合并数据、重塑数据等。接下来，本节将针对 Pandas 中数据预处理的内容进行详细的讲解。

6.2.1　数据清洗

数据清洗是指发现并纠正数据中可识别的错误，如移除重复值、处理缺失值和空值、检测和过滤异常值，并检查数据一致性等。清洗后的数据不仅要变得可用，而且还要更适合后续的数据分析工作。

1. 重复值的处理

原始数据集中往往会存在许多重复值。所谓重复值，是指数据结构中所有列的内容都相同，即行重复。例如，科目余额表中"1002"的数据连续出现了两次，并且两行的数据完全一样，如图 6-5 所示。

处理重复值是数据分析中最常见的工作之一。Pandas 提供了 duplicated()和 drop_duplicates()函数用于处理数据中的重复值。其中，前者用于标记是否有重复值，后者用于删除重复值，它们的判断标准是一样的，即只要两行数据中所有条目的值完全相等，就判断为重复值。

科目代码	科目名称	科目类别	借贷方向	年初余额
1001	库存现金	资产	借	1 000
1002	银行存款	资产	借	4 000
1002	银行存款	资产	借	4 000
2202	应付账款	负债	贷	2 000
4001	实收资本	所有者权益	贷	3 000

图 6-5　重复值

（1）duplicated()函数。duplicated()函数的语法格式如下。

```
duplicated(subset=None, keep='first')
```

duplicated()函数的参数如表 6-5 所示。

表 6-5　　　　　　　　　　　　　　　duplicated()函数的参数

参数	说明	示例
subset	用于识别重复的列标签或列标签序列	默认识别所有的列标签，即只有两行数据的所有条目的值都相等时，duplicated()函数才判断其存在重复值。除此之外，duplicated()函数也可以单独对某一列进行重复值判断
keep	标记重复项并保留第一次出现的项	（1）keep='first'，从前向后查找，除了第一次出现外，其余相同的项被标记为重复，默认为此选项。 （2）keep='last'，从后向前查找，除了最后一次出现外，其余相同的项被标记为重复。 （3）keep='False'，所有相同的项都被标记为重复

duplicated()函数返回一个由布尔值组成的 Series 对象，它的行索引保持不变，数据则为标记的布尔值。

例 6-5 以图 6-5 中的数据为例，使用 duplicated()函数识别重复值，参考代码如下。

行号	程序代码
1	In [1]:　　import pandas as pd　　#导入 Pandas 库
2	dict_yeb = {'科目代码':['1001','1002','1002','2202', '4001'],
3	'科目名称':['库存现金','银行存款','银行存款','应付账款', '实收资本'],
4	'科目类别':['资产','资产','资产','负债', '所有者权益'],
5	'借贷方向':['借','借','借','贷', '贷'],
6	'年初余额':[1000,4000,4000,2000, 3000]}
7	df_duplicated = pd.DataFrame(dict_yeb)
8	df_duplicated
9	Out [1]:　　　　科目代码　　科目名称　　科目类别　　借贷方向　　年初余额
10	0　　1001　　库存现金　　资产　　借　　1 000
11	1　　1002　　银行存款　　资产　　借　　4 000
12	2　　1002　　银行存款　　资产　　借　　4 000
13	3　　2202　　应付账款　　负债　　贷　　2 000
14	4　　4001　　实收资本　　所有者权益　　贷　　3 000
15	In [2]:　　df_duplicated.duplicated()　　#从前向后查找和判断是否有重复值
16	Out [2]:　　0　　False
17	1　　False
18	2　　True
19	3　　False
20	4　　False
21	dtype: bool

【代码解析】上述代码中，首先创建了一个结构与图 6-5 一样的 DataFrame 对象，然后第 15 行代码调用 duplicated()函数进行重复值判断，使用默认的从前向后的查找方式，也就是说第二次出现的数据将被判定为重复值。从输出结果可以看出，行索引 2 对应的判断结果为 True，表明这一行是重复的。

（2）drop_duplicates()函数。drop_duplicates()函数用于删除 Series、DataFrame 中的重复值，并返回删除重复值后的结果。该函数的语法格式如下。

```
drop_duplicates(subset=None, keep='first', inplace=False)
```

其中，inplace 参数接收一个布尔值，为 True 表示直接修改原对象；为 False 表示创建一个副本，修改副本，原对象不变。inplace 参数的默认值为 False。

例 6-6 使用 drop_duplicates()函数将例 6-5 中 df_duplicated 的重复值删除，参考代码如下。

行号	程序代码					
1	In [3]:	df_duplicated.drop_duplicates()		#删除重复值		
2	Out [3]:		科目代码	科目名称	科目类别	借贷方向	年初余额
3		0	1001	库存现金	资产	借	1 000
4		1	1002	银行存款	资产	借	4 000
5		3	2202	应付账款	负债	贷	2 000
6		4	4001	实收资本	所有者权益	贷	3 000
7	In [4]:	df_duplicated		#查看原对象的值		
8	Out [4]:		科目代码	科目名称	科目类别	借贷方向	年初余额
9		0	1001	库存现金	资产	借	1 000
10		1	1002	银行存款	资产	借	4 000
11		2	1002	银行存款	资产	借	4 000
12		3	2202	应付账款	负债	贷	2 000
13		4	4001	实收资本	所有者权益	贷	3 000

【代码解析】上述代码中，第 1 行代码调用 drop_duplicates()函数执行删除重复值操作，从输出结果看出，"科目代码"列中值为"1002"的数据只出现了一次，重复的数据已经被删除。由于inplace 参数使用的是默认值 False，即原对象不变，因此，使用第 7 行代码查看原对象 df_duplicated的内容时，从第 8~13 行的输出结果可以看出，原对象并没有受到影响。

2. 空值和缺失值的处理

空值一般表示数据未知、不适用或将在以后添加数据。缺失值是指数据集中某个或某些属性的值是不完整的，产生的原因主要有人为原因和机械原因两种。其中，机械原因是由机器故障造成数据未能收集或存储失败，人为原因是由主观失误或有意隐瞒造成的数据缺失。一般空值使用None 表示，缺失值使用 NaN 表示。

如图 6-6 所示的科目余额表中，科目"1002"和"4001"的"年初余额"为 NaN，表明这两个位置的数据是缺失值；科目"2202"的"科目类别"为 None，表明该位置的数据是空值。

科目代码	科目名称	科目类别	借贷方向	年初余额
1001	库存现金	资产	借	1 000
1002	银行存款	资产	借	NaN
2202	应付账款	None	贷	2 000
4001	实收资本	所有者权益	贷	NaN

图 6-6 存在空值和缺失值的数据

Pandas 中提供了一些用于检查或处理空值和缺失值的函数，其中 isnull()和 notnull()函数可以判断数据集中是否存在空值和缺失值，dropna()和 fillna()函数可以对缺失值进行删除和填充。

（1）判断存在缺失值的函数。isnull()函数用于判断数据集中是否存在缺失值。该函数的语法格式如下。

```
isnull(obj)
```

上述函数只有一个参数 obj，表示检查缺失值的对象。一旦发现数据中存在 NaN 或 None，就将这个位置标记为 True，否则标记为 False。

例 6-7 以图 6-6 中的数据为例，使用 isnull()函数识别缺失值，参考代码如下。

行号	程序代码
1	In [1]: import numpy as np
2	import pandas as pd　#导入 Pandas 库
3	dict_yeb = {'科目代码':['1001','1002','2202', '4001'],
4	'科目名称':['库存现金','银行存款', '应付账款', '实收资本'],
5	'科目类别':['资产','资产',None, '所有者权益'],
6	'借贷方向':['借','借', '贷', '贷'],
7	'年初余额':[1000,np.nan,2000, np.nan]}
8	df_null = pd.DataFrame(dict_yeb, dtype=int)
9	df_null

行号		科目代码	科目名称	科目类别	借贷方向	年初余额
10	Out[1]:					
11		0	1001	库存现金	资产	借	1 000
12		1	1002	银行存款	资产	借	NaN
13		2	2202	应付账款	None	贷	2 000
14		3	4001	实收资本	所有者权益	贷	NaN
15	In [2]:　df_null.isnull()　　#判断是否有缺失数据						

行号		科目代码	科目名称	科目类别	借贷方向	年初余额
16	Out [2]:					
17		0	False	False	False	False	False
18		1	False	False	False	False	True
19		2	False	False	True	False	False
20		3	False	False	False	False	True

【代码解析】 上述代码中，首先创建了一个结构与图 6-6 一样的 DataFrame 对象，第 8 行代码中 dtype=int 的作用是将数字元素自动转换为整数，第 15 行代码调用 isnull()函数检查缺失数据。从输出结果看出，行索引 1 和行索引 3 的"年初余额"是缺失值；行索引 2 的"科目类别"也是缺失值。

notnull()函数与 isnull()函数的功能是一样的，都是判断数据中是否存在空值或缺失值；不同之处在于，前者发现数据中有空值或缺失值时返回 False，后者返回的是 True。

（2）删除缺失值。在数据分析中，如果数据集的样本很多，并且在删除含有空值或缺失值的记录后，不会影响分析结果的客观性和准确性时，一般使用 dropna()函数直接将空值或缺失值的数据删除。

dropna()函数的语法格式如下。

```
dropna(axis=0, how='any', thresh=None, subset=None, inplace=False)
```

dropna()函数的参数如表 6-6 所示。

表 6-6　　　　　　　　　　　　　　　　dropna()函数的参数

参数	说明	示例
axis	指定删除方向	（1）axis=0，默认按行删除。 （2）axis=1，按列删除
how	确定删除的标准	（1）how='any'，默认值，表示这一行或列中只要有空值或缺失值，就删除这一行或列。 （2）how='all'，表示这一行或列中的数据全部缺失，才删除这一行或列
thresh	一行或一列中至少出现了 thresh 个才删除	thresh=2，表示至少出现两个空值或缺失值的行或列才会被删除
subset	在特定的子集中寻找缺失值	subset=[5,6,7]，若 axis=1，则表示删除第 5、6、7 行存在空值或缺失值的列
inplace	表示是否在原数据上操作	（1）inplace=False，表示修改原数据的副本，返回新的数据，默认为此选项。 （2）inplace=True，表示直接修改原数据

例 6-8 使用 dropna()函数删除空值和缺失值，参考代码如下。

行号	程序代码				
1	In [3]:　　df_null.dropna()　　#删除数据集中的空值或缺失值				
2	Out [3]:　　　　科目代码	科目名称	科目类别	借贷方向	年初余额
3	0　　　1001	库存现金	资产	借	1 000

【代码解析】上述代码中，调用 dropna()函数将数据集中的空值或缺失值删除，只保留完整的数据。从输出结果看出，所有包含空值或缺失值的行已经被删除了。

（3）填充缺失值。在数据分析中，如果数据集的样本比较少，或者由于删除含有空值和缺失值的记录会影响到数据分析结果的客观性和准确性，就需要根据数据插补的方法来选择填充值，然后使用 fillna()函数对空值或缺失值进行填充。

fillna()函数的语法格式如下。

```
fillna(value=None, method=None, axis=None, inplace=False, limit=None)
```

fillna()函数的常用参数说明如表 6-7 所示。

表 6-7　　　　　　　　　　　　　　　　fillna()函数的常用参数

参数	说明	示例
value	用于填充的数值	value=0，表示用 0 填补空值
method	表示填充方式，默认值为 None	（1）method='pad'/'ffill'，将最后一个有效的数据向后传播，即用缺失值前面的一个值代替缺失值。 （2）method='backfill'/'bfill'，将最后一个有效的数据向前传播，即用缺失值后面的一个值代替缺失值
limit	可以连续填充的最大数量	limit=3，表示最多填充 3 个连续空值

!!! 提示
method 参数不能与 value 参数同时使用。

例 6-9 使用 fillna() 函数填充空值和缺失值，参考代码如下。

行号	程序代码
1	In [4]: df_null['科目类别'].fillna('负债')　　　　　　# "科目类别" 列的缺失值用 "负债" 替换
2	Out [4]: 　0　　　资产
3	1　　　资产
4	2　　　负债
5	3　　　所有者权益
6	Name: 科目类别, dtype: object

【代码解析】上述代码中，fillna() 函数用常数替换了缺失值，从输出结果看出，行索引为 2 的空值已被 "负债" 填充。

如果希望用相邻的数据来替换缺失值，如当前列中使用位于缺失值前面的数据来替换空值，参考代码如下。

行号	程序代码				
1	In [5]: df_null.fillna(method='pad')　　　#用前一个数据填充缺失数据				
2	Out [5]:	科目代码	科目名称	科目类别	借贷方向	年初余额
3	0	1001	库存现金	资产	借	1 000
4	1	1002	银行存款	资产	借	1 000
5	2	2202	应付账款	资产	贷	2 000
6	3	4001	实收资本	所有者权益	贷	2 000

上述代码中，method='pad'（或 method='ffill'）用前一个数据替换了缺失值。从输出结果看出，行索引为 2 的 "科目类别" 由空值填充为 "资产"；同理，行索引为 1 的 "年初余额" 用前一行的 1 000 填充，而行索引为 3 的 "年初余额" 用前一行的 2 000 填充。

与 pad 相反，bfill 表示用后一个数据填充缺失值，参考代码如下。

行号	程序代码				
1	In [6]: df_null.fillna(method='bfill')　　　#用后一个数据填充缺失值				
2	Out [6]:	科目代码	科目名称	科目类别	借贷方向	年初余额
3	0	1001	库存现金	资产	借	1000
4	1	1002	银行存款	资产	借	2000
5	2	2202	应付账款	所有者权益	贷	2000
6	3	4001	实收资本	所有者权益	贷	NaN

上述代码中，method='bfill'（或 method='backfill'）用后一个数据替换了缺失值。从输出结果看出，行索引为 2 的 "科目类别" 由空值填充为 "所有者权益"；同理，行索引为 1 的 "年初余额" 被后一行的 2 000 填充，而行索引为 3 的 "年初余额" 后面没有数据，因此其值还是保持为缺失值。

3. 异常值的处理

在数据分析中，除了常见的重复值和缺失值外，我们还会遇到一类非正常的数据，即异常值。

所谓异常值，就是数据集中存在的不合理的值，又称离群点。例如，年龄为负数、成绩小于 0 或商品日销量远远超过年均销量等，都属于异常值。因此，为了处理异常值，首先应判别数据集中是否存在离群点，然后对离群点的数据进行处理。

（1）判别数据集中异常值的方法。

① 散点图分析。通过绘制数据集中某些属性值的散点图，可观察这些属性值中的数据是否存在超出正常范围的离群点，从而发现数据集中的异常值。

② 简单统计分析。对数据集中的属性值进行描述性统计，从中可以发现哪些数据是不合理的。例如，年龄属性值的区间规定为[0:150]，如果数据集样本中的年龄值不在该区间范围内，则表示该样本的年龄属性属于异常值。

③ 3σ 原则。3σ 原则是指当数据服从正态分布时，根据正态分布的定义可知，距离平均值 3σ 之外的概率为 $P(|x-u|>3\sigma)\leq0.003$。这属于极小概率事件，在默认情况下，可以认定距离超过平均值 3σ 的样本是不存在的。因此，当样本距离平均值大于 3σ 时，则认定该样本为异常值。

④ 箱线图分析。箱线图提供了一个识别异常值的标准，即大于或小于箱线图设定的上下界的数据为异常值。

（2）异常值的处理方法。

数据集中的异常值可以不处理。如果要处理，常用的异常值处理方法有以下 3 种。

① 删除含有异常值的记录。

② 将异常值视为缺失值，按照缺失值的处理方法来处理。

③ 用平均值来修正异常值。

在处理异常值时，有些异常值可能含有有用信息，因此，如何判定和处理异常值，需视情况而定。在数据量较多时，可用散点图和描述性统计来查看数据基本情况，发现异常值，并借助箱线图进行监测。

例 6-10 以 6.1.1 节中的"某公司销售数据.xlsx"为例，该数据集中有"订单日期"和"销售额"两列数据，运用散点图寻找该数据集中销售额数据的异常值，参考代码如下。

行号	程序代码						
1	In [1]: import matplotlib.pyplot as plt #导入绘图函数						
2	df_sale = pd.read_excel(r'D:\Examples\Ch6\某公司销售数据.xlsx')						
3	df_sale.head() #显示前 5 行数据						
4	Out [1]:		订单号	订单日期	顾客姓名	……	产品包箱	运送日期
5		0	3	2020-10-13	李鹏晨	……	大型箱子	2020-10-20
6		1	6	2022-02-20	王勇民	……	小型包裹	2022-02-21
7		2	32	2021-07-15	姚文文	……	中型箱子	2021-07-17
8		3	32	2021-07-15	姚文文	……	巨型纸箱	2021-07-16
9		4	32	2021-07-15	姚文文	……	中型箱子	2021-07-17
10	In [2]: dx=df_sale['订单日期'] #得到订单日期数据						
11	dy=df_sale['销售额'] #得到销售额数据						
12	plt.plot(dx, dy, '+') #绘制散点图，每个坐标点以"+"号进行绘制						
13	Out [2]: #为更好地呈现图形效果，代码输出结果如图 6-7 所示						

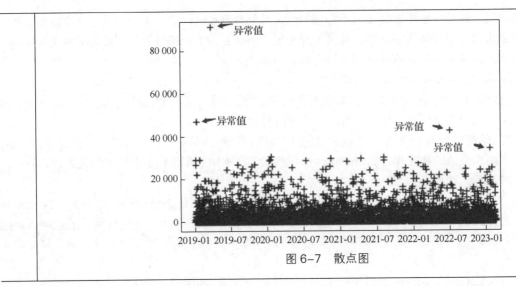

图 6-7　散点图

【代码分析】上述代码中，第 1 行代码导入 Matplotlib 库中的绘图函数；第 2 行代码使用 read_excel()函数读取某公司销售数据，将其赋值于变量 df_sale；第 10 行代码读取订单日期数据；第 11 行代码读取销售额数据；第 12 行代码使用 plot()函数绘制散点图，结果如图 6-7 所示。图 6-7 上方标记的 4 个销售额数据明显大于其他的销售额数据，有可能是异常值，但它们到底是否属于异常值还需要结合具体情况而定。本例代码中的绘图函数请参见第 7 章的相关内容。

6.2.2　数据抽取

数据抽取是数据分析工作中经常遇到的需求，如抽取某个用户的贷款金额、某月或季度的利息总收入、某个特定时间段的贷款金额和笔数，以及大于 5 000 元的贷款数量等。前面介绍过一些数据抽取函数与方法，本节主要介绍字段抽取、字段拆分及条件查询的方法。

1.　字段抽取

字段抽取是指根据已知列数据的开始和结束位置，抽取出新的列。例如，手机号码 1367332××××中前 3 位 136 表示运营商，中间 4 位 7332 表示地区，后面 4 位××××是号码段。我们可以运用字段抽取技术抽取出手机号码的前 3 位数字组成新列，用以对运营商的信息做进一步分析。

字段抽取函数 slice()的语法格式如下。

```
Series.str.slice(start=None, stop=None)
```

slice()函数的参数如表 6-8 所示。

表 6-8　　　　　　　　　　　　　　　　slice()函数的参数

参数	说明	示例
start	表示字段抽取的开始位置	start =None，表示抽取的开始位置从 0 开始
stop	表示字段抽取的结束位置，不包含 stop 位置的字符	stop = 4，表示抽取的结束位置为 4

例 6-11 以"某公司销售数据.xlsx"为例，使用 slice() 函数抽取订单日期中的年份信息，参考代码如下。

行号	程序代码
1	In　[3]:　df_sale['订单日期'].head()　　　#显示"订单日期"列的前5行数据
2	Out [3]:　0　　2020-10-13
3	1　　2022-02-20
4	2　　2021-07-15
5	3　　2021-07-15
6	4　　2021-07-15
7	Name: 订单日期, dtype: datetime64[ns]
8	In　[4]:　sr_date = df_sale['订单日期'].astype(str)　　#将日期型数据转换为字符串型
9	sr_date.str.slice(0, 4)　　　#得到年份信息
10	Out [4]:　0　　　2020
11	1　　　2022
12	2　　　2021
13	3　　　2021
14	4　　　2021
15	......
16	8563　　2022
17	8564　　2022
18	8565　　2022
19	8566　　2019
20	8567　　2021
21	Name: 订单日期, Length: 8568, dtype: object

【代码解析】上述代码中，第 1 行代码用于查看"订单日期"列的前 5 行数据，从第 7 行输出结果可以看出，这些数据的数据类型为"datetime64"，我们需要将其转换为字符串型才可以使用 slice() 函数。因此，第 8 行代码调用 astype() 函数进行数据类型转换，并赋值于变量 sr_date；第 9 行代码使用 slice() 函数抽取订单日期的前 4 位字符。从第 10～21 行的输出结果可以看出，订单日期的年份信息被抽取出来了。

2. 字段拆分

字段拆分是指按照固定的字符，拆分已有的字符串。例如，"商品信息"字段中包含品牌、分类和型号等信息，为了便于数据分析，需要将"商品信息"字段拆分为"品牌""分类""型号"等字段。如"海尔;冰箱;BCD-630WBGUU1"，可拆分品牌为"海尔"，分类为"冰箱"，型号为"BCD-630WBGUU1"。

字符分割函数有正序分割列 split() 函数和逆序分割列 rsplit() 函数。其中，split() 函数的语法格式如下。

```
Series.str.split(sep=None, n=-1, expand=False)
```

split() 函数的参数如表 6-9 所示。

表 6-9　　　　　　　　　　　　　　　split()函数的参数

参数	说明	示例
sep	表示用于分割字符的字符串，默认使用空格分割	sep='-'，表示用"-"符号进行分割
n	分割后新增的列数	默认值为 n=-1，表示会根据符号的个数全部分列
expand	表示是否展开为 DataFrame	（1）expand=False，默认值，结果返回 Series。 （2）expand=True，结果返回 DataFrame

例 6-12 以"某公司销售数据.xlsx"为例，使用 split()函数，用字符"-"将订单日期拆分成"年""月""日"3 列，参考代码如下。

行号	程序代码	
1	In [5]:	sr_date = df_sale['订单日期'].astype(str)　#将日期型数据转换为字符串型
2		df_ymd = sr_date.str.split('-', 2, True)　#拆分得到年、月、日信息
3		df_ymd.columns = ['年', '月', '日']　#设置列名
4		df_ymd.head()　　#查看前 5 行数据
5	Out [5]:	年　　　　　月　　　　　日
6		0　　2020　　　10　　　　13
7		1　　2022　　　02　　　　20
8		2　　2021　　　07　　　　15
9		3　　2021　　　07　　　　15
10		4　　2021　　　07　　　　15

【代码解析】上述代码中，第 2 行代码使用 split()函数按"-"对"订单日期"进行拆分，参数 2 表示新增的列数，参数 expand=True 表示返回结果为 DataFrame，并将其赋值于变量 df_ymd；第 3 行代码为 df_ymd 设置列名信息；第 4 行代码调用 head()函数查看前 5 行数据。从输出结果可以看出，"订单日期"已经被拆分成"年""月""日"3 列。

如果想要从最右边开始分列，可以使用 rsplit()函数。rsplit()函数和 split()函数的用法类似，只是前者从右边开始拆分，而后者从左边开始拆分。

3. 条件查询

条件查询是 DataFrame 最常用的数据操作之一。除了前面介绍的数据查询方法之外，Pandas 还提供了一些数据筛选函数。下面介绍一些常用的查询方法。

（1）表达式筛选。表达式筛选的语法格式如下。

DataFrame[条件表达式]

涉及条件查询时，一般会使用一些比较运算符，如">""==""<"">="及"<="等。比较运算符产生布尔类型的索引，这些索引可用于条件查询。

例 6-13 以"某公司销售数据.xlsx"为例，查询"销售额"大于 20 000 元的销售明细，下面分两步完成。

① 首先生成布尔类型的索引，参考代码如下。

行号	程序代码
1	In [6]:　df_sale['销售额']>20000　#生成布尔类型的索引

2	Out [6]:	0	False
3		1	False
4		2	False
5		3	False
6		4	False
7		......	
8		8563	False
9		8564	False
10		8565	False
11		8566	False
12		8567	False
13		Name: 销售额, Length: 8568, dtype: bool	

【代码解析】上述代码中，第 1 行代码使用比较运算符"＞"，判断"销售额"是否大于 20 000 元。从输出结果可以看出，返回值为布尔类型的索引。

② 通过指定索引进行条件查询，返回布尔值为 True 的数据，参考代码如下。

行号	程序代码
1	In [7]: df_sale[df_sale['销售额']>20000]　　　　#查询销售额大于20000元的销售明细

		订单号	订单日期	顾客姓名	......	销售额	产品包箱	运送日期
2	Out [7]:							
3		216	1444	2019-12-05	冯丽冰	......	21 717.36	大型箱子	2019-12-07
4		314	2208	2021-04-30	任锦凯	......	23 281.05	大型箱子	2021-05-01
5		327	2247	2022-08-01	邱纯青	......	21 134.71	巨型纸箱	2022-08-03
6						......			
7		8267	59270	2020-01-11	展大鹏	......	20 872.16	巨型纸箱	2020-01-13
8		8337	59781	2022-12-12	张玉信	......	24 559.91	巨型纸箱	2022-12-13
9		66 rows × 18 columns							

【代码解析】上述代码中，第 1 行代码使用表达式筛选的方法，找出所有销售额大于 20 000 元的销售明细。从输出结果可以看出，销售额的确都是大于 20 000 元的。

Pandas 支持的比较运算符如表 6-10 所示。

表 6-10　　　　　　　　　Pandas 支持的比较运算符

运算符	意义	示例	返回值
==	相等	1 == 2	False
>	大于	1>2	False
<	小于	1<2	True
>=	大于等于	1>=2	False
<=	小于等于	1<=2	True
!=	不等于	1 != 2	True

条件表达式还可以用于多条件查询。进行多条件查询时，需要用到逻辑运算符。Pandas 支持

以下逻辑运算符："&""|"和"～"，分别代表逻辑运算"与""或"和"非"。

例6-14 使用比较运算符查询销售额大于 20 000 元且产品类别为办公用品的销售明细，参考代码如下。

行号	程序代码						
1	In [8]: df_sale[(df_sale['销售额']>20000) & (df_sale['产品类别']== '办公用品')]						
2	Out [8]:	订单号	订单日期	顾客姓名	……	销售额	产品类别	运送日期
3	566	3841	2019-10-04	吴媛丽	……	25 409.63	办公用品	2019-10-06
4	997	7203	2019-01-08	王勇民	……	21 752.01	办公用品	2019-01-10
5	2623	19010	2019-06-07	赵正玉	……	23 792.93	办公用品	2019-06-09
6	2919	21121	2019-09-16	赵蔚红	……	20 175.48	办公用品	2019-09-17
7	3717	26565	2019-10-21	刘虎	……	21 337.27	办公用品	2019-10-22
8	5879	41728	2019-09-30	胡冲	……	23 106.46	办公用品	2019-10-02
9	7912	56740	2022-10-16	吴鹏	……	23 516.31	办公用品	2022-10-20

【代码解析】上述代码中，第 1 行代码使用多条件查询输出所有销售额大于 20 000 元且产品类别为办公用品的销售明细。

（2）使用 query()函数。DataFrame 提供了 query()函数，可以用以实现指定的条件查询。其语法格式如下。

```
DataFrame.query(expr)
```

其中，参数 expr 为字符串形式的条件表达式。

例6-15 使用 query()函数查询销售额大于 20 000 元的销售明细，参考代码如下。

行号	程序代码						
1	In [9]: df_sale.query('销售额>20000') #查询销售额大于20000元的销售明细						
2	Out [9]:	订单号	订单日期	顾客姓名	……	销售额	产品包箱	运送日期
3	216	1444	2019-12-05	冯丽冰	……	21 717.36	大型箱子	2019-12-07
4	314	2208	2021-04-30	任锦凯	……	23 281.05	大型箱子	2021-05-01
5	327	2247	2022-08-01	邱纯青	……	21 134.71	巨型纸箱	2022-08-03
6	……							
7	8267	59270	2020-01-11	展大鹏	……	20 872.16	巨型纸箱	2020-01-13
8	8337	59781	2022-12-12	张玉信	……	24 559.91	巨型纸箱	2022-12-13
9	66 rows × 18 columns							

从输出结果可以看出，使用 query()函数与使用表达式筛选得到的结果是相同的。

进行多条件查询时，代码写法与表达式筛选的相似。

例6-16 使用多条件查询方式查询销售额大于 20 000 元且产品类别为办公用品的销售明细，参考代码如下。

行号	程序代码						
1	In [10]: df_sale.query('(销售额>20000) & (产品类别=="办公用品")')						
2	Out [10]:	订单号	订单日期	顾客姓名	……	销售额	产品类别	运送日期
3	566	3841	2019-10-04	吴媛丽	……	25 409.63	办公用品	2019-10-06

4		997	7203	2019-01-08	王勇民	……	21 752.01	办公用品	2019-01-10
5		2623	19010	2019-06-07	赵正玉	……	23 792.93	办公用品	2019-06-09
6		2919	21121	2019-09-16	赵蔚红	……	20 175.48	办公用品	2019-09-17
7		3717	26565	2019-10-21	刘虎	……	21 337.27	办公用品	2019-10-22
8		5879	41728	2019-09-30	胡冲	……	23 106.46	办公用品	2019-10-02
9		7912	56740	2022-10-16	吴鹏	……	23 516.31	办公用品	2022-10-20

从输出结果可以看出，使用 query() 函数进行多条件查询与使用表达式筛选进行多条件查询得到的结果是相同的。

（3）Pandas 还提供了一些函数，可以更加简便地完成查询任务。这些函数如表 6-11 所示。

表 6-11　　　　　　　　　　　Pandas 中常用的条件查询函数

函数	示例	解释
between()	Df[Df.col.between(10, 20)]	col 在 10～20 的记录
isin()	Df[Df.col.isin(10, 20)]	col 等于 10 或 20 的记录
str.contains()	Df[Df.str.contains('[M]+')]	col 匹配以 "M" 开头的记录

例6-17　查询销售额在 30 000～60 000 元的销售明细。这里的 30 000 与 60 000 是包含在查询范围之内的，若不希望包含在内，可以将参数 inclusive 的值设定为 False，参考代码如下。

行号	程序代码
1	In [11]: df_sale[df_sale['销售额'].between(30000, 60000, inclusive=True)]

2	Out[11]:		订单号	订单日期	顾客姓名	……	销售额	产品包箱	运送日期
3		451	3073	2019-01-07	张东	……	45 923.76	大型箱子	2019-01-08
4		2025	14435	2022-12-01	朱永飞	……	33 367.85	大型箱子	2022-12-04
5		4263	30343	2022-05-21	胡玉	……	41 343.21	大型箱子	2022-05-23

对字符串列来说，可以使用 isin() 函数来进行查询，例如筛选运输方式为火车或大卡（即大卡车）的记录，参考代码如下。

行号	程序代码
1	In [12]: df_sale[df_sale['运输方式'].isin(['大卡','火车'])].head()

2	Out[12]:		订单号	订单日期	顾客姓名	……	运输方式	产品包箱	运送日期
3		0	3	2020-10-13	李鹏晨	……	火车	大型箱子	2020-10-20
4		1	6	2022-02-20	王勇民	……	火车	小型包裹	2022-02-21
5		2	32	2021-07-15	姚文文	……	火车	中型箱子	2021-07-17
6		3	32	2021-07-15	姚文文	……	大卡	巨型纸箱	2021-07-16
7		4	32	2021-07-15	姚文文	……	火车	中型箱子	2021-07-17

上述代码中，由于查询得到的数据行数比较多，因此使用 head() 函数默认只显示前 5 行记录。

此外，还可以使用 str.contains() 函数来进行正则表达式匹配查询，例如查询顾客姓名以 "陈" 开头的所有记录，参考代码如下。

行号	程序代码
1	In [13]: df_sale[df_sale['顾客姓名'].str.contains('[陈]+')]

2	Out[13]:		订单号	订单日期	顾客姓名	……	销售额	产品包箱	运送日期
3		379	2630	2022-10-23	陈鸿建	……	146.51	打包纸袋	2022-10-23
4		460	3136	2019-08-09	陈迟	……	238.74	小型包裹	2019-08-11
5		609	4166	2020-02-27	陈鸿建	……	138.85	小型箱子	2020-02-27
6						……			
7		8325	59686	2021-03-08	陈东平	……	243.37	小型箱子	2021-03-13
8		8332	59777	2020-12-12	陈岩	……	917.31	小型箱子	2020-12-13
9		147 rows × 18 columns							

6.2.3 数据排序

在数据处理中，数据排序也是常见的一种操作。由于 Pandas 中存放的是索引和数据的结合，所以它既可以按索引进行排序，也可以按值进行排序。本节将针对排序功能进行详细介绍。

1. 按值排序

Pandas 提供了 sort_values()函数，可以实现按某行或某列的值进行升序或降序排列。该函数的语法格式如下。

```
sort_values(by, axis=0, ascending=True)
```

sort_values()函数的参数如表 6-12 所示。

表 6-12　　　　　　　　　　　　sort_values()函数的参数

参数	说明	示例
by	字符串或字符串列表，表示排序的列或行	如果 axis=0，则 by="列名"；如果 axis=1，则 by="行名"
axis	排序的方向	默认为 0，按照索引排序，即纵向排序；如果为 1，则是横向排序
ascending	排列方式	默认为 True，表示升序；若为 False，则为降序

例 6-18 使用 sort_values()函数将销售额按降序排列，参考代码如下。

行号	程序代码
1	In [14]: df_sale.sort_values(by='销售额', ascending=False)

2	Out[14]:		订单号	订单日期	顾客姓名	……	销售额	产品包箱	运送日期
3		4189	29766	2019-03-21	杨肇辉	……	89 061.05	大型箱子	2019-03-22
4		451	3073	2019-01-07	张东	……	45 923.76	大型箱子	2019-01-08
5		4263	30343	2022-05-21	胡玉	……	41 343.21	大型箱子	2022-05-23
6						……			
7		3552	25318	2021-11-19	于丹	……	3.20	小型箱子	2021-11-21
8		888	6374	2021-08-07	陈正立	……	2.24	打包纸袋	2021-08-09
9		8568 rows × 18 columns							

当然，排序的依据变量也可以有多列，例如按订单日期、销售额升序排列，参考代码如下。

行号	程序代码
1	In [15]: df_sale.sort_values(by=['订单日期','销售额'])

2	Out[15]:		订单号	订单日期	顾客姓名	……	销售额	产品包箱	运送日期
3		4030	28774	2019-01-01	陈平东	……	180.36	小型箱子	2019-01-02
4		1913	13729	2019-01-01	张晨	……	872.48	大型箱子	2019-01-03
5		1278	9285	2019-01-02	唐丽丽	……	124.81	小型箱子	2019-01-04
6						……			
7		6893	49344	2022-12-30	杨玲	……	672.93	小型箱子	2022-12-30
8		6894	49344	2022-12-30	何伟	……	803.33	中型箱子	2022-12-30
9		8568 rows × 18 columns							

【代码解析】上述代码中，第 1 行代码中排序依据传入了字符串列表 "['订单日期','销售额']"，默认按照升序排列。从输出结果看出，行索引 4030 的行和行索引 1913 的行其订单日期都是 "2019-01-01"，继而按销售额从小到大进行排列，行索引 4030 的销售额 180.38 排在前，而行索引 1913 的销售额 872.48 排在后，接着才是销售日期为 "2019-01-02" 的行，从而实现了按 "['订单日期','销售额']" 升序排列的目的。

2. 按索引排序

Pandas 中按索引排序使用的是 sort_index() 函数。该函数可以用行索引或者列索引进行排序，其语法格式如下。

```
sort_index(axis=0, ascending=True)
```

该函数中的参数用法与 sort_values() 的一样。

例6-19 以第 5 章中科目余额表数据为例，使用 sort_index() 函数对索引进行排序，参考代码如下。

行号	程序代码
1	In [1]: import pandas as pd #导入 Pandas 库
2	dict_yeb = {'科目代码':['1001','1002','2202', '4001'],
3	'科目名称':['库存现金','银行存款', '应付账款', '实收资本'],
4	'科目类别':['资产','资产', '负债', '所有者权益'],
5	'借贷方向':['借','借', '贷', '贷'],
6	'年初余额':[1000,4000,2000, 3000]}
7	df_yeb = pd.DataFrame(dict_yeb)
8	df_yeb.sort_index(ascending=False)

行号		科目代码	科目名称	科目类别	借贷方向	年初余额
9	Out [1]:					
10	3	4001	实收资本	所有者权益	贷	3 000
11	2	2202	应付账款	负债	贷	2 000
12	1	1002	银行存款	资产	借	4 000
13	0	1001	库存现金	资产	借	1 000

【代码解析】上述代码中，第 8 行代码使用 sort_index() 函数对行索引进行降序排列。从输出结果可以看出，行索引从 3 开始，降序排列到 0 为止。

> ✒ **注意**
>
> 当对 DataFrame 中的数据进行排序操作时，要注意轴的方向。如果没有指定 axis 参数的值，则默认会按照行索引进行排序；如果指定 axis=1，则会按照列索引进行排序。

6.2.4 数据合并

在实际生活中，数据合并是经常会碰到的。比如，某商场想了解第一季度的销售额，这就需要将 1 月、2 月、3 月的销售报表合并成季度报表，供运营人员了解资金活动情况和预算收支情况。

Pandas 在合并数据集时，常见的操作包括纵向合并和横向连接等，这些操作各有各的特点。

1. 纵向合并

数据的纵向合并是指将两张或多张表纵向拼接起来，使得原先两张或多张表中的数据整合到一张表上。假设现在有两个科目余额表分别为 df1 和 df2，它们进行纵向合并的效果如图 6-8 所示。

df1

科目代码	科目名称	科目类别	借贷方向	年初余额
1001	库存现金	资产	借	1 000
1002	银行存款	资产	借	4 000
2202	应付账款	负债	贷	2 000
4001	实收资本	所有者权益	贷	3 000

df2

科目代码	科目名称	科目类别	借贷方向	年初余额
1122	应收账款	资产	借	2 000
2001	短期借款	负债	贷	3 000

纵向合并结果

科目代码	科目名称	科目类别	借贷方向	年初余额
1001	库存现金	资产	借	1 000
1002	银行存款	资产	借	4 000
2202	应付账款	负债	贷	2 000
4001	实收资本	所有者权益	贷	3 000
1122	应收账款	资产	借	2 000
2001	短期借款	负债	贷	3 000

图 6-8 纵向合并示例

> **注意**
> 参与纵向合并的表，它们的字段名与含义要完全一致，否则不一致的位置会产生缺失值。

concat()函数可以将数据根据不同的轴进行简单的数据合并。该函数的语法格式如下。

```
pandas.concat(objs, axis=0, join='outer', ignore_index=False)
```

concat()函数的参数如表 6-13 所示。

表 6-13　　　　　　　　　　　concat()函数的参数

参数	说明	示例
objs	要合并的数据	[df1,df2]表示要合并 df1 与 df2 的数据
axis	连接的方向	默认为 0，表示纵向合并；如果为 1，则表示横向合并
join	连接的方式	在 axis=1 时可用，join='inner'表示内连接，join='outer'表示外连接（默认）
ignore_index	合并时是否忽略现有索引	默认为 False，如果设置为 True，则表示清除现有索引并重置索引值

例 6-20 仍以第 5 章的科目余额表为例，通过 contact()函数来纵向合并数据，参考代码如下。

行号	程序代码
1	In　[1]:　　import pandas as pd　　#导入 Pandas 库
2	dict1 = {'科目代码':['1001','1002','2202', '4001'],
3	'科目名称':['库存现金','银行存款', '应付账款', '实收资本'],
4	'科目类别':['资产','资产', '负债', '所有者权益'],

5			'借贷方向':['借','借', '贷', '贷'],			
6			'年初余额':[1000,4000,2000, 3000]}			
7			df1 = pd.DataFrame(dict1)　#创建 df1			
8			df1			
9	Out [1]:		科目代码	科目名称	科目类别	借贷方向	年初余额
10		0	1001	库存现金	资产	借	1 000
11		1	1002	银行存款	资产	借	4 000
12		2	2202	应付账款	负债	贷	2 000
13		3	4001	实收资本	所有者权益	贷	3 000
14	In [2]:	dict2 = {'科目代码':['1122','2001'],				
15			'科目名称':['应收账款','短期借款'],			
16			'科目类别':['资产', '负债'],			
17			'借贷方向':['借', '贷'],			
18			'年初余额':[2000, 3000]}			
19			df2 = pd.DataFrame(dict2)　　#创建 df2			
20			df2			
21	Out [2]:		科目代码	科目名称	科目类别	借贷方向	年初余额
22		0	1122	应收账款	资产	借	2 000
23		1	2001	短期借款	负债	贷	3 000
24	In [3]:	df_result=pd.concat([df1,df2],ignore_index=True)　#纵向合并				
25			df_result			
26	Out [3]:		科目代码	科目名称	科目类别	借贷方向	年初余额
27		0	1001	库存现金	资产	借	1 000
28		1	1002	银行存款	资产	借	4 000
29		2	2202	应付账款	负债	贷	2 000
30		3	4001	实收资本	所有者权益	贷	3 000
31		4	1122	应收账款	资产	借	2 000
32		5	2001	短期借款	负债	贷	3 000

【代码解析】上述代码中，第 7 行代码创建了 df1 对象；第 19 行代码创建了 df2 对象；第 24 行代码使用 concat()函数进行纵向合并，axis 默认为 0，ignore_index=True 表示忽略 df1 与 df2 原先的行索引，将二者合并并重新排列索引。从输出结果可以看出，df1 与 df2 纵向合并数据，并且行索引重新进行排列，从 0 递增到 5。

concat()函数还可以实现按照行索引进行横向连接，当参数 axis=1 时表示进行横向连接。

2. 横向连接

Pandas 提供了 merge()函数以完成各种表的横向连接操作，包括内连接和外连接。此外，Pandas 也提供了按照行索引进行横向连接的方法。

merge()函数的语法格式如下。

```
pandas.merge(left, right, how='inner', on=None, left_on=None, right_on=None)
```

merge()函数的参数如表 6-14 所示。

表 6-14   merge 函数的参数

参数	说明	示例
left	参与合并的左侧 DataFrame 对象	如参数 left 指定为 df1，表示参与合并的左侧 DataFrame 对象为 df1
right	参与合并的右侧 DataFrame 对象	如参数 right 指定为 df2，表示参与合并的右侧 DataFrame 对象为 df2
how	连接的方式	（1）how='inner'，默认，内连接。 （2）how='left'，左连接。 （3）how='right'，右连接。 （4）how='outer'，全连接
on	用于连接的列名	df1 和 df2 同时存在的列名，如"科目代码"
left_on	指定左侧 DataFrame 中作连接键的列名	当要合并的 df1 和 df2 不存在相同的列名时，left_on 参数用来指定左侧 DataFrame 对象的列名
right_on	指定右侧 DataFrame 中作连接键的列名	当要合并的 df1 和 df2 不存在相同的列名时，right_on 参数用来指定右侧 DataFrame 对象的列名

（1）内连接。内连接是指根据一个或多个列将两个 DataFrame 对象连接起来，查询结果只包括两张表中匹配的数据，用法简单，但是在数据分析中需谨慎使用，否则容易造成样本的缺失。假设现在有两个科目余额表分别为 df1 和 df2，以"科目代码"为连接的列名进行内连接，结果如图 6-9 所示。

df1

科目代码	科目名称	科目类别	借贷方向	年初余额
1001	库存现金	资产	借	1 000
1002	银行存款	资产	借	4 000
2202	应付账款	负债	贷	2 000
4001	实收资本	所有者权益	贷	3 000

df2

科目代码	科目名称	本期借方发生	本期贷方发生
1001	库存现金	2 300	1 200
1002	银行存款	3 100	3 000
1122	应收账款	1 400	2 000
2001	短期贷款	0	1 200

内连接结果

科目代码	科目名称	科目类别	借贷方向	年初余额	科目名称2	本期借方发生	本期贷方发生
1001	库存现金	资产	借	1 000	库存现金	2 300	1 200
1002	银行存款	资产	借	4 000	银行存款	3 100	3 000

图 6-9　内连接示例

例 6-21 以科目余额表为例，通过 merge()函数实现内连接以横向合并数据，参考代码如下。

行号	程序代码
1	In [1]:　import pandas as pd　#导入 Pandas 库
2	dict1 = {'科目代码':['1001','1002','2202', '4001'],
3	'科目名称':['库存现金','银行存款', '应付账款', '实收资本'],
4	'科目类别':['资产','资产', '负债', '所有者权益'],

```
5                        '借贷方向':['借','借', '贷', '贷'],
6                        '年初余额':[1000,4000,2000,3000]}
7             df1 = pd.DataFrame(dict1)    #创建 df1
8             df1
```

Out [1]:		科目代码	科目名称	科目类别	借贷方向	年初余额
	0	1001	库存现金	资产	借	1 000
	1	1002	银行存款	资产	借	4 000
	2	2202	应付账款	负债	贷	2 000
	3	4001	实收资本	所有者权益	贷	3 000

```
In [2]:    dict2 = {'科目代码':[ '1001','1002','1122','2001'],
                    '科目名称':[ '库存现金','银行存款','应收账款','短期借款'],
                    '本期借方发生':[2300, 3100, 1400, 0],
                    '本期贷方发生':[1200, 3000, 2000, 1200]}
           df2 = pd.DataFrame(dict2)        #创建 df2
           df2
```

Out [2]:		科目代码	科目名称	本期借方发生	本期贷方发生
	0	1001	库存现金	2 300	1 200
	1	1002	银行存款	3 100	3 000
	2	1122	应收账款	1 400	2 000
	3	2001	短期借款	0	1 200

```
In [3]:    df_inner=pd.merge(df1,df2, how='inner', on='科目代码')   #内连接
           df_inner
```

Out [3]:		科目代码	科目名称_x	科目类别	借贷方向	年初余额	科目名称_y	本期借方发生	本期贷方发生
	0	1001	库存现金	资产	借	1 000	库存现金	2 300	1 200
	1	1002	银行存款	资产	借	4 000	银行存款	3 100	3 000

【代码解析】上述代码中，第 7 行代码创建了 df1 对象；第 18 行代码创建了 df2 对象；第 25 行代码使用 merge()函数进行横向合并，参数 how='inner'表示使用内连接，参数 on='科目代码'表示用以连接的列名。从输出结果可以看出，df1 与 df2 进行内连接，只显示两个表中"科目代码"都存在的行（即"1001"和"1002"科目），且列信息结合了两个表的列信息。结果中"科目名称_X"为 df1 中的"科目名称"，而"科目名称_Y"为 df2 中的"科目名称"。

（2）外连接。通过观察内连接的结果可以看到，左表连接列的值都可以在右表对应的连接列中找到，右表连接列的值也可以在左表中对应的连接列中找到。但实际业务中，很多都是互相找不到的，这就衍生出了其他几种连接方式，如左连接、右连接、全连接这 3 种外连接方式。外连接如图 6-10 所示。

左连接

右连接

全连接

图 6-10　外连接

左连接是指通过连接列，能够保留左表的全部信息，右表在左表中缺失的信息以 NaN 补全的一种连接方式。以图 6-9 中的 df1 和 df2 为例，它们以"科目代码"为连接的列名进行左连接，左连接的结果如图 6-11 所示。

df1

科目代码	科目名称	科目类别	借贷方向	年初余额
1001	库存现金	资产	借	1 000
1002	银行存款	资产	借	4 000
2202	应付账款	负债	贷	2 000
4001	实收资本	所有者权益	贷	3 000

df2

科目代码	科目名称	本期借方发生	本期贷方发生
1001	库存现金	2 300	1 200
1002	银行存款	3 100	3 000
1122	应收账款	1 400	2 000
2001	短期贷款	0	1 200

左连接结果

科目代码	科目名称	科目类别	借贷方向	年初余额	科目名称2	本期借方发生	本期贷方发生
1001	库存现金	资产	借	1 000	库存现金	2 300	1 200
1002	银行存款	资产	借	4 000	银行存款	3 100	3 000
2202	应付账款	负债	贷	2 000	NaN	NaN	NaN
4001	实收资本	所有者权益	贷	3 000	NaN	NaN	NaN

图 6-11　左连接示例

例 6-22 仍以科目余额表为例，通过 merge() 函数来实现左连接。左连接的具体操作是通过 merge() 函数的参数 how='left'实现的，参考代码如下。

行号	程序代码
1	In [4]: df_left=pd.merge(df1,df2, how='left', on='科目代码')　#左连接
2	df_left
3	Out [4]:

	科目代码	科目名称_x	科目类别	借贷方向	年初余额	科目名称_y	本期借方发生	本期贷方发生
4	0	1001	库存现金	资产	借	1 000	现金	2 300.0	1 200.0
5	1	1002	银行存款	资产	借	4 000	银行存款	3 100.0	3 000.0
6	2	2202	应付账款	负债	贷	2 000	NaN	NaN	NaN
7	3	4001	实收资本	所有者权益	贷	3 000	NaN	NaN	NaN

【代码解析】上述代码中，第 1 行代码使用 merge() 函数进行横向合并，参数 how='left'表示使用左连接，参数 on='科目代码'表示用以连接的列名。从输出结果可以看出，df1 与 df2 进行左连接，左表 df1 所有的行都出现在结果中。由于"2202"和"4001"科目在 df2 表中没有匹配的行，因此它们的"科目名称_Y""本期借方发生"和"本期贷方发生"只能以 NaN 值填充，结果如第 3～7 行所示。

> 💡 **说明**
>
> 运行结果中"本期借方发生"和"本期贷方发生"列的整数都显示成了小数，如"1001"科目的本期借方发生为 2 300，而经过 merger() 函数进行左连接后，变成了 2 300.0，主要原因是在两个 DataFrame 合并转换的过程中，"2202"科目的右表信息有缺失，"本期借方发生"和"本期贷方发生"列存在用 NaN 值填充的情形。在填充过程中，NaN 值和整型数值在同一列合并时会将整型数值转变成浮点型数值。

右连接和左连接相反。进行右连接时，右表的全部信息保留，左表在右表中缺失的信息会以 NaN 补全。以图 6-9 中的 df1 和 df2 为例，它们以"科目代码"为连接的列名进行右连接，右连接的结果如图 6-12 所示。

df1

科目代码	科目名称	科目类别	借贷方向	年初余额
1001	库存现金	资产	借	1 000
1002	银行存款	资产	借	4 000
2202	应付账款	负债	贷	2 000
4001	实收资本	所有者权益	贷	3 000

df2

科目代码	科目名称	本期借方发生	本期贷方发生
1001	库存现金	2 300	1 200
1002	银行存款	3 100	3 000
1122	应收账款	1 400	2 000
2001	短期贷款	0	1 200

右连接结果

科目代码	科目名称	科目类别	借贷方向	年初余额	科目名称2	本期借方发生	本期贷方发生
1001	库存现金	资产	借	1 000	库存现金	2 300	1 200
1002	银行存款	资产	借	4 000	银行存款	3 100	3 000
2202	NaN	NaN	NaN	NaN	应收账款	1 400	2 000
4001	NaN	NaN	NaN	NaN	短期贷款	0	1 200

图 6-12　右连接示例

例 6-23　仍以科目余额表为例，使用 merge()函数实现右连接。右连接的具体操作是通过 merge()函数的参数 how='right'实现的，参考代码如下。

行号	程序代码
1	In [5]: df_right=pd.merge(df1,df2, how='right', on='科目代码')　#右连接
2	df_right
3	Out [5]:
4	
5	
6	
7	

```
In  [5]:  df_right=pd.merge(df1,df2, how='right', on='科目代码')   #右连接
          df_right
Out [5]:
               科目代码  科目名称_x  科目类别  借贷方向   年初余额   科目名称_y  本期借方发生  本期贷方发生
          0    1001    库存现金    资产     借     1 000.0   库存现金    2300    1 200
          1    1002    银行存款    资产     借     4 000.0   银行存款    3100    3 000
          2    1122    NaN     NaN    NaN    NaN       应收账款    1400    2 000
          3    2001    NaN     NaN    NaN    NaN       短期借款    0       1 200
```

【代码解析】上述代码中，第 1 行代码使用 merge()函数进行横向连接，参数 how='right'表示使用右连接，参数 on='科目代码'表示用以连接的列名。从输出结果可以看出，df1 与 df2 进行右连接，右表 df2 所有的行都出现在结果中。由于"1122"和"2001"科目在 df1 表中没有匹配的行，因此它们的"科目名称_X""科目类别""借贷方向"和"年初余额"列只能以 NaN 填充，结果如第 3～7 行所示。

全连接是指通过连接列，能够保留两表的全部信息，且两表互相缺失的信息会以 NaN 补全的一种连接方式。以图 6-9 中的 df1 和 df2 为例，它们以"科目代码"为连接的列名进行全连接，结果如图 6-13 所示。

df1

科目代码	科目名称	科目类别	借贷方向	年初余额
1001	库存现金	资产	借	1 000
1002	银行存款	资产	借	4 000
2202	应付账款	负债	贷	2 000
4001	实收资本	所有者权益	贷	3 000

df2

科目代码	科目名称	本期借方发生	本期贷方发生
1001	库存现金	2 300	1 200
1002	银行存款	3 100	3 000
1122	应收账款	1 400	2 000
2001	短期贷款	0	1 200

全连接结果

科目代码	科目名称	科目类别	借贷方向	年初余额	科目名称2	本期借方发生	本期贷方发生
1001	库存现金	资产	借	1 000	库存现金	2 300	1 200
1002	银行存款	资产	借	4 000	银行存款	3 100	3 000
2202	应付账款	负债	贷	2 000	NaN	NaN	NaN
4001	实收资本	所有者权益	贷	3 000	NaN	NaN	NaN
2202	NaN	NaN	NaN	NaN	应收账款	1 400	2 000
4001	NaN	NaN	NaN	NaN	短期贷款	0	1 200

图 6-13　全连接示例

例 6-24 仍以科目余额表为例，使用 merge()函数实现全连接。全连接的具体操作是通过 merge()函数的参数 how='outer'实现的，参考代码如下。

行号	程序代码
1	In [6]: df_outer=pd.merge(df1,df2, how='outer', on='科目代码')　#全连接
2	df_outer
3	Out [6]:　　　科目代码　科目名称_x　科目类别　借贷方向　年初余额　科目名称_y　本期借方发生　本期贷方发生
4	0　1001　库存现金　资产　　借　　1 000.0　库存现金　2 300.0　1 200.0
5	1　1002　银行存款　资产　　借　　4 000.0　银行存款　3 100.0　3 000.0
6	2　2202　应付账款　负债　　贷　　2 000.0　NaN　　NaN　　NaN
7	3　4001　实收资本　所有者权益　贷　3 000.0　NaN　　NaN　　NaN
8	4　1122　NaN　　NaN　　NaN　　NaN　　应收账款　1 400.0　2 000.0
9	5　2001　NaN　　NaN　　NaN　　NaN　　短期借款　0.0　　1 200.0

【代码解析】上述代码中，第 1 行代码使用 merge()函数进行横向连接，参数 how='outer'表示使用全连接，参数 on='科目代码'表示用以连接的列名。从输出结果可以看出，df1 与 df2 进行全连接，两个表所有的行都出现在结果中，而两个表互相缺失的信息以 NaN 补全，结果如第 3~9 行所示。

6.2.5　数据计算

我们对数据进行清洗、抽取后，还可以对数据进行一些计算操作。本节主要介绍简单计算及数据规范化操作。

1. 简单计算

在 Pandas 中，各字段可以进行加、减、乘、除等算术运算，并且计算出的结果可以作为新的字段。以图 6-14 所示的科目余额表为例，我们可以根据"科目类别"或"借贷方向"，由"年初余额"本期借方发生"和"本期贷方发生"计算得到"年末余额",并将其作为新列加入科目余额表中。

科目代码	科目名称	科目类别	借贷方向	年初余额	本期借方发生	本期贷方发生
1001	库存现金	资产	借	1 000	2 300	1 200
1002	银行存款	资产	借	4 000	3 100	3 000
2202	应付账款	负债	贷	2 000	1 200	2 300
4001	实收资本	所有者权益	贷	3 000	0	4 000

生成"年末余额"列

科目代码	科目名称	科目类别	借贷方向	年初余额	本期借方发生	本期贷方发生	年末余额
1001	库存现金	资产	借	1 000	2 300	1 200	2 100
1002	银行存款	资产	借	4 000	3 100	3 000	4 100
2202	应付账款	负债	贷	2 000	1 200	2 300	3 100
4001	实收资本	所有者权益	贷	3 000	0	4 000	7 000

图 6-14　科目余额表简单计算示意

Pandas 提供的 apply()函数可以将其他函数套用到 DataFrame 对象的行或列上,实现上述功能。apply()函数的语法格式如下。

```
df.apply(func, axis=0, args=(), **kwds)
```

apply()函数的部分参数如表 6-15 所示。

表 6-15　　　　　　　　　　apply()函数的部分参数

参数	说明	实例
func	应用于每列或每行的函数	如 gen_nmye(),若 axis=0,表示 gen_nmye()函数将作用于列;若 axis=1,表示 gen_nmye()函数将作用于行
axis	应用函数的轴方向,默认为 0(即按列)	(1) axis=0,func 函数作用于列;(2) axis=1,func 函数作用于行

例 6-25 仍以科目余额表为例,应用 apply()函数生成新列"年末余额",参考代码如下。

行号	程序代码
1	`In [1]:     import pandas as pd   #导入Pandas库`
2	`            dict_yeb = {'科目代码':['1001','1002','2202', '4001'],`
3	`                     '科目名称':['库存现金','银行存款', '应付账款', '实收资本'],`
4	`                     '科目类别':['资产','资产', '负债', '所有者权益'],`
5	`                     '借贷方向':['借','借', '贷', '贷'],`
6	`                     '年初余额':[1000,4000,2000, 3000],`
7	`                     '本期借方发生':[2300,3100,1200, 0],`
8	`                     '本期贷方发生':[1200,3000,2300, 4000]}`
9	`            df_yeb = pd.DataFrame(dict_yeb)   #创建df_yeb`
10	`            df_yeb`

11	Out [1]:		科目代码	科目名称	科目类别	借贷方向	年初余额	本期借方发生	本期贷方发生
12		0	1001	库存现金	资产	借	1 000	2 300	1 200
13		1	1002	银行存款	资产	借	4 000	3 100	3 000
14		2	2202	应付账款	负债	贷	2 000	1 200	2 300
15		3	4001	实收资本	所有者权益	贷	3 000	0	4 000

```
16  In  [2]:  def gen_nmye(x):
17                  if x["科目类别"] == "资产":
18                      return x["年初余额"]+x["本期借方发生"]-x["本期贷方发生"]
19                  if x["科目类别"] == "负债" or x["科目类别"] == "所有者权益":
20                      return x["年初余额"]-x["本期借方发生"]+x["本期贷方发生"]
21                  else:
22                      return 0
23             col_nmye = df_yeb.apply(gen_nmye,axis=1)  #产生年末余额信息
24             df_yeb["年末余额"]=col_nmye    #增加"年末余额"列
25             df_yeb
```

26	Out [2]:		科目代码	科目名称	科目类别	借贷方向	年初余额	本期借方发生	本期贷方发生	年末余额
27		0	1001	库存现金	资产	借	1 000	2 300	1 200	2 100
28		1	1002	银行存款	资产	借	4 000	3 100	3 000	4 100
29		2	2202	应付账款	负债	贷	2 000	1 200	2 300	3 100
30		3	4001	实收资本	所有者权益	贷	3 000	0	4 000	7 000

　　【代码解析】上述代码中，第 9 行代码通过字典 dict_yeb 创建了 DataFrame 对象 df_yeb。随后在第 16～22 行定义了函数 gen_nmye()，其功能是根据科目类别的值计算得到年末余额。若科目类别为资产，则年末余额=年初余额+本期借方发生-本期贷方发生；若科目类别为负债或所有者权益，则年末余额=年初余额-本期借方发生+本期贷方发生。第 23 行调用 apply()函数，参数 axis=1 表示对行进行遍历操作，即 apply()函数套用 gen_nmye()函数对 df_yeb 的每一行进行计算，产生一个"年末余额"值，结果返回由这些"年末余额"值组成的 Series 对象，并将其赋值给变量 col_nmye。第 24 行代码为 df_yeb 新增了名为"年末余额"的新列。

2. 数据规范化

　　在数据分析中，不同评价指标往往具有不同的量纲，数值间差别可能很大，如果不加处理直接使用，通常会影响数据分析的结果。

　　数据规范化（归一化或标准化）的主要作用就是消除指标之间的量纲和取值范围差异的影响，是数据分析的基础工作。数据规范化按照比例进行缩放，使之落入一个特定区域，便于进行综合分析，通常把标量取值映射到[0,1]或者[-1,1]内。主要的规范化方法有 3 个。

　　（1）最小-最大规范化。最小-最大规范化也称为离差规范化，是对原始数据的线性变换，将数据映射到[0,1]。其转化公式如下。

$$x^* = \frac{x - \min}{\max - \min}$$

其中，max 为样本数据中的最大值，min 为样本数据中的最小值。

　　（2）零-均值规范化。零-均值规范化也称为标准差规范化，经过处理的数据均值为 0，方差为

1。其转化公式如下。

$$x^* = \frac{x - \bar{x}}{\sigma}$$

其中，$\bar{x}$ 为样本数据的均值，σ 为样本数据的标准差。

（3）小数定标规范化。小数定标规范化是通过移动属性值的小数位数，将属性值映射到[-1,1]内，移动的小数位数取决于属性值的最大绝对值。其转化公式如下。

$$x^* = \frac{x}{10^k}$$

其中，k 是使得 $\max(x^*) < 1$ 的最小整数。假定 A 的取值范围为-986 到 917，A 的最大绝对值为 986。使用小数定标规范化方法，我们可以用每个值除以 1 000（即 $k=3$），这样，-986 被规范化为-0.986，而 917 被规范化为 0.917。

例6-26 以"某公司销售数据.xlsx"为例，对该数据集中销售额用最小-最大规范化方法进行处理，参考代码如下。

行号	程序代码
1	In [1]:　import pandas as pd　#导入 Pandas 库
2	df_sale = pd.read_excel(r'D:\Examples\Ch6\某公司销售数据.xlsx')
3	x = (df_sale['销售额'] - df_sale['销售额'].min())/(df_sale['销售额
4	'].max() - df_sale['销售额'].min()) #最小-最大规范化
5	x
6	Out [1]:　0　　　0.002912
7	1　　　0.000042
8	2　　　0.031505
9	3　　　0.019753
10	4　　　0.001774
11	......
12	8563　0.000187
13	8564　0.007674
14	8565　0.011475
15	8566　0.015506
16	8567　0.002349
17	Name: 销售额, Length: 8568, dtype: float64

【代码解析】上述代码中，第 3 行代码使用最小-最大规范化方法对"销售额"进行规范化，将销售额映射到[0,1]，如输出结果所示。也可以使用零-均值规范化或小数定标规范化进行规范化，参考代码如下。

行号	程序代码
1	In [2]:　#零-均值规范化
2	y=(df_sale['销售额']-df_sale['销售额'].mean())/df_sale['销售额'].std()
3	#小数定标规范化
4	z = df_sale['销售额']/10**np.ceil(np.log10(df_sale['销售额'].max()))

6.3 数据分析

微课 6-3

Pandas 的数据分析包括基本统计分析、分组分析、分布分析、交叉分析、结构分析和相关分析等。下面分别进行介绍。

6.3.1 基本统计分析

基本统计分析又称为描述性统计分析，一般统计某个变量的个数、均值、标准差、最小值、25%分位数、50%分位数、75%分位数及最大值。常用的统计分析指标有均值、方差、标准差等。

Pandas 库中描述性统计分析函数 describe() 的功能是按各列返回基本统计量和分位数，其语法格式如下。

```
DataFrame.describe() 或 DataFrame.columns.describe()
```

例 6-27 对"某公司销售数据.xlsx"文件中的订单数量、销售额、折扣点、利润额、单价、运输成本等数据进行描述性统计分析，并对利润额进行计数、求最大值和求均值的计算，参考代码如下。

行号	程序代码						
1	In [1]:	import pandas as pd　　#导入 Pandas 库					
2		df_sale = pd.read_excel(r'D:\Examples\Ch6\某公司销售数据.xlsx')					
3		#数字显示时保留两位小数					
4		pd.set_option('display.float_format', lambda x: '%.2f' % x)					
5		df_sale.describe()					
6	Out[1]:		订单数量	销售额	折扣点	利润额	单价	运输成本
7		count	8 568.00	8 568.00	8 568.00	8 568.00	8 568.00	8 568.00
8		mean	25.55	1 768.75	0.05	180.80	88.39	12.88
9		std	14.49	3 562.29	0.03	1 180.41	279.09	17.28
10		min	1.00	2.24	0.00	−14 140.70	0.99	0.49
11		25%	13.00	143.63	0.02	−83.43	6.48	3.30
12		50%	26.00	448.17	0.05	−1.56	20.99	6.12
13		75%	38.00	1 699.63	0.08	162.12	89.87	13.99
14		max	50.00	89 061.05	0.25	27 220.69	6 783.02	164.73
15	In [2]:	df_sale['利润额'].size　　#计数					
16	Out[2]:	8568					
17	In [3]:	df_sale['利润额'].max()　　#求最大值					
18	Out[3]:	27220.69					
19	In [4]:	round(df_sale['利润额'].mean(),2)　　#求均值					
20	Out[4]:	180.80					

【代码解析】上述代码中，第 4 行代码的作用是数字不采用科学记数法显示，而是直观地显示，并且只显示两位小数；第 5 行代码使用 describe() 函数得到销售数据中数值型列的描述性统计分析结果；并于第 15 行、第 17 行和第 19 行分别使用 size 属性、max() 函数和 mean() 函数进行计数、求最大值和求均值的计算。分析运行结果可知，使用 describe() 函数统计计算的结果与单独使用统计方法计算的结果是一致的。

6.3.2　分组分析

分组分析是根据分组字段将分析对象划分成不同的部分，以对比分析各组之间差异的分析方法。分组分析常用的统计指标有平均值等。分组分析包括分组与聚合两个操作，其中，分组是指使用特定的条件将原数据划分为多组；聚合是指对每个分组中的数据执行某些操作（如求和、转换等），最后将计算的结果进行整合。

分组分析的过程大概分为 3 步，具体如下。

（1）拆分（Split）：将数据集按照一些标准拆分为若干个组。拆分操作是在指定轴上进行的，既可以对横轴方向上的数据进行分组，也可以对纵轴方向上的数据进行分组。

（2）应用（Apply）：将某个函数或方法（内置和自定义均可）应用到每个分组。

（3）合并（Combine）：将产生的新值整合到结果对象中。

下面通过一个分组求和的例子来演示分组与聚合的整个过程，具体如图 6-15 所示。

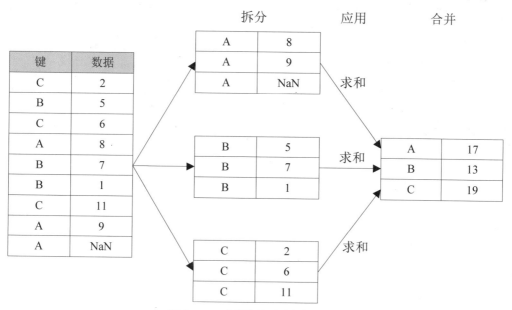

图 6-15　分组与聚合的过程示意

在图 6-15 中，最左边是一个表格。该表格中"键"列的值只有"A""B""C"。按照"键"字段进行分组，把该列中所有值为"A"的分成一组，所有值为"B"的分成一组，所有值为"C"的分成一组，共分成 3 组。然后对每个分组中的"数据"列执行求和操作，计算出每个分组"数据"列的和为 17、13、19，此时每个分组中"数据"列只有一个值。

需要注意的是，如果参与运算的数据中有 NaN 值，则会自动将这些 NaN 值过滤掉。

1. 分组

分组是按照指定条件把给定的数据分成若干组的过程，例如图 6-15 中按"键"值将数据分成 3 组。

Pandas 的 DataFrame 对象可以使用 groupby()函数进行分组，其语法格式如下。

```
df.groupby(key)
```

其中，参数 key 是分组键，通常是列名或列名组合。

分组后可以通过 groups 属性查看分组，例如：

```
df.groupby(key).groups
```

也可以通过 get_group()函数选择一个分组，例如：

```
df.groupby(key).get_group(group_name)
```

其中，参数 group_name 为分组名称。

分组结果集合是一个把名称作为键，分组作为值的字典，比如：{'A': {⋯}, 'B': {⋯}, 'C': {⋯}}。

因此，迭代分组结果集可以使用 for 循环，如下所示：

```
for name, group in groups:
```

其中，参数 groups 是 df.groupby()函数的结果集。

例 6-28 以图 6-15 中的数据为例，按"键"字段进行分组，参加代码如下。

行号	程序代码
1	In [1]: import numpy as np
2	import pandas as pd #导入 Pandas 库
3	dict_g = {'键':['C','B','C','A','B','B','C','A','A'],
4	'数据':[2,5,6,8,7,1,11,9,np.nan]}
5	df = pd.DataFrame(dict_g, dtype=int) #创建 df
6	df
7	Out [1]: 　　　　键　　　　数据
8	0　　　C　　　2
9	1　　　B　　　5
10	2　　　C　　　6
11	3　　　A　　　8
12	4　　　B　　　7
13	5　　　B　　　1
14	6　　　C　　　11
15	7　　　A　　　9
16	8　　　A　　　NaN
17	In [2]: df_group=df.groupby('键') #按"键"字段进行分组
18	df_group
19	Out [2]: Out [55]: <pandas.core.groupby.generic.DataFrameGroupBy object at
20	0x00000244CE459A30>
21	In [3]: df_group.groups #查看分组结果
22	Out [3]: {'A': [3, 7, 8], 'B': [1, 4, 5], 'C': [0, 2, 6]}
23	In [4]: df_group.get_group('A') #查看"A"组结果
24	Out [4]: 　　　　键　　　　数据
25	3　　　A　　　8
26	7　　　A　　　9
27	8　　　A　　　NaN
28	In [5]: for name, group in df_group: #迭代分组

29	print(name)　　　#输出分组的"键"
30	print(group)　　#输出分组的"值"
31	Out [5]: A
32	键　　数据
33	3　A　　8
34	7　A　　9
35	8　A　　NaN
36	B
37	键　　数据
38	1　B　　5
39	4　B　　7
40	5　B　　1
41	C
42	键　　数据
43	0　C　　2
44	2　C　　6
45	6　C　　11

【代码解析】上述代码中，第 5 行代码创建 DataFrame 对象 df；第 17 行代码调用 groupby() 函数按照"键"字段进行分组；第 18 行代码查看分组后的结果，可以看出，DataFrame 经过分组后得到了一个 DataFrameGroupBy 对象，该对象是一个可迭代的对象；第 21 行代码使用 groups 属性查看分组结果，从输出结果可以看出，所有"A"为一组，所有"B"为一组，所有"C"为一组，共分成 3 组数据；第 23 行代码使用 get_group('A') 函数查看"A"组的分组结果；第 28～30 行代码使用 for 循环输出每组的信息。

2. 聚合

聚合一般是指对分组中的数据执行某些操作，比如求平均值、求最大值等，并且操作后会得到一个结果集。这些实现聚合的操作称为聚合方法。下面将针对数据聚合的相关内容进行详细的讲解。

前面介绍过 Pandas 的统计方法，比如用于求和的 sum() 函数，常用于简单地聚合分组中的数据。请看下面一段代码。

行号	程序代码
1	In [6]: df_group.sum()　　#对每个组的数据求和
2	Out [6]:　　　　数据
3	键
4	A　　17
5	B　　13
6	C　　19

上述代码中，对分组后的结果集 df_group 应用 sum() 函数于 A、B、C 这 3 个分组，计算得到每个分组"数据"列的和，输出结果和图 6-15 中的结果是一致的。

对于比较复杂的聚合操作，可以使用 Pandas 中提供的 agg() 函数。agg() 函数的语法格式如下。

```
agg(func, axis=0)
```

agg()函数的参数如表 6-16 所示。

表 6-16 agg()函数的参数

参数	说明	示例
func	表示用于汇总数据的函数，可以为单个函数或函数列表	（1）agg（sum），求每组的和。 （2）agg（[sum, max]），求每组的和及最大值
axis	表示函数作用于轴的方向	（1）axis=0，默认值，将函数作用于每一列。 （2）axis=1，将函数作用于每一行

✎ **注意**

通过 agg()函数进行聚合时，func 参数既可以接收 Pandas 中的内置函数，也可以接收自定义的函数。同时，这些方法与函数可以作用于每一列，也可以将多个函数或方法作用于同一列，还可以将不同函数或方法作用于不同的列。

例 6-29 以"某公司销售数据.xlsx"为例，使用 agg()函数的最简单方式，就是给该函数的参数 func 传入一个函数（这个函数既可以是内置的，也可以是自定义的），参考代码如下。

行号	程序代码						
1	In [1]: import numpy as np						
2	import pandas as pd　#导入 Pandas 库						
3	df_sale = pd.read_excel(r'D:\Examples\Ch6\某公司销售数据.xlsx')						
4	#数字显示时保留两位小数						
5	pd.set_option('display.float_format', lambda x: '%.2f' % x)						
6	#将订单号列的数据类型修改为字符串类型，不参与统计						
7	df_sale['订单号'] = df_sale['订单号'].astype('str')						
8	df_sale.groupby('订单等级').agg(np.mean)						
9	Out [1]:	订单数量	销售额	折扣点	利润额	单价	运输成本
10		订单等级					
11		中级 25.34	1 714.05	0.05	158.94	86.93	12.95
12		低级 25.89	1 933.12	0.05	228.92	84.66	13.46
13		其他 25.38	1 645.71	0.05	124.70	95.58	12.24
14		高级 25.74	1 825.60	0.05	227.45	87.88	12.77
15	In [2]: df_sale.groupby('订单等级')[['利润额','运输成本']].agg(np.mean)						
16	Out [2]:	利润额	运输成本				
17		订单等级					
18		中级 158.94	12.95				
19		低级 228.92	13.46				
20		其他 124.70	12.24				
21		高级 227.45	12.77				

【**代码解析**】上述代码中，第 3 行代码读取某公司销售数据，赋值于变量 df_sale；第 8 行代码以"订单等级"字段为分组键进行分组，然后调用 agg()函数时传入内置的求均值函数 np.mean()，获取数据集中所有数值型列不同分组的均值。我们也可以指定要对哪些列进行聚合操作，如第 15 行代码，通过传入列名列表来指定聚合的列，如"[['利润额','运输成本']]"。从输出结果可以看出，

得到了"利润额"和"运输成本"两列不同订单等级的均值。

有时候不仅需要求出每组数据的均值，还需要计算出每组数据的和，即对一列数据使用两种不同的函数。这时，可以将两个函数的名称放在列表中，之后在调用 agg() 函数聚合时作为参数传入即可，参考代码如下。

行号	程序代码			
1	In　[3]:　df_sale.groupby('订单等级')[['利润额','运输成本']].agg([np.mean, np.sum])			
2	Out [3]:	利润额		运输成本	
3		mean	sum	mean	sum
4	订单等级				
5	中级	158.94	525 469.34	12.95	42 813.72
6	低级	228.92	403 363.88	13.46	23 721.81
7	其他	124.70	213 353.70	12.24	20 944.48
8	高级	227.45	406 903.00	12.77	22 852.98
9	In　[4]:　df_sale.groupby('订单等级')[['利润额','运输成本']].agg([('均值',np.mean),				
10	('合计',np.sum)])				
11	Out [4]:	利润额		运输成本	
12		均值	合计	均值	合计
13	订单等级				
14	中级	158.94	525 469.44	12.95	42 813.72
15	低级	228.92	403 363.88	13.46	23 721.81
16	其他	124.70	213 353.70	12.24	20 944.48
17	高级	227.45	406 903.00	12.77	22 852.98

【代码解析】上述代码中，第 1 行代码中 agg() 函数的参数 func 传入了列表[np.mean, np.sum]，表示每列数据既统计均值，也统计合计值。从输出结果可以看出，生成的 DataFrame 对象具有两层列索引，每个外索引包含两个内层列索引，分别以函数名称 mean 和 sum 命名。由于直接使用函数名称作为列标题不能很直观地辨别出每个函数的含义，因此可以使用"(name,function)"元组将 function（函数名）替换为 name（自定义标题名称），如第 9 行代码所示。从输出结果可以看出，函数名经过重命名以后，可以很清晰、直观地表达列的含义。

如果希望对不同的列使用不同的函数，则可以在 agg() 函数中传入一个{'列名':'函数名'}格式的字典。在上述示例的基础上，使用字典来聚合，参考代码如下。

行号	程序代码		
1	In　[5]:　df_sale.groupby('订单等级').agg({'利润额':np.sum, '运输成本':np.mean})		
2	Out [5]:	利润额	运输成本
3	订单等级		
4	中级	525 469.44	12.95
5	低级	403 363.88	13.46
6	其他	213 353.70	12.24
7	高级	406 903.00	12.77

上述代码中，使用不同的函数对每个分组进行聚合运算，其中对"利润额"进行求和运算，而对"运输成本"进行求平均值计算。

6.3.3 分布分析

分布分析是指根据分布的目的，将定量数据进行等距或不等距的分组（即数据分箱），从而研究各组分布规律的一种分析方法。

分布分析本质上就是将连续值离散化的一个过程，最常见的就是对年龄进行分箱操作。假设人的年龄从 0～120 岁不等，我们将 0～6 岁（含 6 岁）认为是婴幼儿，6～16 岁（含 16 岁）认为是少年，16～30 岁（含 30 岁）认为是青年，30～50 岁（含 50 岁）认为是中年，50～60 岁（含 60 岁）认为是中老年，60 岁以上认为是老年。在这个过程中，就将连续的年龄分为了婴幼儿、少年、青年、中年、中老年、老年这 6 个类别，或者说分成了 6 个"箱子"，每个"箱子"代表的就是一个类别，如图 6-16 所示。

	年龄
1	18
2	9
3	4
4	54
5	42
6	64

数据分箱 →

	年龄	类别
1	(16,30]	青年
2	(6,16]	少年
3	(0,6]	婴幼儿
4	(50,60]	中老年
5	(30,50]	中年
6	(60,120]	老年

图 6-16　数据分箱示意

Pandas 实现分布分析主要基于以下两个函数。

cut()函数根据指定分界点对连续数据进行等宽分箱处理。所谓等宽分箱，指的是每个分箱中的取值范围一致。

qcut()函数根据指定箱子的数量对连续数据进行等深分箱处理。所谓等深分箱，指的是每个箱子中的数据量是相同的。

本节主要讲解 cut()函数，qcut()函数的使用请参见 Pandas 的帮助文档。cut()函数的语法格式如下。

```
pd.cut(x, bins, right=True, lables=None, include_lowest=False)
```

cut()函数的参数如表 6-17 所示。

表 6-17　　　　　　　　　　　　　cut()函数的参数

参数	说明	示例
x	表示要分箱的数组	df_sale['单价']，即要对"单价"列进行分箱
bins	bins 是被切割后的区间（或者叫"桶""箱""面元"）	（1）整型的标量：表示 x 将平分成 bins 份。x 的范围在每侧扩展 0.1%，以包括 x 的最大值和最小值。 （2）标量序列：如 bins=[1,2,3]，则区间被切割为(1,2)，(2,3)
right	表示是否包含区间右端点	bins=[1,2,3]，right=True，则区间为(1,2]，(2,3]；right=False，则区间为(1,2)，(2,3)

续表

参数	说明	示例
labels	用于生成区间的标签	例如把年龄 x 分割成年龄段 bins 后，可以给年龄段打上诸如青年、中年的标签。标签的长度必须和划分后的区间长度相等，比如 bins=[1,2,3]，划分后有(1,2)和(2,3) 2 个区间，则标签的长度必须为 2
include_lowest	表示区间的左边是开还是闭的	默认为 False，也就是不包含区间左部（开）。若为 True，则包含区间左部（闭）

在进行分布分析时，首先用 cut()函数确定分布分析中的分层，然后用 groupby()函数实现分组分析。

例 6-30 以"某公司销售数据.xlsx"为例，对"单价"列使用 cut()函数进行等宽分箱处理，并进行分组分析，参考代码如下。

行号	程序代码
1	In [6]: col_price=pd.cut(df_sale['单价'],bins=3,labels=['A类','B类','C类'])
2	col_price
3	Out [6]: 0 A类
4	1 A类
5	2 A类
6	3 A类
7	4 A类
8	......
9	8563 A类
10	8564 A类
11	8565 A类
12	8566 A类
13	8567 A类
14	Name: 单价, Length: 8568, dtype: category
15	Categories (3, object): ['A类' < 'B类' < 'C类']
16	In [7]: col_price.value_counts() #查看分布情况
17	Out [7]: A类 8542
18	B类 20
19	C类 6
20	Name: 单价, dtype: int64
21	In [8]: df_sale['单价标签']=col_price #添加新列
22	df_sale.head()

行号	Out [8]:	订单号	订单日期	顾客姓名	……	产品包箱	运送日期	单价标签
23	Out [8]:	订单号	订单日期	顾客姓名	……	产品包箱	运送日期	单价标签
24		0	3	2020-10-13	李鹏晨	……	大型箱子	2020-10-20	A类
25		1	6	2022-02-20	王勇民	……	小型包裹	2022-02-21	A类
26		2	32	2021-07-15	姚文文	……	中型箱子	2021-07-17	A类
27		3	32	2021-07-15	姚文文	……	巨型纸箱	2021-07-16	A类
28		4	32	2021-07-15	姚文文	……	中型箱子	2021-07-17	A类

行号	程序代码
29	In [9]: df_sale.groupby('单价标签')[['销售额','利润额']].agg(np.sum)

30	Out [9]:		销售额	利润额
31		单价标签		
32		A 类	14 658 255.65	1 659 538.68
33		B 类	260 768.15	-105 235.39
34		C 类	235 596.77	-5 213.27

【代码解析】上述代码中，第 1 行代码使用 cut()函数按"单价"字段将数据分成 3 组，且每组"单价"的取值范围大致是相等的，参数 labels 指定了组的标签为"A 类""B 类"和"C 类"；第 14 行和第 15 行表示 3 个组的相关信息，从输出结果可知，cut()函数返回的是 category 类型的对象，且被赋值于变量 col_price；第 16 行代码使用 value_counts()函数查看 3 个组的分布情况，其中，"A 类"有 8 542 项，"B 类"有 20 项，而"C 类"只有 6 项；第 21 行代码为 df_sale 新增"单价标签"列，其内容为分组后的标签值；第 29 行代码使用 groupby()函数对"单价标签"进行分组，并对"销售额"和"利润额"进行求和计算，从输出结果可以看出每类商品的销售和获利情况。

6.3.4 交叉分析

交叉分析通常用于分析两个或两个以上变量之间的相互关系，以交叉表的形式进行变量间关系的对比分析；从数据的不同维度，综合进行分组细分，进一步了解数据的构成和分布特征。

1. 数据透视表

交叉分析方法有数据透视表和交叉表两种。pivot_table()函数可提供类似于 Excel 里的数据透视表功能，只要指定行、列、值和值计算类型（计数、合计、平均等），就可以制作出一个数据透视表来。pivot_table ()函数的语法格式如下。

```
pd.pivot_table(data, values=None, index=None, columns=None,aggfunc='mean',
fill_value=None, margins=False, margins_name='All')
```

或

```
DataFrame.pivot_table(values=None, index=None, columns=None,aggfunc='mean',
fill_value=None, margins=False, margins_name='All')
```

pivot_table()函数的参数如表 6-18 所示。

表 6-18　　　　　　　　　　　pivot_table()函数的参数

参数	说明	示例
data	要应用透视表的 DataFrame 对象	如 df_sale，表示要对 df_sale 进行数据透视分析
values	待聚合的列的名称	如 values=['销售额','利润额']，表示要对"销售额"和"利润额"列进行聚合操作
index	用于分组的列名或其他分组键，出现在结果透视表的行中	index=['区域']，表示基于"区域"进行分组，相当于行索引
columns	用于分组的列名或其他分组键，出现在结果透视表的列中	columns=['订单等级']，表示基于"订单等级"进行分组，相当于列索引
aggfunc	聚合函数或函数列表	默认为 mean，可以是任何对分组有效的函数
fill_value	用于替换结果集表中的缺失值	默认不填充。若用 0 填充缺失值，则 fill_value=0
margins	是否添加行/列小计和总计	margins=True 时，表示添加行/列汇总。默认为 False
margins_name	汇总行/列的名称	margins_name=True 时，表示设定汇总行/列的名称。默认为 All

例 6-31 以"某公司销售数据.xlsx"为例，对"区域"和"订单等级"列数据进行交叉分析，

统计销售额的合计数和利润额的平均数，参考代码如下。

行号	程序代码
1	In [10]:　#为了直观地显示数字，不采用科学记数法
2	pd.set_option('display.float_format', lambda x: '%.2f' % x)
3	pd.pivot_table(df_sale,index=['区域'],columns=['订单等级'],
4	values=['销售额','利润额'],
5	aggfunc={'销售额':'sum','利润额':'mean'},
6	fill_value=0, margins=True, margins_name='汇总')

		利润额					销售额				
Out [10]:	订单等级 区域	中级	低级	其他	高级	汇总	中级	低级	其他	高级	汇总
	东北	66.31	302.38	214.85	220.31	173.34	763 041.83	481 219.49	406 516.16	475 173.30	2 125 950.78
	华东	151.18	267.92	77.00	129.57	155.40	1 023 900.34	692 327.06	488 292.27	495 349.22	2 699 868.89
	华北	253.63	177.42	104.66	273.77	212.61	1 100 679.78	586 475.08	572 893.40	733 772.22	2 993 820.48
	华南	157.12	237.23	160.24	231.54	190.39	2 139 860.00	1 272 563.55	1 119 518.08	1 225 765.45	5 757 707.08
	西北	178.26	168.68	31.07	269.59	165.54	442 328.87	261 401.69	167 722.05	231 589.04	1 103 041.65
	西南	38.14	82.23	-103.25	337.92	78.67	196 839.79	112 162.48	60 872.15	104 357.27	474 231.69
	汇总	158.94	228.92	124.70	227.45	180.80	5 666 650.61	3 406 149.35	2 815 814.11	3 266 006.50	15 154 620.57

【代码解析】上述代码中，第 3 行代码以"区域"为行，以"订单等级"为列，分别统计销售额的合计数和利润额的平均数，同时，数据集中的 NaN 用 0 填充，并且要显示行和列的汇总数。

2. 交叉表

交叉表是一种特殊的透视表，专用于计算分组频率。交叉表虽然可以用 pivot_table()函数实现，但是用 Pandas.crosstab()函数会更方便，默认统计个数（次数）。

crosstab()函数的语法格式如下。

```
pd.crosstab(index, columns, margins=False, margins_name='All')
```

其中，参数 index 是行索引数据，columns 是列索引数据，margins 与 margins_name 的说明请参见表 6-18。

例6-32　利用交叉表分析"某公司销售数据.xlsx"中区域和订单等级的订单数，参考代码如下。

行号	程序代码					
1	In [11]:　pd.crosstab(index=df_sale['区域'], columns=df_sale['订单等级'],					
2	margins=True, margins_name='汇总')					
3	Out [11]:	订单等级	中级	低级	其他	高级	汇总
4		区域					
5		东北	485	234	248	243	1 210
6		华东	622	311	315	297	1 545
7		华北	616	351	327	366	1 660
8		华南	1 229	669	641	702	3 241
9		西北	260	140	130	132	662
10		西南	94	57	50	49	250
11		汇总	3 306	1 762	1 711	1 789	8 568

6.3.5　结构分析

结构分析是在分组和交叉的基础上，计算各组成部分所占的比例，进而分析总体的内部特征的一种分析方法。结构分析中的分组主要是定性分组，重点在于了解各组成部分占总体的比例。例如，求公司中不同学历员工所占的比例、产品在市场的占有率、股权结构等。

在进行结构分析时，先利用 pivot_table()或 crosstab()函数进行数据透视表分析，然后通过指定参数 axis 对数据透视表按行或列进行计算（当 axis=0 时按列计算，当 axis=1 时按行计算）。其中，DataFrame 对象的外运算函数如表 6-19 所示，而 DataFrame 对象的内运算函数如表 6-20 所示。

表 6-19　　　　　　　　　　　　　DataFrame 对象的外运算函数

函数	说明
add()	加
sub()	减
multiply()	乘
div()	除

表 6-20　　　　　　　　　　　　　DataFrame 对象的内运算函数

函数	说明
sum()	求和
mean()	均值
var()	方差
sd()	标准差

例 6-33 以"某公司销售数据.xlsx"为例，对"区域"和"订单等级"列进行结构分析，统计不同区域分层下各种订单等级的占比，参考代码如下。

行号	程序代码
1	In [12]:　dfResult=pd.crosstab(index=df_sale['区域'], columns=df_sale['订单等级'])
2	dfResult
3	Out [12]:　订单等级　　中级　　低级　　其他　　高级
4	区域
5	东北　　485　　234　　248　　243
6	华东　　622　　311　　315　　297
7	华北　　616　　351　　327　　366
8	华南　　1229　　669　　641　　702
9	西北　　260　　140　　130　　132
10	西南　　94　　57　　50　　49
11	In [13]:　dfResult.sum(axis=0)　#按列统计总数
12	Out [13]:　订单等级
13	中级　　3306
14	低级　　1762
15	其他　　1711
16	高级　　1789

17	dtype: int64				
18	In [14]:	dfResult.div(dfResult.sum(axis=0), axis=1)			
19	Out [14]:	**订单等级**	**中级**	**低级**	**其他**	**高级**
20		**区域**				
21		东北	0.15	0.13	0.14	0.14
22		华东	0.19	0.18	0.18	0.17
23		华北	0.19	0.20	0.19	0.20
24		华南	0.37	0.38	0.37	0.39
25		西北	0.08	0.08	0.08	0.07
26		西南	0.03	0.03	0.03	0.03
27	In [15]:	dfResult.div(dfResult.sum(axis=1), axis=0)			
28	Out [15]:	**订单等级**	**中级**	**低级**	**其他**	**高级**
29		**区域**				
30		东北	0.40	0.19	0.20	0.20
31		华东	0.40	0.20	0.20	0.19
32		华北	0.37	0.21	0.20	0.22
33		华南	0.38	0.21	0.20	0.22
34		西北	0.39	0.21	0.20	0.20
35		西南	0.38	0.23	0.20	0.20

【代码解析】上述代码中，第 1 行代码对"区域"和"订单等级"进行交叉分析，得到分组的频数；第 11 行代码使用 sum()函数，按列计算得到不同订单等级的合计数；第 18 行代码使用 div()函数计算占比，第一个参数是除法的分母，第二个参数 axis=1，表示按行把数据除以该列的总和，即可得到针对某订单等级不同区域的占比。例如，对于"东北"区域、订单等级为"中级"的分组而言，其订单数量为 485，"中级"列的总和为 3 306，因此，该分组的占比为 485/3 306≈0.15。从输出结果可以看出，由于计算精度的原因，每列占比的总和可能不等于 1。反过来，如果我们想得到针对某一区域中不同订单等级的占比，则如第 27 行代码所示，其作用是按列把数据除以该行的总和，即可得到针对某区域中不同订单等级的占比。

6.3.6　相关分析

相关分析（Correlation Analysis）用于研究连续变量之间是否存在某种依存关系，并探讨具有依存关系的连续变量的相关方向及相关程度，是研究随机变量之间相关关系的一种统计方法。

线性相关关系主要采用皮尔逊（Pearson）相关系数 r 来度量连续变量之间的线性相关程度：$r>0$，线性正相关；$r<0$，线性负相关；$r=0$，不存在线性关系，但并不表示不存在任何关系。其相关系数如表 6-21 所示。

表 6-21　　　　　　　　　　　相关系数

相关系数丨r丨取值范围	相关程度
$0 \leqslant |r| < 0.3$	低度相关
$0.3 \leqslant |r| < 0.8$	中度相关
$0.8 \leqslant |r| \leqslant 1$	高度相关

相关分析函数包括 DataFrame.corr() 和 Series.corr()。函数说明如下。

（1）如果由 DataFrame 调用 corr() 函数，那么将会计算列与列之间的相关程度，结果返回 DataFrame。

（2）如果由 Series 调用 corr() 函数，那么只是计算该序列与传入的序列之间的相关程度，结果返回一个数值型数据，大小为相关度。

例6-34 以"某公司销售数据.xlsx"为例，计算运输成本与利润额的相关系数，以及订单数量、运输成本与利润额三者之间的相关系数，参考代码如下。

行号	程序代码			
1	In [16]:　df_sale['运输成本'].corr(df_sale['利润额'])			
2	Out [16]:　-0.022407595615947726			
3	In [17]:　df_sale.loc[:, ['订单数量','运输成本','利润额']].corr()			
4	Out [17]:	订单数量	运输成本	利润额
5	订单数量	1.00	-0.01	0.19
6	运输成本	-0.01	1.00	-0.02
7	利润额	0.19	-0.02	1.00

【代码解析】上述代码中，第 1 行代码计算运输成本与利润额的相关系数，输出结果为-0.022 4，可知两者之间存在低度的负相关线性关系；第 3 行代码从数据集中取出"订单数量""运输成本"与"利润额" 3 列数据，并计算三者之间的相关系数，从输出结果可以看出，"订单数量"与"利润额"之间存在低度的正相关线性关系。

本章小结

本章首先介绍了 Excel 文件和文本文件的读写操作，然后对数据预处理的常用操作进行了介绍，包括数据清洗、数据抽取、数据排序、数据合并及数据计算等。数据预处理在数据分析中应用广泛、作用巨大，因此相关的方法和函数需要好好掌握。最后介绍了几种常用的数据分析方法，包括基本统计分析、分组分析、分布分析、交叉分析、结构分析和相关分析等。

希望读者通过本章的学习和不断地练习，能够在实际业务场景中选择合适的方法对数据进行预处理及数据分析操作。

习题

一、选择题

1. 在 Pandas 中以下哪个函数可以读取 CSV 文件？（　　　）
　　A．read_excel　　　　B．read_csv　　　　C．read_sql_query　　　D．read_txt

2. 下列选项中，描述不正确的是（　　　）。
　　A．数据清洗的目的是提高数据质量
　　B．异常值一定要删除
　　C．可使用 drop_duplicates() 函数删除重复值
　　D．concat() 函数可以沿着一条轴将多个对象合并

3. 下列选项中，可以用于删除缺失值或空值的函数是（　　　）。

　　　A．isnull()　　　　　　B．notnull()　　　　　　C．dropna()　　　　　　D．fillna()

4. 删除重复值的函数是（　　　）。

　　　A．drop_duplicates()　B．duplicated()　　　　　C．isnull()　　　　　　　D．notnull()

5. 下列关于 groupby()函数的说法正确的是（　　　）。

　　　A．groupby()函数能够实现分组聚合

　　　B．groupby()函数的结果能够直接查看

　　　C．groupby()是 Pandas 提供的一个用来分组的函数

　　　D．groupby()是 Pandas 提供的一个用来聚合的函数

6. 使用 pivot_table()函数制作透视表用（　　　）参数设置行分组键。

　　　A．index　　　　　　　B．raw　　　　　　　　C．values　　　　　　D．data

7. Pandas 中设置分组和聚合的函数是（　　　）。

　　　A．group()　　　　　　B．groupby()　　　　　　C．order()　　　　　　D．count()

二、判断题

1. 在使用 merge()函数进行合并时，不需要指定合并键。（　　　）

2. 分组聚合的过程一般分为拆分、应用、合并。（　　　）

3. 只要使用 groupby()函数就会产生一个 DataFrameGroupby 对象。（　　　）

4. 检测缺失值一般使用 notnull()函数。（　　　）

5. Series 和 DataFrame 是 Pandas 包中的数据结构，Series 像二维数组，DataFrame 像表格。（　　　）

三、程序题

1. 使用如下方法规范化数组：200，300，400，600，1 000。

（1）令 min=0，max=1，进行最小-最大规范化。

（2）进行零-均值规范化。

（3）进行小数定标规范化。

2. 现有如表 6-22 所示的宠物数据。

表 6-22　　　　　　　　　　　　　　　　宠物数据

	动物	年龄	疫苗接种次数	优先级
a	猫	2	1	yes
b	猫	3	2	yes
c	兔	1	1	no
d	狗	NaN	3	yes
e	狗	3	4	no
f	猫	2	3	no
g	兔	5	5	no
h	猫	NaN	1	yes
i	狗	7	5	no
j	狗	3	4	no

请对这些数据进行以下操作。

（1）基于上表中的数据创建 DataFrame 对象。

（2）显示有关此 DataFrame 对象及其数据的基本信息摘要。

（3）查看此 DataFrame 对象的前 3 行数据。

（4）选择 DataFrame 对象中列标签为"动物"和"年龄"的数据。

（5）选择行为[3, 4, 8]，且列为['动物', '年龄']的数据。

（6）选择"疫苗接种次数"大于 3 的行。

（7）选择"年龄"为缺失值的行。

（8）选择"动物"为猫，且"年龄"小于 3 的行。

（9）选择"年龄"在 2~4 的数据（包含边界值），要求应用 between()函数。

（10）将 f 行的"年龄"改为 2。

（11）计算"疫苗接种次数"列的数据总和。

（12）计算每种动物的平均年龄。

（13）追加一行（k），数据如表 6-23 所示，然后删除新追加的 k 行。

表 6-23　　　　　　　　　　　　　　　　k 行数据

	动物	年龄	疫苗接种次数	优先级
k	兔	3	1	no

（14）计算每种动物的数量（如猫有几只，狗有几只等）；

（15）先根据宠物年龄降序排列，再根据疫苗接种次数升序排列；

（16）将"优先级"列的 yes 和 no 用 True 和 False 替换；

（17）对于每种动物类型和每种疫苗接种次数，求出平均年龄。换句话说，每一行都是动物，每一列都是疫苗接种次数，其值是平均年龄（提示：使用数据透视表）。

3. 现有如表 6-24、表 6-25 所示的两组数据，A 组中的 B 列数据存在缺失值，并且 A 组中的数据均为整型，B 组中的数据均为字符串型。

表 6-24　　　　　　　　　　　　　　　　A 组数据

	A	B	C	Key
0	2	5	8	18
1	3	6	40	6
2	7	NaN	2	5
3	3	1	11	2
4	6	7	21	8

表 6-25　　　　　　　　　　　　　　　　B 组数据

	A	B	C
0	3	5	83
1	2	6	4
2	5	4	2

请对这些数据进行以下操作：

（1）使用 DataFrame 创建这两组数据。

（2）按"A"字段相同的原则将 A 表与 B 表进行横向连接。

Python 数据可视化

◆ 了解 Matplotlib 的作用。
◆ 掌握运用 pyplot 创建图形的方法，掌握子图的绘制方法。
◆ 掌握 pyplot 常用的绘图参数的调节方法。
◆ 熟悉 Pandas 绘图的基本方法。
◆ 掌握折线图、柱形图、饼图和散点图的绘制方法。

引言

　　图表相较于数据和文字，能够更生动地传达信息。图表不仅是人们进行有效沟通的重要手段和工具，也是一种思考方式。财会专业的学生，应努力提高自己的修养，锻炼自己的审美能力，充分运用 Python 工具突破时空限制，以更直观的方式，有效表达自己的思想和经验结果。

　　通常，大部分数据都是以文本或数值的形式显示的，它们既不能很好地展示数据之间的关系和规律，也会给人带来十分枯燥的感觉。因此，我们可以借用一些图形工具，采用更直观的方式传达与沟通信息。由此可见，数据可视化对数据分析而言是很有必要的。

　　数据可视化不仅仅是指将数字变成酷炫的图表，其目的主要是快速发现问题、识别问题并分析原因。Python 中提供了一些数据可视化的工具，如 Matplotlib、Seaborn、Bokeh 等，其中，Matplotlib 作为 Python 基本的绘图库，有着广泛的应用。其他很多分析库，如 Pandas 等可以调用 Matplotlib 绘图语句进行绘图。因此，本章将重点介绍 Matplotlib 库的基础知识及创建常用图形的方法。

7.1　Matplotlib 概述

　　近年来，Matplotlib 在开源社区的推动下，在科学计算领域得到了广泛的应用，已经成为 Python 中公认的数据可视化工具。它能让用户很轻松地将数据图形化，并且提供多样化的输出格式。Matplotlib 包含大量的工具，只需要很少的代码，我们就可以使用这些工具创建各种图形，如直方图、柱形图、散点图、正弦曲线等，甚至是简单的三维图形。

微课 7-1

　　Matplotlib 具有以下特点。

（1）使用方法极其简单，仅仅用几行代码就能生成直方图、折线图、散点图等。

（2）以渐进、交互的方式实现数据可视化。

（3）对图形元素的控制能力较强。

（4）可输出 PNG、PDF 等多种格式。

在 Anaconda 3 中，Matplotlib 库已经被默认安装好，我们直接使用 Python 中导入模块的语句即可将其导入，语法格式如下。

```
import matplotlib as mp 或者 from matplotlib import *
```

7.2 Matplotlib 基本绘图

Matplotlib 是一个功能强大的绘图工具，其中应用最广的是 Matplotlib.pyplot 模块。

Matplotlib.pyplot（以下简称 pyplot）模块将绘图所需要的对象构建过程封装在函数中，为用户提供了更加友好的接口。使用 pyplot 模块提供的预定义绘图函数可以快捷地绘制出所需的图形，但在使用该模块之前，需要先将其导入，参考代码如下。

```
import matplotlib.pyplot as plt
```

另外，如果要在 Jupyter Notebook 中绘图，则需要增加如下"魔术命令"。

```
%matplotlib inline
```

7.2.1 pyplot 基本绘图流程

使用 pyplot 模块绘制图表基本上都遵循一个流程，这个流程主要分为 3 个部分，如图 7-1 所示。

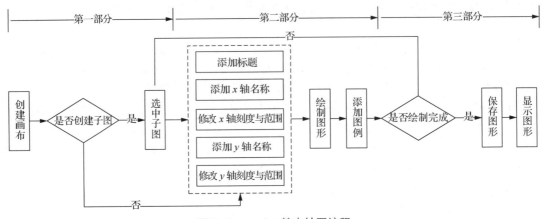

图 7-1 pyplot 基本绘图流程

1. 创建画布与创建子图

第一部分的主要作用是创建出一张空白的画布，并可以选择是否将画布划分为多个部分，方便在同一幅图上绘制多个图形。在 pyplot 中，创建画布及创建并选中子图的常用函数如表 7-1 所示。

表 7-1 pyplot 创建画布及创建并选中子图的常用函数

函数	作用
plt.figure()	创建一个空白画布，可以指定画布大小和像素
figure.add_subplot()	创建并选中子图，可以指定子图的行数、列数和选中子图的编号

2. 添加画布内容

第二部分是绘图的主体部分。pyplot 中添加标题和图例的常用函数如表 7-2 所示。

表 7-2　　　　　　　　　　　pyplot 中添加标题和图例的常用函数

函数	作用
plt.title()	在当前图形中添加标题，可以指定标题的名称、位置、颜色、字体大小等
plt.xlabel()	在当前图形中添加 x 轴名称，可以指定位置、颜色、字体大小等
plt.ylabel()	在当前图形中添加 y 轴名称，可以指定位置、颜色、字体大小等
plt.xlim()	指定当前图形 x 轴的范围，只能确定一个数值区间，而无法使用字符串标识
plt.ylim()	指定当前图形 y 轴的范围，只能确定一个数值区间，而无法使用字符串标识
plt.xticks()	指定 x 轴刻度的数目与取值
plt.yticks()	指定 y 轴刻度的数目与取值
plt.legend()	指定当前图形的图例，可以指定图例的大小、位置、标签

3. 保存与显示图形

第三部分主要用于保存与显示图形。这部分内容的常用函数只有两个，并且参数很少，如表 7-3 所示。

表 7-3　　　　　　　　　　　pyplot 中保存与显示图形的常用函数

函数	作用
plt.savefig()	保存绘制的图形，可以指定图形的分辨率、边缘的颜色等
plt.show()	显示图形

7.2.2　通过 figure() 函数创建画布

在 pyplot 模块中，默认拥有一个 Figure 对象。该对象可以理解为一张空白的画布，用于容纳各种组件，比如图例、坐标轴等。

例 7-1 应用 Figure 对象绘制简单的图形，参考代码如下。

行号	程序代码
1	In　[1]:　　import numpy as np
2	import matplotlib.pyplot as plt　　#导入 pyplot 模块
3	#没有下行语句也可以
4	#%matplotlib inline
5	
6	arr_one = np.arange(50, 100)　　#生成包含 50～100 的数组
7	plt.plot(arr_one)　　　　　　#绘制 arr_one 折线图
8	plt.show()　　　　　　　#显示图形
9	Out　[1]　#代码输出结果如图 7-2 所示

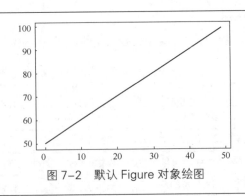

图 7-2 默认 Figure 对象绘图

【代码解析】上述代码中，第 2 行代码导入 pyplot 模块；第 4 行代码中"魔术命令"的作用是在 Jupyter Notebook 中显示图形（但没有它也是可以的）；第 6 行代码生成了一个包含 50～100 所有整数的数组 arr_one；第 7 行代码是在默认的 Figure 对象上调用 plot() 函数绘制一个简单的折线图；第 8 行代码调用 show() 函数进行显示。从输出结果可以看出，在一个固定大小的画布上有一条向上倾斜的直线。

plot() 函数是 Matplotlib 中一个常用的函数，其功能主要是根据给定的若干个点的坐标绘制一条折线（直线）。该函数调用语法如下。

```
matplotlib.pyplot.plot(x,y,[color,linewidth,linestyle,…])
```

plot() 函数的参数如表 7-4 所示。

表 7-4　　　　　　　　　　　　　　plot() 函数的参数

参数	说明	示例
x	横坐标列表，可选参数	x=[1,2,3]，横坐标的数据集合
y	纵坐标列表，必须提供	y=[2,4,6]，纵坐标的数据集合
color	设置线条颜色，默认为蓝色	color='red'，线条颜色为红色
linewidth	设置线条宽度，简称 lw	lw=2
linestyle	设置线条样式，简称 ls	ls='-.'，点划线

如果不希望在默认的画布上绘制图形，则可以调用 figure() 函数构建一张新的空白画布。figure() 函数的语法格式如下。

```
matplotlib.pyplot.figure(num=None,figsize=None,dpi=None,facecolor=None,
edgecolor=None,clear=False, **kwargs)
```

figure() 函数的参数如表 7-5 所示。

表 7-5　　　　　　　　　　　　　　figure() 函数的参数

参数	说明	示例
num	表示图形的编号或名称，数字代表编号，字符串表示名称。如果该参数未提供，将创建新图形，并且图形编号将递增。如果提供了该参数，并且已存在具有该参数的图形，则会将其激活并返回对它的引用。如果此图形不存在，则创建并返回它	num=1，已存在具有编号 1 的图形，则会将其激活并返回对它的引用。如果编号 1 的图形不存在，则创建并返回它

续表

参数	说明	示例
figsize	指定绘图对象的宽度和高度，单位为英寸（1 英寸=2.54 厘米）	figsize=(4,4)即以长 4 英寸、宽 4 英寸的大小创建一个窗口
dpi	指定绘图对象的分辨率，即每英寸多少个像素	dpi=100
facecolor	指定画板的背景颜色	facecolor='yellow'，背景颜色为黄色
edgecolor	指定画板的边框颜色	edgecolor='red'，边框颜色为红色
clear	如果设为 True，并且该图形已经存在，那么它将被清除	默认为 False

例 7-2 调用 figure()函数绘图，参考代码如下。

行号	程序代码
1	In [2]: arr_two = np.arange(100, 150)　　#生成包含 100～150 的数组
2	plt.figure(facecolor='gray')　　#创建背景为灰色的新画布
3	plt.plot(arr_two)　　#绘制折线图
4	plt.show()　　#在本机上显示图形
5	Out [2]: #代码输出结果如图 7-3 所示

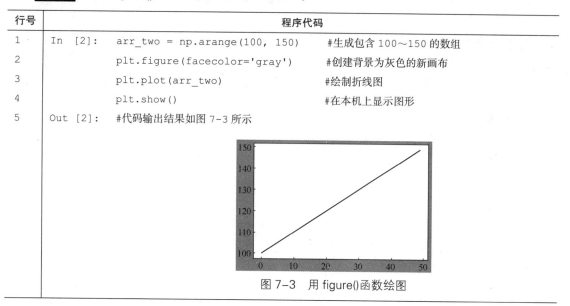

图 7-3　用 figure()函数绘图

【代码解析】上述代码中，第 1 行代码创建了一个包含 100～150 所有整数的数组 arr_two；第 2 行代码调用 figure()函数创建了一个灰色画布；第 3 行代码调用 plot()函数根据 arr_two 在灰色画布上绘制了一个简单的折线图；第 4 行代码调用 show()函数进行显示。

通过比较例 7-1 与例 7-2 的图形结果可以看出，x 轴的刻度范围为 0～50，y 轴的刻度范围为指定的数值区间。这是为什么呢?主要是因为在调用 plot()函数时，如果传入了单个列表或数组，则会将其设为 y 轴序列，且自动生成 x 轴的序列。x 轴的序列从 0 开始，与 y 轴序列具有相同的长度，所以范围为 0～50。

7.2.3　通过 add_subplot()函数创建并选中子图

Figure 类的 add_subplot()函数可以创建并选中子图，然后可以在子图中绘制图形。该函数的语法格式如下。

```
Figure.add_subplot(*args, **kwargs)
```

其中，*args 参数表示一个 3 位的整数或 3 个独立的整数，用于描述子图的位置。例如，调用 add_subplot(2,2,3)，此时会在 2×2 的区域中编号为 3 的子图上绘图，如图 7-4 所示。

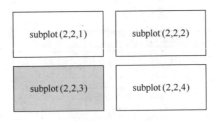

图 7-4　创建并选中第三个子图

需要注意的是，每调用一次 add_subplot()函数只会规划画布分割的区域，且只会创建一个子图。例如，调用 add_subplot(2,2,3)，表示将画布分割成一个 2 行 2 列的区域，但只会创建编号为 3 的子图，并不会创建 1、2 及 4 号子图。当调用 plot()函数绘制图形时，将会画在最后一次指定子图的位置上。

例 7-3 创建具有两行两列的矩阵区域，且在编号为 2 的子图上绘制图形，参考代码如下。

行号	程序代码
1	In [3]:　#创建 Figure 对象
2	fig = plt.figure()
3	#添加子图
4	fig.add_subplot(2,2,1)
5	fig.add_subplot(2,2,3)
6	fig.add_subplot(2,2,4)
7	fig.add_subplot(2,2,2)
8	arr_rand = np.random.rand(100)　　#生成随机数组
9	#在最后一个子图，即 2 号子图中绘图
10	plt.plot(arr_rand)
11	plt.show()
12	Out [3]:　#代码输出结果如图 7-5 所示

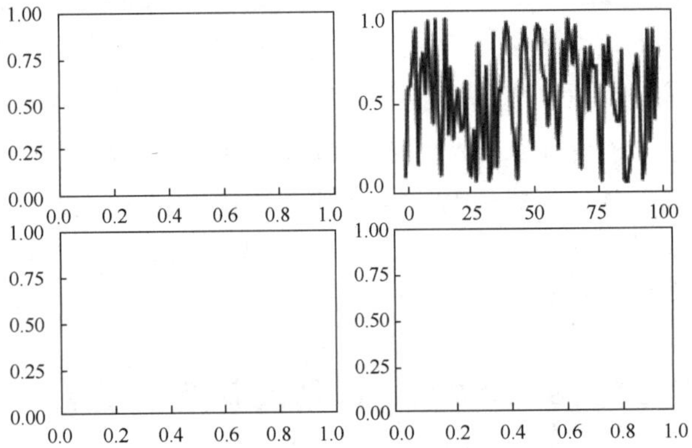

图 7-5　用 add_subplot()函数创建子图

【代码解析】上述代码中，第 2 行代码创建一个 Figure 对象；第 4~7 行代码调用 add_subplot()函数将 Figure 对象划分为一个 2 行 2 列的矩阵区域，创建了 4 个子图；第 10 行代码调用 plot()函数进行绘图，由于此时第 7 行的 fig.add_subplot(2,2,2)语句为最后调用的 add_subplot()语句，表明 2 号子图为绘图区域。从输出结果可以看出，在 2 号子图的区域绘制了随机数组对应的折线图。

除了可以使用 add_subplot()函数创建子图外，我们还可以使用 subplot()函数及 subplots()函数来创建子图，具体方法请参见 Matplotlib 的帮助文档。

7.2.4　添加各类标签

绘图时可以为图形添加一些标签信息，比如标题、坐标轴名称、坐标轴的刻度等。pyplot 模块中提供了为图形添加标签的常用函数，如表 7-2 所示。

表 7-2 中列出的这些函数之间的关系是并列关系，没有先后顺序，我们既可以先绘制图形，也可以先添加标签。值得一提的是，图例的添加只能在绘制完图形之后。

例 7-4 绘制两个子图，并给图形添加各种标签，参考代码如下。

行号	程序代码
1	In　[1]:　import numpy as np
2	import matplotlib.pyplot as plt　#导入 pyplot 模块
3	plt.rcParams['font.sans-serif']='SimHei'　#显示中文
4	plt.rcParams['axes.unicode_minus']=False　#设置正常显示符号
5	rad = np.arange(0, np.pi*2, 0.01)
6	#第 1 个子图
7	fig = plt.figure(figsize=(8, 6))　#确定画布大小
8	#创建一个 2 行 1 列的矩阵区域，并开始在第 1 个子图绘制
9	fig.add_subplot(2, 1, 1)
10	plt.title('曲线图')　#添加标题
11	plt.xlabel('x')　#添加 x 轴的名称
12	plt.ylabel('y')　#添加 y 轴的名称
13	plt.xlim((0,1))　#确定 x 轴范围
14	plt.ylim((0,1))　#确定 y 轴范围
15	plt.xticks([0,0.2,0.4,0.6,0.8,1])　#确定 x 轴刻度
16	plt.yticks([0,0.2,0.4,0.6,0.8,1])　#确定 y 轴刻度
17	plt.plot(rad, rad**2)　#添加 $y=x^2$ 曲线
18	plt.plot(rad, rad**4)　#添加 $y=x^4$ 曲线
19	plt.legend(['y=x^2','y=x^4'])
20	#第 2 个子图
21	fig.add_subplot(2, 1, 2)　#第 2 个子图绘制
22	plt.title('sin/cos 曲线图')　#添加标题
23	plt.xlabel('rad')　#添加 x 轴的名称
24	plt.ylabel('value')　#添加 y 轴的名称
25	plt.xlim((0,np.pi*2))　#确定 x 轴范围
26	plt.ylim((-1,1))　#确定 y 轴范围
27	plt.plot(rad, np.sin(rad))　#绘制 sin 曲线
28	plt.plot(rad, np.cos(rad))　#绘制 cos 曲线
29	plt.legend(['sin','cos'])
30	plt.show()

31   Out [1]:   #代码输出结果如图 7-6 所示

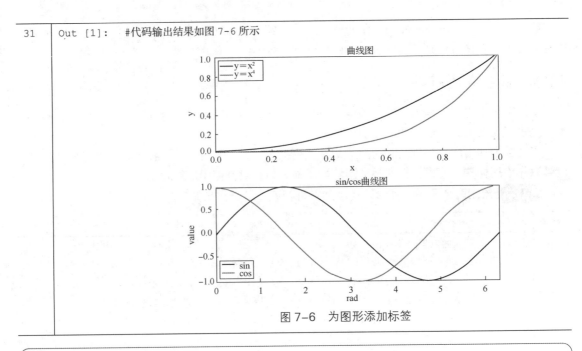

图 7-6   为图形添加标签

!!!提示

在使用 Matplotlib 绘图时，如果要设置的图表标题中有中文字符，则会变成方格而无法正确显示。实际上 Matplotlib 是支持中文编码的，造成这种情况主要是因为 Matplotlib 库的配置信息里面没有中文字体的相关信息，这时推荐采用例 7-4 中第 3 行代码的方式进行解决，参考代码如下。

```
#设置显示中文字符
plt.rcParams['font.sans-serif']='SimHei'
```

另外，由于字体更改以后，会导致坐标轴中的部分字符无法正常显示，这时需要更改 axes.unicode.minus 参数，可采用例 7-4 中第 4 行代码的方式进行解决，参考代码如下。

```
plt.rcParams['axes.unicode_minus']=False
```

7.2.5   设置 pyplot 的动态 rc 参数

pyplot 使用 rc 配置文件来自定义图形的各种默认属性，被称为 rc 配置或 rc 参数。在 pyplot 中，几乎所有的默认属性都是可以控制的，例如画布窗口大小，以及每英寸像素数、线条宽度、颜色和样式、坐标轴、坐标和网格属性、文本、字体等。

默认 rc 参数可以在 Python 交互式环境中动态更改。所有存储在字典变量中的 rc 参数，都被称为 rcParams 参数（如例 7-4 中第 3 行代码所示）。在修改 rc 参数后，绘图时使用默认的参数就会发生改变。

例 7-5   rc 参数修改前后图形样式对比，参考代码如下。

行号	程序代码
1	In [1]: import numpy as np
2	import matplotlib.pyplot as plt #导入 pyplot 模块

3		#原图
4		x = np.linspace(0, 4*np.pi) #生成 x 轴数据
5		y = np.sin(x)　　　　　　#生成 y 轴数据
6		plt.plot(x,y)　　#绘制 sin 曲线
7		plt.title('sin')
8		plt.show()
9	Out [1]:	代码输出结果如图 7-7 所示
10	In [2]:	#修改 rc 参数后的图
11		plt.rcParams['lines.linestyle']='-.'　　#设置线条样式
12		plt.rcParams['lines.linewidth']=3　　#设置线条宽度
13		plt.plot(x,y)　#绘制 sin 曲线
14		plt.title('sin')
15		plt.show()
16	Out [2]:	#代码输出结果如图 7-8 所示

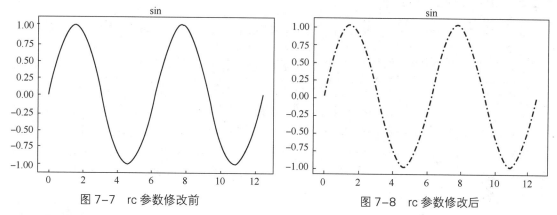

图 7-7　rc 参数修改前　　　　　　　图 7-8　rc 参数修改后

【代码解析】上述代码中，第 6 行代码按默认的 rc 参数绘制 sin 曲线，结果如图 7-7 行所示；第 11 行代码修改线条的样式；第 12 行代码修改线条的宽度；第 13 行代码调用 plot() 函数重新绘制 sin 曲线，结果如图 7-8 所示。对比两图，可以看出线条的样式由实线变成了点划线，线条的宽度也发生了变化。

线条常用的 rc 参数名称、解释与取值如表 7-6 所示。

表 7-6　　　　　　　　　线条常用的 rc 参数名称、解释与取值

参数	解释	取值
lines.linewidth	线条宽度	取 0~10 的数值，默认为 1.5
lines.linestyle	线条样式	可取实线 "-"、长虚线 "-"、点线 "-."、短虚线 ":" 4 种，默认为实线 "-"
lines.marker	线条上点的形状	可取 "." "o" "v" "^" 等 20 种，默认为 None
lines.markersize	点的大小	取 0~10 的数值，默认为 1

其中，lines.marker 参数的常见取值及其代表的意义如表 7-7 所示。

表 7-7 lines.marker 参数的常见取值及其代表的意义

lines.marker 参数取值	意义	lines.marker 参数取值	意义
o	圆圈	.	点
D	菱形	S	正方形
H	六边形	*	星号
+	加号	\	竖线

除了有设置线条和字体的 rc 参数外，还有设置文本、坐标轴、刻度、图例、标签、图片保存等的 rc 参数。具体参数与取值可以参考官方文档。

修改 rc 参数后，如果想恢复到默认的配置（Matplotlib 载入时从配置文件读入的配置），可以调用 rcdefaults()函数，该函数的语法格式如下。

```
matplotlib.rcdefaults()
```

7.2.6 图形保存为文件

要将当前的 Figure 对象保存成文件，可以调用 matplotlib.pyplot.savefig()函数。该函数的语法格式如下。

```
matplotlib.pyplot.savefig(fname, format=None, …)
```

上述函数中，参数 fname 是一个包含文件名路径的字符串。如果参数 format 设为 None 且参数 fname 为一个字符串，则输出格式将根据文件名的扩展名推导出来。例如 matplotlib.pyplot.savefig('./sin.jpg')表示要将绘制的图形保存到当前目录中，文件名为"sin.jpg"，格式为".jpg"。

需要注意的是，show()函数会释放 figure 资源，如果在显示图形之后再将其保存为文件，则只能保存空图片。因此，若要将图形保存为文件，则要先调用 savefig()函数，然后再调用 show()函数。

7.3 Pandas 基本绘图

Matplotlib 虽然功能强大，但是相对而言较为底层，绘图时步骤较为烦琐。目前有很多开源框架所实现的绘图功能是基于 Matplotlib 的，Pandas 便是其中之一。对于 Pandas 数据，直接使用 Pandas 本身的绘图方法比 Matplotlib 更加方便。

微课 7-2

Pandas 的两类基本数据结构 Series 和 DataFrame 都提供了一个统一的接口：plot()函数。这个函数和 Matplotlib 库中的 plot()函数极为相似，提供了多种图表类型及样式，但使用起来比 Matplotlib 的要简捷很多。

要注意的是，Pandas 绘图内部依赖于 Matplotlib，所以无论用户绘制什么样的图，记得一定要引入 Matplotlib 库。

plot()函数的语法格式如下。

```
DataFrame.plot(x=None,y=None,kind='line')
```

plot()函数的部分参数如表 7-8 所示。

表 7-8   plot()函数的部分参数

参数	说明	示例
x	指定 x 轴上显示的数据列，默认使用行索引	x='订单日期'
y	指定 y 轴上显示的数据列，默认使用数值型数据列	y=['销售额','利润额']
kind	图表类型，默认为 line（折线图）	可选参数有：bar（柱形图）、barh（条形图）、hist（直方图）、box（箱线图）、area（面积图）、pie（饼图）、scatter（散点图）

plot()函数默认绘制折线图。折线图是最常用和最基础的可视化图形之一，足以满足我们日常大部分的需求，其调用语法如下。

```
df.plot()      #DataFrame 调用 plot()函数
s.plot()       #Series 调用 plot()函数
```

我们还可以使用"df.plot.图形类型"的方式绘制指定的图形。当然，这些图形对数据结构也有自己的要求，具体参数与取值可以参考官方文档，其调用语法格式如下。

```
df.plot.line()      #折线图
df.plot.bar()       #柱形图
df.plot.barh()      #条形图
df.plot.hist()      #直方图
df.plot.box()       #箱线图
df.plot.pie()       #饼图
df.plot.scatter()   #散点图
```

7.3.1 折线图

折线图（Line Chart）是一种将数据点按照顺序连接起来的图形。折线图的主要功能是查看因变量 y 随着自变量 x 改变的趋势，适用于显示随时间（根据常用比例设置）而变化的连续数据，同时还可以看出数量的差异和增长趋势的变化。

pyplot 中绘制折线图的函数为 plot()，其语法格式如下。

```
matplotlib.pyplot.plot(*args,**kwargs)
```

plot()函数在官方文档的语法中只要求输入不定长参数，实际可以输入的参数如表 7-9 所示。

表 7-9   plot()函数的参数

参数	说明
x	指定 x 轴上显示的数据列
y	指定 y 轴上显示的数据列
color	指定线条的颜色，如 color='b'表示线条为蓝色，color='k'表示线条为黑色
linestyle	指定线条的类型，如 linestyle='-.'表示点划线，默认为实线
marker	指定符号的类型，如 marker='D'表示菱形，marker='O'表示圆圈
alpha	指定线条的透明度，接收 0~1 的小数

例 7-6 以"某公司销售数据.xlsx"数据集为例，绘制每年利润率的折线图，实现思路如下。
（1）从"订单日期"中提取出"年度"信息。

（2）按"年度"统计"销售额"和"利润额"。

（3）计算每年的利润率，公式为：利润率=利润额÷销售额×100%。

（4）使用 plot()函数绘制利润率的折线图。

具体参考代码如下。

行号	程序代码
1	In[1]: import pandas as pd #导入 Pandas 库
2	import matplotlib.pyplot as plt #导入 pyplot 模块
3	df_sale = pd.read_excel(r'D:\Examples\Ch7\某公司销售数据.xlsx')
4	plt.rcParams['font.sans-serif']='SimHei' #显示中文
5	plt.rcParams['axes.unicode_minus']=False #设置正常显示符号
6	pd.set_option('display.float_format', lambda x: '%.2f' % x)
7	df_sale['年度']=df_sale['订单日期'].astype(str).str.slice(0,4) #取出年度信息
8	df_plot=df_sale.groupby('年度')[['销售额','利润额']].sum() #按年统计
9	df_plot['利润率/%']=df_plot['利润额']/df_plot['销售额']*100 #计算利润率
10	df_plot

行号		销售额	利润额	利润率/%
11	Out [1]:			
12	年度			
13	2019	4 263 929.79	439 664.09	10.31
14	2020	3 570 017.42	363 973.65	10.20
15	2021	3 465 295.80	383 913.41	11.08
16	2022	3 855 377.56	361 538.87	9.38

行号	程序代码
17	In [2]: #绘制 2019—2022 年利润率的折线图
18	plt.plot(df_plot['利润率/%'], marker='+', color='b')
19	plt.title('2019—2022 年利润率') #添加标题
20	plt.xlabel('年度') #添加 x 轴的名称
21	plt.ylabel('利润率/%') #添加 y 轴的名称
22	plt.show()
23	Out [2]: #代码输出结果如图 7-9 所示

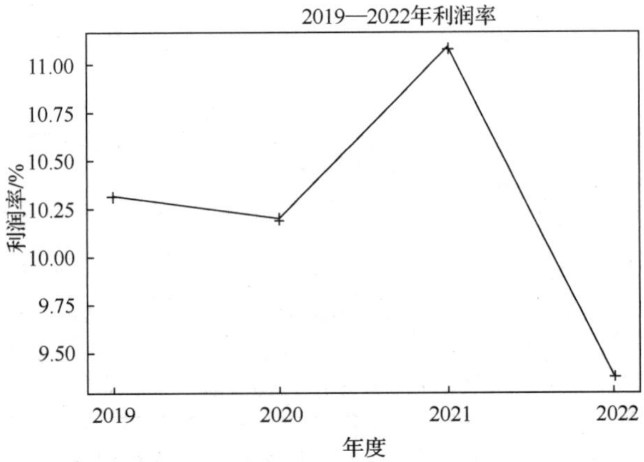

图 7-9   2019—2022 年利润率折线图

【代码解析】上述代码中，第 6 行代码的作用是让数字显示 2 位小数；第 7 行代码从"订单日期"中获取年度信息，并为 df_sale 新增一列，列名为"年度"；第 8 行代码按"年度"分别统计"销售额"和"利润额"，得到每年的销售额和利润额合计值，并将结果保存到 df_plot 对象中；第 9 行代码计算每年的利润率，并为 df_plot 新增一列，列名为"利润率/%"；第 10 行代码显示出 df_plot 的内容，从输出结果可以看到，"某公司销售数据.xlsx"数据集中共有 4 年的销售数据，并计算得到了每年的利润率；第 18 行代码使用 plot()函数绘制折线图，传入利润率的值，即 y 轴的数据，而 x 轴的数据即 df_plot 的行索引（即年度信息），同时指定了线条的类型为"+"，线条的颜色为蓝色。从折线图可以看出，利润率在 2021 年最高。

7.3.2 柱形图

柱形图（Bar Chart）用一系列高度不等的柱形表示数据分布的情况。它常用来比较两个或两个以上的价值（不同时间或者不同条件），通常适用于较小的数据集分析。柱形图亦可横向排列（即条形图），或用多维方式表示。

pyplot 中绘制柱形图的函数为 bar()，其语法格式如下。

```
matplotlib.pyplot.bar(x, height, width)
```

bar()函数的部分参数如表 7-10 所示。

表 7-10   bar()函数的部分参数

参数	说明
x	指定 x 轴上显示的数据列
height	表示 x 轴所代表数据的数量
width	接收 0～1 的浮点数，指定柱形宽度，默认为 0.8

例 7-7 以"某公司销售数据.xlsx"数据集为例，先按产品类别统计销售额数据，然后绘制产品类别的柱形图，参考代码如下。

行号	程序代码
1	In　[3]:　df_bar = df_sale.groupby('产品类别')['销售额'].sum()
2	df_bar
3	Out [3]:　产品类别
4	办公用品　3818329.18
5	家具产品　5282395.59
6	技术产品　6053895.80
7	Name: 销售额, dtype: float64
8	In　[4]:　plt.ticklabel_format(style='plain')　#数字不以科学记数法显示
9	plt.bar(df_bar.index, df_bar)
10	plt.title('不同产品类别的销售额')　　　#添加标题
11	plt.xlabel('产品类别')　　#添加 x 轴的名称
12	plt.ylabel('销售额/元')　　　#添加 y 轴的名称
13	plt.show()
14	Out [4]:　#代码输出结果如图 7-10 所示

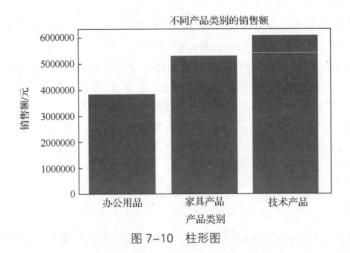

图 7-10　柱形图

【代码解析】上述代码中，第 1 行代码按产品类别对销售额进行统计，得到每类产品的合计值，并保存到变量 df_bar 中；第 9 行代码调用 bar()函数绘制柱形图，其中 x 轴传入 df_bar 的行索引（即产品类别），y 轴传入产品类别对应的销售额合计值。从输出结果可以看出，技术产品的销售额最大，而办公用品的销售额最小。

7.3.3　饼图

饼图（Pie Graph）用于显示一个数据系列中各项的大小及其在各项总和中所占的比例。饼图可以比较清楚直观地反映出部分与部分、部分与整体之间的比例关系。

pyplot 中绘制饼图的函数为 pie()，其语法格式如下。

```
matplotlib.pyplot.pie(x, explode=None, labels=None, autopct=None)
```

pie()函数的部分参数如表 7-11 所示。

表 7-11　　　　　　　　　　　　　pie()函数的部分参数

参数	说明
x	表示用于绘制饼图的数据
explode	接收数组。表示指定项距离饼图圆心为 n 个半径，默认为 None
labels	指定每一项的名称，默认为 None
autopct	指定数值的显示方式，默认为 None

例 7-8　以"某公司销售数据.xlsx"数据集为例，先按产品类别统计销售额数据，然后绘制产品类别的饼图，参考代码如下。

行号	程序代码
1	In [5]:　　df_pie = df_sale.groupby('产品类别')['销售额'].sum()
2	df_pie
3	Out [5]:　产品类别
4	办公用品　　3818329.18
5	家具产品　　5282395.59

6		技术产品　6053895.80
7		Name: 销售额, dtype: float64
8	In [6]:	plt.pie(df_pie, labels=df_bar.index, autopct='%1.2f%%')
9		plt.title('饼图')　　　#添加标题
10		plt.show()
11	Out [6]:	#代码输出结果如图 7-11 所示

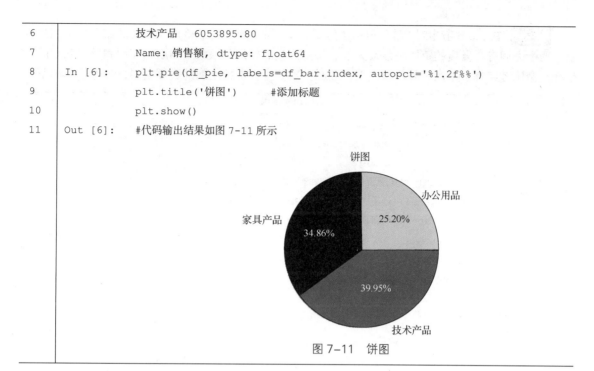

图 7-11　饼图

【代码解析】上述代码中，第 1 行代码按产品类别对销售额进行统计，得到每类产品的合计值，并保存到变量 df_pie 中；第 8 行代码调用 pie()函数绘制饼图，其中参数 x 传入产品类别对应的销售额合计值，参数 labels 指定为产品类别，并通过参数 autopct 指定百分数保留两位小数。从输出结果可以看出，技术产品的销售额占比为 39.95%，家具产品的销售额占比为 34.86%，而办公用品的销售额占比只有 25.20%。

7.3.4　散点图

散点图（Scatter Diagram）又称为散点分布图，是指一种以一个变量为横坐标，以另一个变量为纵坐标，通过坐标点（散点）的疏密程度和变化趋势表示两个变量的数量关系的图形。

pyplot 中绘制散点图的函数为 scatter()，其语法格式如下。

```
matplotlib.pyplot.scatter(x, y, s=None, c=None, marker=None, alpha)
```

scatter()函数的部分参数如表 7-12 所示。

表 7-12　　　　　　　　　　　scatter()函数的部分参数

参数	说明
x	指定 x 轴上显示的数据列
y	指定 y 轴上显示的数据列
s	指定点的大小，若传入一维数组，则表示每个点的大小
c	指定点的颜色，若传入一维数组，则表示每个点的颜色
marker	表示点的类型
alpha	表示点的透明度，接收 0~1 的小数

例 7-9 在 6.3.6 节中对"某公司销售数据.xlsx"数据集中的运输成本与利润额进行了相关分析，两者之间存在低度的负相关线性关系。采用完整的数据集绘制运输成本与利润额的散点图，坐标点会比较密集，不利于展示散点图，因此，本例中只选择上海的数据绘制，参考代码如下。

行号	程序代码
1	In [7]: df_scatter = df_sale[df_sale['城市']=='上海'] #选择上海的数据
2	plt.scatter(x=df_scatter['运输成本'], y=df_scatter['利润额'],
3	marker='+', alpha=0.7)
4	plt.title('运输成本与利润额的关系') #添加标题
5	plt.xlabel('运输成本/元') #添加 x 轴的名称
6	plt.ylabel('利润额/元') #添加 y 轴的名称
7	plt.show()
8	Out [7]: <AxesSubplot:>
9	#代码输出结果如图 7-12 所示

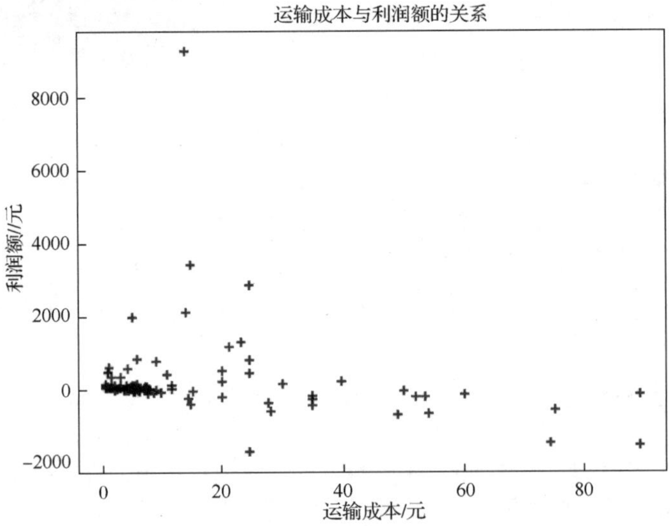

图 7-12　散点图

【代码解析】上述代码中，第 1 行代码选取上海的数据集保存到 DataFrame 对象 df_scatter 中；第 2 行代码调用 scatter()函数绘制散点图，指定 x 轴为数据集的"运输成本"，y 轴为数据集的"利润额"，并指定点的类型为"+"，点的透明度为 0.7；第 7 行代码调用 show()函数显示图形。

本章小结

本章首先介绍了数据可视化的相关内容以及 Matplotlib 的作用与导入方法，然后重点介绍了如何运用 pyplot 创建图形、子图和动态配置 rc 参数的方法，最后介绍了如何利用 Matplotlib 绘制常用数据图形，如散点图、折线图、柱形图和饼图等。

希望读者通过本章的学习，能够掌握这些可视化工具的用法，以便能够更好地辅助数据分析。除了 Matplotlib 外，还有一些其他的可视化工具，比如 Seaborn 和 Pyecharts 等，有兴趣的读者可自行学习。

习题

一、选择题

1. 下列选项中，关于 Matplotlib 库的说法不正确的是（　　）。
   A. Matplotlib 是一个 Python 3D 绘图库　　　B. 可输出 PNG、PDF 等格式
   C. 渐进、交互的方式实现数据可视化　　　D. 使用简单

2. 在 Matplotlib 中，用于绘制散点图的函数是（　　）。
   A. hist()　　　　　B. scatter()　　　　　C. bar()　　　　　D. pie()

3. 下列选项中，针对图形描述不正确的是（　　）。
   A. 柱形图通常适用于较小的数据集分析
   B. 折线图是用直线段将数据连接起来而组成的图形，以折线的方式展示数据的变化
   C. 饼图显示的是一个数据序列中的各项占总体的比例
   D. 条形图用一系列高度不等的纵向条纹或线段展示数据的分布情况

4. 调用 plot() 函数绘制图形时必选参数有（　　）。
   A. x　　　　　　　B. y　　　　　　　C. marker　　　　　D. linewidth

5. 折线图中设置线宽的参数是（　　）。
   A. color　　　　　B. linestyle　　　　C. linewidth　　　　D. marker

6. 以下哪个函数可以实现画布的创建?（　　）
   A. subplots()　　　B. add_subplot()　　C. figure()　　　　D. subplot2grid()

7. 以下哪个函数用于绘制折线图? （　　）
   A. scatter()　　　　B. plot()　　　　　C. pie()　　　　　D. hist()

二、判断题

1. 绘制图表时，可以使用 add_subplot() 函数创建多个子图。（　　）
2. Matplotlib 默认支持中文显示。（　　）

三、程序题

1. 现有表 7-13 所示的股票数据，根据表中的数据，完成以下任务。

表 7-13　　　　　　　　　　　　　　　股票数据

证券代码	证券简称	股价	涨跌幅/%
000609	中迪投资	4.8	10.09
000993	闽东电力	4.9	10.09
002615	哈尔斯	5.03	10.09
000795	英洛华	3.93	10.08
002766	索凌股份	6.78	10.03
000971	高升控股	3.72	10.04
000633	合金投资	4.60	10.06
300173	福能东方	4.60	8.45
300279	和晶科技	5.81	9.03
000831	中国稀土	9.83	10.08

（1）基于表 7-13 中的数据创建 DataFrame 对象。

（2）以证券简称为 *x* 轴，股价为 *y* 轴，使用柱形图展示不同股票的涨跌幅情况，并将生成的柱形图以 shares_bars.jpg 为文件名保存。

2. 现有某门学科的成绩表（见表 7-14）和学生信息表（见表 7-15）。

表 7-14　　　　　　　　　　　　　　　　成绩表

学号	期中成绩	期末成绩	学号	期中成绩	期末成绩
21610101	78	88	21610108	89	缺考
21610102	87	58	21610109	81	85
21610103	84	65	21610110	73	77
21610104	86	72	21610111	65	80
21610105	67	76	21610112	90	73
21610106	76	47	21610113	91	64
21610107	56	68			

表 7-15　　　　　　　　　　　　　　　学生信息表

姓名	学号	手机号码	姓名	学号	手机号码
张三	21610101	13899993451	李矛	21610108	13899993458
李四	21610102	13899993452	张白	21610109	13899993459
王五	21610103	13899993453	白九	21610110	13899993410
赵六	21610104	13899993454	余一	21610111	13899993411
郑七	21610105	13899993455	陈胜	21610112	13899993412
钱八	21610106	13899993456	刘雨	21610113	13899993413
张千	21610107	13899993457			

要求如下。

（1）基于表中数据创建 DataFrame 对象。

（2）给成绩表加上"姓名"列。

（3）给成绩表增加"总分"列，该列的值按照期中成绩占 40%、期末成绩占 60%计算得到，令小数点后保留 1 位数字。

（4）给成绩表增加列字段"等级"，按分数标注"优""良""中""及格""不及格"（≥90 为优，≥80 为良，≥70 为中，≥60 为及格，<60 不及格）。

（5）绘制总分分布图，纵坐标表示总分，横坐标表示学号，并画出所有同学的平均分横线，让每位同学的总分圆点分布在平均分横线上下，以观察每位同学的成绩离平均分的距离。

第8章

Python 财务应用案例

学习目标

◆ 掌握 Pandas 的读写操作。

◆ 掌握 groupby()函数的用法，可以按照不同的规则进行分组。

◆ 掌握聚合操作，能够使用统计方法和聚合方法聚合数据。

◆ 熟悉 Series、DataFrame 的数据运算，掌握函数应用与映射、排序、迭代的方法。

◆ 熟悉描述性统计函数，掌握相关性计算方法。

◆ 能够使用 Matplotlib 库绘制各种图表。

引言

唐朝时期，赫赫有名的文学家韩愈因为刚正不阿、直言敢谏得罪了不少人，被贬职到边远的地方去做县令。多年后，韩愈遇赦回京担任国子监博士，他对学生们说："业精于勤，荒于嬉；行成于思，毁于随（即学业的精深决定于勤奋，懈怠就会荒废；事业的成功在于独立思考，随波逐流就要失败）。"学生开诚布公地问："老师，您名满天下，学业精深但并没有受到重用，您做国子监博士人微言轻，过着清苦的生活。业精了，行成了，又有什么意思呢？"韩愈直言不讳地说："司马迁学富五车，他受酷刑仍坚持完成著作《史记》；屈原被流放，直到自沉汨罗江，还关心着楚国兴亡。他们虽然身处逆境，却从未停止学习和思考，这不正是我们的榜样吗？"

随着 Python 提供的统计分析函数和可视化函数不断增加，Python 在数据分析方面的功能越来越强大。实务中，财务、会计、审计人员都免不了和数据打交道，他们每天都会做大量重复性的工作。掌握 Python 最大的好处是能够释放大部分人力，显著提高工作效率。本章将讲解 Python 在财务会计、管理会计及审计领域的一些应用案例，希望能够起到抛砖引玉的作用。

8.1 财务会计应用案例

本节主要通过固定资产折旧计算、凭证断号与重号分析、账表分析、财务趋势分析、分层分析和账龄分析 6 个案例来介绍 Python 在财务会计中的应用。

微课 8-1

8.1.1 固定资产折旧计算

固定资产折旧是指在固定资产使用寿命内，按照确定的方法对应计折旧额进行的系统分摊。

其中，应计折旧额是指应当计提折旧的固定资产的原价扣除其预计净残值后的金额。已计提减值准备的固定资产，还应当扣除已计提的固定资产减值准备累计金额。使用寿命是指固定资产预计使用的期限。企业应当根据固定资产的性质和使用情况，合理确定固定资产的使用寿命和预计净残值。

企业应当根据固定资产所含经济利益的预期实现方式选择折旧方法。可选用的折旧方法包括年限平均法、工作量法、双倍余额递减法和年数总和法。折旧方法一经选定，不得随意变更。如需变更，应当在会计报表附注中予以说明。

1. 年限平均法

年限平均法又称直线法，是指将固定资产的应计折旧额均衡地分摊到固定资产预计使用寿命内的一种方法。采用这种方法计算得到的每期折旧额相等。其计算公式如下。

$$年折旧率 = \frac{1 - 预计净残值率}{预计使用寿命（年）} \times 100\% \qquad （式8-1）$$

$$月折旧率 = 年折旧率 \div 12 \qquad （式8-2）$$

$$月折旧额 = 固定资产原价 \times 月折旧率 \qquad （式8-3）$$

例 8-1 某企业有一台机器设备原价值 10 000 元，预计使用寿命为 5 年，预计净残值率为 5%。按年限平均法计提折旧，求该机器设备的年折旧额及月折旧额。参考代码如下。

行号	程序代码	
1	In [1]:	原值=10000
2		年限=5
3		残值率=0.05 #残值为原值的 5%
4	In [2]:	年折旧率=(1-残值率)/年限
5		年折旧率
6	Out [2]:	0.19
7	In [3]:	年折旧额=round(原值*年折旧率, 2)
8		print('%.2f'%年折旧额) #格式化输出结果，保留两位小数
9	Out [3]:	1900.00
10	In [4]:	月折旧率=年折旧率/12
11		print('%.2f'%月折旧率)
12	Out [4]:	0.02
13	In [5]:	月折旧额=round(原值*月折旧率,2)
14		月折旧额
15	Out [5]:	158.33
16	In [6]:	月折旧额*12
17	Out [6]:	1899.96
18	In [7]:	#每年最后一个月份，即 12 月的折旧额
19		round(年折旧额-月折旧额*11,2)
20	Out [7]:	158.37

【代码解析】上述代码中，第 1～3 行代码是根据已知条件定义原值、年限和残值率这 3 个变量及其初值；第 4 行代码设定年折旧率的计算公式；第 7 行代码设定年折旧额的计算公式，并调

用 round()函数令年折旧额保留 2 位小数，得到其值为 1 900.00；第 10 行代码设定月折旧率的计算公式；第 13 行代码设定月折旧额的计算公式，并将结果保留 2 位小数，得到其值为 158.33。若一年 12 个月都按 158.33 元来计提折旧，得到一年要计提的折旧额为 1 899.96，如第 17 行输出结果所示，这与第 9 行计算得到的年折旧额 1 900.00 不一致。因此，实务操作中，前 11 个月可按月折旧额 158.33 元计提折旧，而第 12 个月按"年折旧额－月折旧额×11"来计提折旧，得到其值为 158.37，如第 20 行输出结果所示。

2. 工作量法

工作量法，是根据实际工作量计提固定资产折旧额的一种方法。其计算公式如下。

$$单位工作量折旧额 = 固定资产原价 \times \frac{1 - 预计净残值率}{预计总工作量} \qquad （式 8\text{-}4）$$

$$某项固定资产月折旧额 = 该项固定资产当月工作量 \times 单位工作量折旧额 \qquad （式 8\text{-}5）$$

例 8-2 某企业的一台机器设备原值为 68 0000 元，预计生产产品 200 0000 件，预计净残值率为 3%。本月生产产品 34 000 件，求该台机器设备的月折旧额。参考代码如下。

行号	程序代码
1	In [1]: 原值=680000
2	预计总工作量=2000000
3	残值率=0.03 #残值为原值的3%
4	In [2]: def calUnitDepreciation(value,workload,residualValueRate):
5	'''
6	功能：按工作量法计算单位工作量折旧
7	value：原值
8	workload：预计总工作量
9	residualValueRate：残值率
10	'''
11	return round(value*(1-residualValueRate)/workload,2);
12	In [3]: 当月工作量 = 34000
13	当月折旧额 = 当月工作量*calUnitDepreciation(原值, 预计总工作量, 残值率)
14	print('%.2f'%当月折旧额)
15	Out [3]: 11220.00

【代码解析】 上述代码中，第 1~3 行代码是根据已知条件定义原值、预计总工作量和残值率 3 个变量及其初值；第 4~11 行代码定义 calUnitDepreciation()函数，其功能是按工作量法计算单位工作量折旧；第 13 行代码根据当月实际发生的工作量计算月折旧额；第 15 行的输出结果显示，当月应计提折旧额为 11 220.00 元。

3. 双倍余额递减法

双倍余额递减法，是在不考虑固定资产预计净残值的情况下，根据每年年初固定资产净值和双倍的直线法折旧率计算固定资产折旧额的一种方法。由于每年年初固定资产净值没有扣除预计净残值，在应用这种方法计算固定资产折旧额时，应在其折旧年限到期前两年内，将固定资产的净值扣除预计净残值后的余额平均摊销。其计算公式如下。

$$年折旧率 = \frac{2}{预计使用年限} \times 100\% \qquad\qquad （式8\text{-}6）$$

$$月折旧额 = 固定资产年初账面净值 \times 月折旧率 \qquad\qquad （式8\text{-}7）$$

例 8-3 某企业有一台机器设备原值为 600 000 元，预计使用寿命为 5 年，预计净残值率为 4%。请按双倍余额递减法计算每年的折旧额。参考代码如下。

行号	程序代码
1	In [1]: 原值=600000
2	年限=5
3	残值率=0.04 #残值为原值的4%
4	累计折旧额=0
5	In [2]: 年折旧率=2/年限
6	print('%.2f'%年折旧率)
7	Out [2]: 0.40
8	In [3]: 第一年应提的折旧额=原值*年折旧率
9	累计折旧额+=第一年应提的折旧额
10	In [4]: print('%.2f'%第一年应提的折旧额)
11	Out [4]: 240000.00
12	In [5]: print('%.2f'%累计折旧额)
13	Out [5]: 240000.00
14	In [6]: 第二年年初账面净值=原值-累计折旧额
15	第二年应提的折旧额=第二年年初账面净值*年折旧率
16	累计折旧额+=第二年应提的折旧额
17	In [7]: print('%.2f'%第二年应提的折旧额)
18	Out [7]: 144000.00
19	In [8]: print('%.2f'%累计折旧额)
20	Out [8]: 384000.00
21	In [9]: 第三年年初账面净值=原值-累计折旧额
22	第三年应提的折旧额=第三年年初账面净值*年折旧率
23	累计折旧额+=第三年应提的折旧额
24	In [10]: print('%.2f'%第三年应提的折旧额)
25	Out [10]: 86400.00
26	In [11]: print('%.2f'%累计折旧额)
27	Out [11]: 470400.00
28	In [12]: #从第四年起改按年限平均法（直线法）计提折旧额
29	第四年年初账面净值=原值-累计折旧额
30	第四及第五年应提的折旧额=(第四年年初账面净值-原值*残值率)/2
31	In [13]: print('%.2f'%第四及第五年应提的折旧额)
32	Out [13]: 52800.00

【代码解析】上述代码中，第 1～4 行代码是根据已知条件定义原值、预计总工作量和残值率这 3 个变量及其初值；同时，定义累计折旧额变量，其初值设为 0。第 5 行代码计算年折旧率，其值

为 0.40，即 40%。第一年年初的账面净值即原值，根据第 8 行和第 9 行的公式分别计算第一年应提的折旧额及产生的累计折旧。从第 11 行及第 13 行的结果可知，第一年应提的折旧额为 240 000.00 元，而累计折旧额也为 240 000.00 元；第二年年初的账面净值等于原值减去累计折旧额，同时根据公式计算第二年应提的折旧额及产生的累计折旧额，如第 14～16 行代码所示。从第 18 行及第 20 行的输出结果可知，第二年应提的折旧额为 144 000.00 元，而累计折旧额增加到 384 000.00 元。同理，可以计算出第三年应提的折旧额为 86 400.00 元，而累计折旧额增加到 470 400.00 元，如第 25 行及第 27 行输出结果所示。在该机器设备折旧年限到期前两年内，将固定资产的净值扣除预计净残值后的余额平均摊销，即从第四年起改按年限平均法计提折旧。因此，如第 29～30 行代码所示，首先计算得到第四年年初账面净值，再根据直线法计算得到第四年及第五年应提的折旧额。第 32 行的输出结果表示第四年和第五年应提的折旧额为 52 800.00 元。

4. 年数总和法

年数总和法，又称合计年限法，是指用固定资产原值减去预计净残值后的余额，乘以逐年递减的分数，计算固定资产折旧额的一种方法。其计算公式如下。

$$年折旧率=\frac{尚可使用寿命（年）}{预计使用寿命的年数总和}\times100\% \qquad （式 8-8）$$

$$月折旧额=（固定资产原价-预计净残值）\times月折旧率 \qquad （式 8-9）$$

例 8-4 某企业有一台机器设备原值为 10 000 元，预计使用寿命为 5 年，预计净残值率为 5%。请采用年数总和法计算各年折旧额。参考代码如下。

行号	程序代码
1	In [1]:　原值=10000
2	年限=5
3	残值率=0.05 　　#残值为原值的 5%
4	In [2]:　import numpy as np　#导入 NumPy 库
5	import pandas as pd　#导入 Pandas 库
6	df_asset = pd.DataFrame(columns=['年份', '尚可使用寿命', '年折旧率',
7	'年折旧额', '累计折旧额'])
8	In [3]:　累计折旧额=0
9	#生成年数[1,2,3,4,5]
10	years=np.arange(1,年限+1)
11	#年数总和
12	years_sum = years.sum()
13	for i in years:　　#处理每一年的折旧
14	尚可使用寿命=年限-i+1
15	年折旧率=尚可使用寿命/years_sum
16	if i == 5:　#若是最后一年
17	年折旧额=原值*(1-残值率)-累计折旧额
18	累计折旧额+=年折旧额
19	else:
20	年折旧额=round(原值*(1-残值率)*年折旧率, 2)
21	累计折旧额+=年折旧额

22		#加入 df_asset
23		df_asset.loc[i-1]=[i,尚可使用寿命,年折旧率,年折旧额,累计折旧额]
24	In [4]:	pd.set_option('display.float_format', lambda x: '%.2f' % x)
25		df_asset

26	Out [4]:	年份	尚可使用寿命	年折旧率	年折旧额	累计折旧额
27	0	1.00	5.00	0.33	3 166.67	3 166.67
28	1	2.00	4.00	0.27	2 533.33	5 700.00
29	2	3.00	3.00	0.20	1 900.00	7 600.00
30	3	4.00	2.00	0.13	1 266.67	8 866.67
31	4	5.00	1.00	0.07	633.33	9 500.00

【代码解析】上述代码中，第1~3行代码根据已知条件定义原值、年限和残值率这3个变量及其初值。第6行代码定义一个只有结构没有内容的 DataFrame 对象 df_asset，它有5列，分别为"年份""尚可使用寿命""年折旧率""年折旧额"和"累计折旧额"。第8~23行代码用于计算每年的折旧额，并将每年计提折旧的内容加入 df_asset 中。其中，第8行代码先定义累计折旧额变量，其初值为0；第10行代码使用 arange()函数生成年份数组，即由1、2、3、4、5构成的数组；第12行代码计算得到年数总和，并保存到变量 years_sum 中；第13~23行用于计算每一年的折旧额。在计算折旧时由于存在小数计算误差，本例在计算最后一年的折旧额时直接将可计提折旧的金额（参见第17行代码）减去累计折旧额得到最后一年的折旧额。其他年份则按计提公式计算年折旧额，如第20行代码所示。第23行代码将计算得到的"年份""尚可使用寿命""年折旧率""年折旧额"和"累计折旧额"加入 df_asset。从第26~31行的结果可以看出各年计提折旧的数据，且第5年的累计折旧额为9 500.00元，正好等于"原值*(1−残值率)"的值，这说明我们解决了小数计算误差可能导致结果不等的问题。

8.1.2　凭证断号与重号分析

我国《企业会计制度》规定，企业编制的记账凭证必须按月分类连续编号，不允许出现断号、重号。因此，我们可以通过查询凭证编号是否连续，判断企业提供的电子数据的完整性和企业内部控制的有效性。再如，根据《中华人民共和国发票管理办法》的规定，发票编号应事先编排、整本发售，企业开具的销售发票编号应具有连续性。对发票编号的连续性进行分析，可以排查发票违规使用的问题。

所谓断号分析，主要是对某字段值在数据记录中是否连续进行分析。通过断号分析，我们可以发现缺失的文档记录及舞弊信号。而所谓重号分析，是指查找数据记录某个字段（或某些字段）中同值的数据。例如，相同编号的发票重复记账，据此可以判断企业是否存在利用发票重复报销或重复使用发票、使用虚假发票的情况。而在未发生新购置情况下的计提折旧、企业所得税按月缴纳、稳定来源的收入或补贴等，这些情况下金额数值是应该重复出现的，若没有重复出现，反而说明企业的内部控制制度存在缺陷。

本节以用友 U8 中凭证表（gl_accvouch）为例，讲解凭证号的断号与重号分析。凭证表是保存会计数据的主要业务表，又被称为事实表。参照 U8 的数据字典，表8-1 中列举了凭证表的部分原始字段名、字段类型和字段意义。

表 8-1　　gl_accvouch 凭证表的结构（简化）

序号	字段名	类型	意义
1	i_id	整型	自动编号
2	iperiod	整型	会计月份，取值范围为 1～12
3	csign	字符串型	凭证类别字/凭证类型
4	ino_id	整型	凭证号
5	inid	整型	行号
6	dbill_date	日期型	制单日期
7	idoc	整型	附单据数
8	cdigest	字符串型	摘要
9	ccode	字符串型	科目编码
10	md	浮点型	借方金额
11	mc	浮点型	贷方金额

凭证表将凭证基本信息与凭证分录信息存放在同一张数据表中。本节用到的 gl_accvouch 凭证表为某单位同一账套的凭证，包含 2020 年及 2021 年的数据。图 8-1 中列举了凭证表的部分数据，并将凭证表中的凭证信息转换成实务中的凭证，进行对比展示。

gl_accvouch中的部分数据

	A	B	C	D	E	F	G	H	I	J	K
1	i_id	iperiod	csign	ino_id	inid	dbill_date	idoc	cdigest	ccode	md	mc
5	4	8	记账凭证	108	1	2020-8-31 00:00	11	结转完工产品成本	140502	36664.68	0
6	5	8	记账凭证	108	4	2020-8-31 00:00	11	结转完工产品成本	50010203	0	14989.73
7	6	8	记账凭证	108	3	2020-8-31 00:00	11	结转完工产品成本	50010202	0	9644.71
8	7	8	记账凭证	108	2	2020-8-31 00:00	11	结转完工产品成本	50010201	0	12030.24
9	8	8	记账凭证	109	1	2020-8-31 00:00	7	结转完工产品成本(石	140503	30274.91	0
10	9	8	记账凭证	109	2	2020-8-31 00:00	7	结转完工产品成本(石	140504	14119.23	0
11	10	8	记账凭证	109	3	2020-8-31 00:00	7	结转完工产品成本(石	140505	14692.57	0

对应的关系

记账凭证(csign)

凭证号(ino_id): 108　　制单日期(dbill_date): 2020-8-31　　附单据数(idoc): 11

行号(inid)	摘要(cdigest)	科目编码(ccode)	借方金额(md)	贷方金额(mc)
1	结转完工产品成本	140502	36 664.68	0
2	结转完工产品成本	50010201	0	12 030.24
3	结转完工产品成本	50010202	0	9 644.71
4	结转完工产品成本	50010203	0	14 989.73

图 8-1　凭证表中数据与实务中凭证的对应关系

如图 8-1 所示，gl_accvouch 凭证表中矩形框围住的 4 行（即 i_id 为 4、5、6 和 7 的数据）为同一张凭证的信息，它们的会计年度、会计月份、凭证类别字及凭证号都相同。因此，统计 gl_accvouch 凭证表得到的行数，并不是凭证的总数。但根据会计的记账规则"有借必有贷、借贷必相等"，一张记账凭证对应于 gl_accvouch 中的数据，必定至少有两行，我们可以通过取出行号等于 1（即 inid=1）的记录来代表该凭证，然后利用这些记录进行断号与重号分析。

例 8-5 对 gl_accvouch 的凭证号进行断号与重号分析，下面通过 3 步完成。

（1）读取凭证表中的数据并对其进行预处理，参考代码如下。

Python 财务数据分析与应用（微课版）

行号	程序代码
1	In [1]: import numpy as np #导入 NumPy 库
2	import pandas as pd #导入 Pandas 库
3	df_pz = pd.read_csv(r'D:\Examples\Ch8\gl_accvouch.csv', encoding='gbk')
4	In [2]: df_pz.head()

5	Out [2]:	i_id	iperiod	csign	ino_id	inid	……	ccode	md	mc
6	0	1	8	记账凭证	107	2	……	50010101	0.00	15 639.31
7	1	2	8	记账凭证	107	1	……	140501	252 194.32	0.00
8	2	3	8	记账凭证	107	3	……	50010102	0.00	209 424.03
9	3	4	8	记账凭证	108	1	……	140502	36 664.68	0.00
10	4	5	8	记账凭证	108	4	……	50010203	0.00	14 989.73

行号	程序代码
11	In [3]: columns_dict={'i_id':'自动编号','iperiod':'月份','csign':'凭证类别字',
12	'ino_id':'凭证号','inid':'行号','dbill_date':'制单日期',
13	'idoc':'附单据数','cdigest':'摘要','ccode':'科目编码',
14	'md':'借方金额','mc':'贷方金额'}
15	#列名重命名
16	df_pz.rename(columns=columns_dict, inplace=True)
17	In [4]: df_pz.head()

18	Out [4]:	自动编号	月份	凭证类别字	凭证号	行号	……	科目编码	借方金额	贷方金额
19	0	1	8	记账凭证	107	2	……	50010101	0.00	15 639.31
20	1	2	8	记账凭证	107	1	……	140501	252 194.32	0.00
21	2	3	8	记账凭证	107	3	……	50010102	0.00	209 424.03
22	3	4	8	记账凭证	108	1	……	140502	36 664.68	0.00
23	4	5	8	记账凭证	108	4	……	50010203	0.00	14 989.73

行号	程序代码
24	In [5]: df_pz['年份']=df_pz['制单日期'].astype(str).str.slice(0, 4) #提取出年份信息
25	df_pz.sort_values(by=['年份','月份','凭证类别字','凭证号','行号'],
26	inplace=True) #排序
27	df_pz

28	Out [5]:	自动编号	月份	凭证类别字	凭证号	行号	……	借方金额	贷方金额	年份
29	1863	1864	1	记账凭证	1	1	……	1 000.00	0.00	2020
30	1864	1865	1	记账凭证	1	2	……	0.00	1 000.00	2020
31	1865	1866	1	记账凭证	2	1	……	2 000.00	0.00	2020
					……					
32	3575	3580	1	记账凭证	43	1	……	878 359.38	0.00	2021
33	3576	3581	1	记账凭证	43	2	……	0.00	878 359.38	2021
34	7063 rows × 12 columns

【代码解析】上述代码中，第 3 行代码使用 read_csv()函数读取 gl_accvouch 凭证表中的数据，结果返回一个 DataFrame 对象，并将其赋值于变量 df_pz；从第 5 行的输出结果可以看到，列标题为英文标题，不方便理解及应用，需要将列标题转换成中文标题；因此，第 11～14 行代码首先定义一个字典，为英文标题和中文标题设置映射关系；第 16 行代码使用 Pandas 的 rename()函数更改列标题名称，其中，inplace 参数为 True，表示会直接在原数据上进行改名操作，原数据（即 df_pz）发生改变；第 17 行代码显示 df_pz 的前 5 行数据，从输出结果可以发现列标题已经改成了中文标题；

由于 gl_accvouch 凭证表包含 2020 年及 2021 年的数据，因此第 24 行代码的作用是从 "制单日期" 中提取出年份信息，并为 df_pz 新增一列，列名为 "年份"；返回第 18 行的输出结果可以看出，前两行是属于同一张凭证的（2020 年 8 月 107 号凭证），但行号却是 2 号在前、1 号在后，因此，需要按 "年份" "月份" "凭证类别字" "凭证号" 及 "行号" 的顺序进行排序，以便更好地了解凭证的信息；第 25 行代码应用 sort_values() 函数对凭证集进行排序，这也从最后的输出结果可以得到验证，此时凭证表已按 "年份" "月份" "凭证类别字" "凭证号" 及 "行号" 的顺序进行排列。

（2）凭证号断号分析。首先需要检验凭证号的连续性，通常可按年份、月份、凭证类别字统计最小凭证号、最大凭证号和凭证总数，据此判断凭证的连续性。参考代码如下。

行号	程序代码
1	In [6]:　df_g = df_pz[df_pz['行号']==1].groupby(['年份','月份','凭证类别字'])['凭证号'] \
2	.agg([('最小凭证号',np.min), ('最大凭证号',np.max), ('凭证总数',np.size)])
3	df_g
4	Out [6]:

	年份	月份	凭证类别字	最小凭证号	最大凭证号	凭证总数
6	2020	1	记账凭证	1	104	104
7		2	记账凭证	1	103	103
8		3	记账凭证	1	128	128
9		4	记账凭证	1	116	116
10		5	记账凭证	1	117	115
11		6	记账凭证	1	104	104
12		7	记账凭证	1	115	115
13		8	记账凭证	1	115	115
14		9	记账凭证	1	107	107
15		10	记账凭证	1	112	112
16		11	记账凭证	1	117	117
17		12	记账凭证	1	136	136
18	2021	1	记账凭证	1	43	43

【代码解析】上述代码中，第 1～2 行代码按年份、月份和凭证类别字进行分组，统计最小凭证号、最大凭证号和凭证总数，并将结果保存于变量 df_g。

> **注意**
>
> 由于同一张凭证在数据集中至少存在两行（"有借必有贷，借贷必相等" 原则的体现），因此 np.size 统计得到的数据集行数并不是凭证的数量。为了能统计到凭证的数量，我们将 "行号" 等于 1 的数据提取出来（即用每张凭证的第 1 行来代表这张凭证），然后统计数据集的行数，此时得到的结果即原始凭证数据集中凭证的数量。

【代码解析】上述代码中，"df_pz['行号']==1" 即过滤得到 "行号" 等于 1 的数据集，然后对 "凭证号" 列按 "年份" "月份" "凭证类别字" 分组统计其最小凭证号、最大凭证号和凭证总数。从输出结果可以判定某年某月某种类型的凭证号是否存在断号现象，例如 2020 年 1 月的记账凭证，其最小凭证号为 1，最大凭证号为 104，凭证总数为 104，最大凭证号等于凭证总数，说明 2020 年 1 月记账凭证不存在断号；但 2020 年 5 月的记账凭证，其最小凭证号为 1，最大凭证号为 117，凭证总数为 115，其最大凭证号大于凭证总数，说明存在凭证号断号的现象。

因此，接下来我们需要找出 2020 年 5 月的记账凭证中断号了的凭证号，具体思路如下。

① 获取某年某月某类凭证现有的凭证号，如 2020 年 5 月记账凭证现有的凭证号。

② 创建列表，内容为未发生断号现象时应有的全部凭证号，如 2020 年 5 月的记账凭证，其最小凭证号为 1，最大凭证号为 117，因此在未发生断号现象时，凭证号应为从 1 开始到 117 结束的连续整数。

③ 比较步骤①和②的凭证号，查出因断号缺失的凭证号，参考代码如下。

行号	程序代码
1	In [7]: #获取现有凭证号
2	pzh_exist = df_pz[(df_pz['年份']=='2020') & (df_pz['月份']==5) & (df_pz['
3	行号']==1)]['凭证号']
4	In [8]: pzh_exist.values
5	Out [8]: array([1, 2, 3, 4, 5, 6, 7, 8, 9, 10, 11, 12, 13,
6	14, 15, 16, 17, 18, 19, 20, 21, 22, 23, 24, 25, 26,
7	27, 28, 29, 30, 31, 32, 33, 34, 35, 36, 37, 39, 40,
8	42, 43, 44, 45, 46, 47, 48, 49, 50, 51, 52, 53, 54,
9	55, 56, 57, 58, 59, 60, 61, 62, 63, 64, 65, 66, 67,
10	68, 69, 70, 71, 72, 73, 74, 75, 76, 77, 78, 79, 80,
11	81, 82, 83, 84, 85, 86, 87, 88, 89, 90, 91, 92, 93,
12	94, 95, 96, 97, 98, 99, 100, 101, 102, 103, 104, 105, 106,
13	107, 108,109,110,111,112, 113, 114, 115, 116, 117],dtype=int64)
14	In [9]: #生成全部凭证号
15	pzh_all = np.arange(1, 118)
16	pzh_all
17	Out [9]: array([1, 2, 3, 4, 5, 6, 7, 8, 9, 10, 11, 12, 13,
18	14, 15, 16, 17, 18, 19, 20, 21, 22, 23, 24, 25, 26,
19	27, 28, 29, 30, 31, 32, 33, 34, 35, 36, 37, 38, 39,
20	40, 41, 42, 43, 44, 45, 46, 47, 48, 49, 50, 51, 52,
21	53, 54, 55, 56, 57, 58, 59, 60, 61, 62, 63, 64, 65,
22	66, 67, 68, 69, 70, 71, 72, 73, 74, 75, 76, 77, 78,
23	79, 80, 81, 82, 83, 84, 85, 86, 87, 88, 89, 90, 91,
24	92, 93, 94, 95, 96, 97, 98, 99, 100, 101, 102, 103, 104,
25	105,106,107,108, 109, 110, 111, 112, 113, 114, 115, 116, 117])
26	In [10]: #查出因断号缺失的凭证号
27	for pzh in pzh_all: #不存在断号时所有的凭证号
28	if pzh not in pzh_exist.values: #当前存在的凭证号
29	print(pzh) #断号的凭证号
30	Out[10]: 38
31	41

【代码解析】上述代码中，第 2 行代码的限定条件为 2020 年 5 月，以及行号等于 1，用于获取

满足条件的凭证号信息,保存于 Series 对象 pzh_exist 中;第 15 行代码使用 np.arange()函数生成 2020 年 5 月记账凭证未发生断号时应有的全部凭证号,保存于 pzh_all 中;第 26~29 行代码对 pzh_all 中的每个凭证号进行遍历,检查其是否在 pzh_exist 中,若不存在,则该凭证号即断号的凭证号,并将其输出。从最后的输出结果可以看出,38 号与 41 号为断号的凭证号。

> **注意**
>
> df_g 是按多个字段进行分组汇总的结果,可以发现 df_g 并不是常见的二维表 DataFrame,而是具有多重索引的 DataFrame(其行索引为多重索引)。

Pandas 的开发者设计这种类型的 DataFrame 对象时借鉴了 Excel 数据透视表的功能,这里简单介绍一下 Pandas DataFrame 的多重索引功能。以 df_g 为例,其有 3 级行索引,参考代码如下。

行号	程序代码				
1	In [11]:	#访问 2020 年的数据			
2		df_g.loc['2020']			
3	Out [11]:		最小凭证号	最大凭证号	凭证总数
4		月份　　　凭证类别字			
5		1　　　记账凭证	1	104	104
6		2　　　记账凭证	1	103	103
7		3　　　记账凭证	1	128	128
8		4　　　记账凭证	1	116	116
9		5　　　记账凭证	1	117	115
10		6　　　记账凭证	1	104	104
11		7　　　记账凭证	1	115	115
12		8　　　记账凭证	1	115	115
13		9　　　记账凭证	1	107	107
14		10　　　记账凭证	1	112	112
15		11　　　记账凭证	1	117	117
16		12　　　记账凭证	1	136	136
17	In [12]:	#df_g.loc['2020']返回的结果还是 DataFrame			
18		#因此,若要访问 2020 年 1 月的数据,代码如下所示			
19		df_g.loc['2020'].loc[1]			
20	Out [12]:		最小凭证号	最大凭证号	凭证总数
21		凭证类别字			
22		记账凭证	1	104	104

【代码解析】上述代码中,第 2 行代码用 loc 属性访问下一级行索引的数据,其返回结果还是 DataFrame,因此,若继续访问其下一级行索引的数据,方法如第 19 行代码所示。另外,df_g 中列索引只有一级,用 5.4.2 节中介绍的方法访问即可。多重索引更多的内容请读者参考 Pandas 的帮助文档。

（3）凭证号重号分析。在 gl_accvouch 凭证表中,由会计年份、会计月份、凭证类别字及凭证号可以确定唯一的凭证。因此,凭证号重号分析的思路为按会计年份、会计月份、凭证类别字及凭证号进行分组,然后统计每个分组的数量,数量大于 1 的分组即存在重号的凭证。参考代码如下。

行号	程序代码
1	In [13]:　df_group = df_pz[df_pz['行号']==1].groupby(['年份','月份','凭证类别字',
2	'凭证号']).count()　#统计行数
3	In [14]:　df_group

Out[14]:

年份	月份	凭证类别字	凭证号	自动编号	行号	……	借方金额	贷方金额
2020	1	记账凭证	1	1	1	……	1	1
			2	1	1	……	1	1
			3	1	1	……	1	1
						……		
2021	1	记账凭证	39	1	1	……	1	1
			40	1	1	……	1	1
						……		
			43	1	1	……	1	1

1414 rows × 8 columns

In [15]:　df_group[df_group['行号']>1]　#找出重号的凭证

Out[15]:

年份	月份	凭证类别字	凭证号	自动编号	行号	……	借方金额	贷方金额
2020	7	记账凭证	90	2	2	……	2	2

In [16]:　#显示重号凭证的详情
df_pz[(df_pz['年份']=='2020') & (df_pz['月份']==7) & (
df_pz['凭证类别字']=='记账凭证') & (df_pz['凭证号']==90)]

Out[16]:

	自动编号	月份	凭证类别字	凭证号	行号	……	借方金额	贷方金额	年份
7005	7010	7	记账凭证	90	1	……	20 603.7	0.0	2020
7017	7022	7	记账凭证	90	1	……	720.0	0.0	2020
7006	7011	7	记账凭证	90	2	……	0.0	20 603.7	2020
7018	7023	7	记账凭证	90	2	……	0.0	720.0	2020

【代码解析】上述代码中，第 1 行代码从凭证表中先取出行号等于 1 的记录，然后按年份、月份、凭证类别字及凭证号进行分组，再统计每个分组的数量，并将结果保存于变量 df_group 中；第 15 行代码在分组结果中查询出分组数量大于 1 的分组，代码中用"行号"列，换成其他列也是等效的，从输出结果可以看出，2020 年 7 月凭证号为 90 的凭证数量为 2，说明存在重号现象；第 20 行代码用于查询 2020 年 7 月凭证号为 90 的详情，从输出结果中的摘要及金额信息可以确认，它们反映了两笔不同的业务，确实是重号的凭证。

8.1.3　账表分析

账表分析是指把采集来的财务备份数据还原成电子账表，然后直观地审查被审计单位的总账、明细账、凭证、资产负债表等财务数据，从而达到数据分析的目的。现实中，往往存在人为调节报表、人为干预报表生成的情况，这在不同程度上影响了会计信息的真实性。通过账表分析，财会人员可以从总体上把握情况，发现问题或线索，为进一步核查提供重点和方向。

微课 8-2

结合图 8-1，首先需要提醒读者特别关注 gl_accvouch 凭证表电子数据的几个特点。

（1）借方金额和贷方金额的存储特点。凭证表的每一行，只存在借方金额或者贷方金额，不会借方金额和贷方金额同时存在（即金额不是 0）或者同时不存在（都等于 0）。例如，图 8-1 中 i_id 为 4 的行借方金额为 36 664.68 元，而贷方金额为 0 元；而 i_id 为 5 的行借方金额为 0 元，贷方金额为 14 989.73 元。

（2）在财务软件中录入凭证时，如果某会计科目存在下级科目，如 1002 是银行存款，它有下级科目 100201 是工商银行，那么在录入会计科目信息的时候是不允许选择 1002 银行存款这个科目的。财务软件只允许录入末级会计科目，也就是说，最明细的科目信息才能保存到凭证表中。

（3）凭证表中有"科目编码"，但不能获知其对应的科目名称信息。我们需要从另外一个数据表即科目代码表（code）来获知其对应的科目名称信息。科目代码表的部分原始字段名、字段类型和字段意义如表 8-2 所示。一个数据库中存在多个数据表，而且这些数据表之间不是孤立存在的，它们相互之间存在着联系。例如，科目代码表和凭证表之间就存在联系，这两个表都存在科目编码（ccode）的信息，因此，科目代码表和凭证表可以通过科目编码联系起来，而科目代码表中存在科目名称信息，这样就可以根据凭证表中的科目编码关联到科目代码表，从而得到科目名称的信息。

表 8-2　　　　　　　　　　　科目代码表的结构（简化）

序号	字段名	类型	意义
1	bend	整型	是否末级，1 表示是，0 表示否
2	bproperty	整型	科目性质，1 表示借，0 表示贷
3	cclass	字符串型	科目类型
4	ccode	字符串型	科目编码
5	ccode_name	字符串型	科目名称
6	igrade	整型	编码层级

本节主要通过从 gl_accvouch 凭证表中查询大额现金支付、现金支出整千元的凭证及完整凭证数据 3 个方面来讲解账表分析的内容。

1. 大额现金支付

例 8-6 根据某公司《货币资金管理制度》的相关规定，超过 1 000 元的支出必须通过银行转账。因此，我们需要使用筛选的方法在凭证表中找出现金支出超过 1 000 元的记录。

筛选是指按条件对数据进行检索，是数据分析中最常见、最简单和最有效的方法之一。在设置筛选条件时，应综合考虑单位的业务特点、电子数据的特点、数据分析目标等影响因素。例如，要理解和掌握需要设定条件检索的数据，包括字段的含义、取值范围，并对数据记录所代表的业务内容进行理解等，在此基础上编写检索条件。对于大额现金支付，检索条件包括以下两个。

（1）"科目编码='1001'"。需要注意的是，对于其他一些筛选事项，我们可能要先根据科目名称在科目代码表中找到对应的科目编码，然后写出相应的科目编码检索条件。对于条件（1），还有个问题留给读者思考，即如果 1001 有下级科目，则我们写成"科目编码='1001'"是否合适？给大家一个提示，我们在前面的内容中提到过：凭证表中只能保存末级的科目编码，那么"科目代码='1001'"能否找到相应的结果呢？

（2）"abs（贷方金额）>= 1000"。为什么用的是贷方金额，而不是借方金额呢？从基础会计的知识可以知道，现金支出是记录在贷方的，而不是记录在借方。因此，显然要用到贷方金额，而不是借方金额。另外，为什么要用 abs()函数呢？这是由于我们需要考虑贷方金额为负数的情况，也就是红字冲销的情况，否则就找不出红字冲销的情况。参考代码如下。

行号	程序代码
1	In [1]: import numpy as np #导入 NumPy 库
2	import pandas as pd #导入 Pandas 库
3	df_pz = pd.read_csv(r'D:\Examples\Ch8\gl_accvouch.csv', encoding='gbk')
4	columns_dict={'i_id':'自动编号','iperiod':'月份','csign':'凭证类别字',
5	'ino_id':'凭证号','inid':'行号','dbill_date':'制单日期',
6	'idoc':'附单据数','cdigest':'摘要','ccode':'科目编码',
7	'md':'借方金额','mc':'贷方金额'}
8	#列名重命名
9	df_pz.rename(columns=columns_dict, inplace=True)
10	In [2]: df_pz['科目编码'].dtypes
11	Out [2]: dtype('int64')
12	In [3]: df_pz['科目编码']=df_pz['科目编码'].astype(str) #数据类型转换
13	df_pz['科目编码'].dtypes
14	Out [3]: dtype('O') #字符串类型
15	In [4]: pd.set_option('display.max_rows', None) #显示所有行
16	df_pz.query("(科目编码=='1001') & (abs(贷方金额)>=1000)")

行号	Out [4]:	自动编号	月份	凭证类别字	凭证号	行号	……	科目编码	借方金额	贷方金额
18	55	56	9	记账凭证	4	2	……	1001	0.0	2 000.00
19	58	59	9	记账凭证	5	2	……	1001	0.0	2 000.00
20	59	60	9	记账凭证	6	2	……	1001	0.0	4 000.00
21				……						
22	7001	7006	7	记账凭证	88	2	……	1001	0.0	4 000.00
23	7003	7008	7	记账凭证	89	2	……	1001	0.0	2 000.00

【代码解析】上述代码中，第 3 行代码使用 read_csv()函数读取 gl_accvouch 凭证表，结果返回一个 DataFrame 对象，并将其赋值于变量 df_pz；第 9 行代码使用 Pandas 的 rename()函数将列标题改成中文标题；第 10 行代码用于查看"科目编码"列的数据类型，从输出结果看出，Pandas 在导入 gl_accvouch 凭证表时将该列设置为整数类型，但实际应用中"科目编码"应该是字符串类型，所以第 12 行代码将"科目编码"列的数据类型转换成字符串类型，这在第 14 行的输出结果中得到了验证；在 Pandas 中，如果输出的数据量比较大时，默认会忽略中间的列和行数据，第 15 行代码的作用就是不忽略中间的数据，要显示所有的行；第 16 行代码使用 query()函数构建检索条件，从凭证表中找出现金支付大于等于 1 000 元的记录。审计人员可以根据筛选结果延伸取证，审阅相关现金支出的纸质材料，从而判定该公司是否严格执行《货币资金管理制度》。

2. 现金支出整千元的凭证

例 8-7 财务及审计人员在检查现金支出业务时，相当关注现金支出整千元的业务。

通常可以设置以下两个检索条件来实现筛选：① "科目编码= '1001'"；② "贷方金额<>0"。和筛选大额现金支付相似，这些筛选条件都比较好理解。关键问题是如何表达 "贷方金额是整千元" 这个条件，如贷方金额是 3 000 元、12 000 元等是符合条件的，而 3 200 元、10 500 元等则是不符合条件的。这里我们可以利用 Python 的取模（%）运算，即返回除法的余数。如果贷方金额与 1 000 进行取模运算，返回结果为 0，即说明贷方金额是 1 000 元的倍数。参考代码如下。

行号	程序代码									
1	In [5]: df_pz.query("(科目编码=='1001') & (贷方金额!=0) &									
2	(贷方金额%1000 == 0)")									
3	Out [5]:		自动编号	月份	凭证类别字	凭证号	行号	……	科目编码	借方金额	贷方金额
4		55	56	9	记账凭证	4	2	……	1001	0.0	2 000.0
5		58	59	9	记账凭证	5	2	……	1001	0.0	2 000.0
6		59	60	9	记账凭证	6	2	……	1001	0.0	4 000.0
7						……					
8		7001	7006	7	记账凭证	88	2	……	1001	0.0	4 000.0
9		7003	7008	7	记账凭证	89	2	……	1001	0.0	2 000.0

【代码解析】通过上述筛选条件的设置，我们可以筛选出凭证表中所有现金支出整千元的记录。如第 3～9 行的输出结果所示，这些记录的贷方金额都是整千元的。

前文所举的两个应用都是比较简单的例子，在实际工作中，审计人员往往会面临一些更为复杂的业务场景。

3. 完整凭证数据

在凭证表中，凭证数据按照会计分录被存储在多条记录中。一般的简单检索可以检索出符合条件的会计分录，却无法直接获得整张凭证的数据，这样不利于了解该笔业务的来龙去脉。

如现金支出整千元的凭证查询结果中的第 1 行数据，贷方为现金，金额为 2 000 元，但从查询结果中不知道其对应的借方科目信息。为了确定经济业务的核算是否使用了正确的科目，审计人员还需要让查询结果显示完整的记账凭证。这时就要用到自连接的方法。

现假设我们要检索出所有现金支出记账凭证的完整数据，下面先介绍详细的算法实现过程，再讲解如何在 Python 中实现。

（1）构建一个简单的凭证表-A（简称 A 表），如表 8-3 所示，它只有 4 行记录，对应 2 张凭证：第 1 张凭证是 2020 年 10 月付字 2 号凭证，借方科目编码是 1002，贷方科目编码是 1001；另一张凭证是 2021 年 11 月付字 3 号凭证，借方科目编码是 1221，贷方科目编码是 1002。

表 8-3   凭证表-A   单位：元

年份	月份	凭证类型	凭证号	科目编码	借方金额	贷方金额
2020	10	付	2	1002	1 000	
2020	10	付	2	1001		1 000
2021	11	付	3	1221	5 000	
2021	11	付	3	1002		5 000

由此可以知道，A 表只有一张现金支出凭证，即 2020 年 10 月付字 2 号凭证。

（2）进行自连接。自连接可以看作一张表的两个副本之间进行的连接。因此，需要构建与 A 表不论是表的结构还是内容都相同的凭证表-B（简称 B 表），如表 8-4 所示。为了与 A 表区别开来，B 表用斜体进行显示。

表 8-4　　凭证表–B　　单位：元

年份	*月份*	*凭证类型*	*凭证号*	*科目编码*	*借方金额*	*贷方金额*
2020	*10*	*付*	*2*	*1002*	*1 000*	
2020	*10*	*付*	*2*	*1001*		*1 000*
2021	*11*	*付*	*3*	*1221*	*5 000*	
2021	*11*	*付*	*3*	*1002*		*5 000*

（3）将 A 表与 B 表进行内连接，连接条件为“年份”相同、“月份”相同、“凭证类型”相同、“凭证号”相同。连接查询的过程简述如下。

从 A 表中第一行开始，从头开始扫描 B 表，查询满足连接条件的行，将 A 表中的第一行与该行拼接起来，形成结果表中的一行。因此可以知道，A 表中第 1 行，可以在 B 表中找到两行满足连接条件的行，它们的年份都是“2020”，月份都是“10”，凭证类型都是“付”，凭证号都是“2”，如图 8-2 中两条虚线所指的记录所示。因此，表 A 中的第一行扫描表 B 结束后，结果表中有两行记录，如结果表序号为 1 和 2 的记录所示，其中左半部分是 A 表中的内容，右半部分是 B 表中的内容。然后从 A 表的第二行开始，重复上述过程，直到表 A 中的所有行都处理完成。

由于共有 2 张凭证，每张凭证有 2 笔分录，最终结果表中有 2×2+2×2=8 行记录，如图 8-2 所示。

A表

年份	月份	凭证类型	凭证号	科目编码	借方金额	贷方金额
2020	10	付	2	1002	1 000	
2020	10	付	2	1001		1 000
2021	11	付	3	1221	5 000	
2021	11	付	3	1002		5 000

B表

年份	*月份*	*凭证类型*	*凭证号*	*科目编码*	*借方金额*	*贷方金额*
2020	*10*	*付*	*2*	*1002*	*1 000*	
2020	*10*	*付*	*2*	*1001*		*1 000*
2021	*11*	*付*	*3*	*1221*	*5 000*	
2021	*11*	*付*	*3*	*1002*		*5 000*

连接条件：年份、月份、凭证类型、凭证号相同

结果表

序号	年份	月份	凭证类型	凭证号	科目编码	借方金额	贷方金额	*年份*	*月份*	*凭证类型*	*凭证号*	*科目编码*	*借方金额*	*贷方金额*
1	2020	10	付	2	1002	1 000		*2020*	*10*	*付*	*2*	*1002*	*1 000*	
2	2020	10	付	2	1002	1 000		*2020*	*10*	*付*	*2*	*1001*		*1 000*
3	2020	10	付	2	1001		1 000	*2020*	*10*	*付*	*2*	*1002*	*1 000*	
4	2020	10	付	2	1001		1 000	*2020*	*10*	*付*	*2*	*1001*		*1 000*
5	2021	11	付	3	1221	5 000		*2020*	*11*	*付*	*3*	*1221*	*5 000*	
6	2021	11	付	3	1221	5 000		*2021*	*11*	*付*	*3*	*1002*		*5 000*
7	2021	11	付	3	1002		5 000	*2020*	*11*	*付*	*3*	*1221*	*5 000*	
8	2021	11	付	3	1002		5 000	*2021*	*11*	*付*	*3*	*1002*		*5 000*

图 8–2　自连接示意

（4）设置筛选条件。将 A 表的科目代码设置为“1001”及“贷方金额不等于 0”，查询选结果如表 8-5 所示。

表 8-5　现金支出的查询结果　单位：元

序号	年份	月份	凭证类型	凭证号	科目编码	借方金额	贷方金额	年份	月份	凭证类型	凭证号	科目编码	借方金额	贷方金额
3	2020	10	付	2	1001		1 000	2020	10	付	2	1002	1 000	
4	2020	10	付	2	1001		1 000	2020	10	付	2	1001		1 000

（5）设置显示条件。如果我们只显示 B 表内容，则如表 8-6 所示。

表 8-6　现金支出凭证的完整数据　单位：元

年份	月份	凭证类型	凭证号	科目编码	借方金额	贷方金额
2020	10	付	2	1002	1 000	
2020	10	付	2	1001		1 000

可以看出，表 8-6 中的数据就是我们想要的完整凭证数据。因此，实现查询完整凭证数据的思路为：通过凭证表进行自连接，对其中一个表设置筛选条件，而显示另一个表的列信息。对参与自连接的凭证表继续进行扩展，例如可以扩展到 3 个凭证表进行自连接，这时可以对两个凭证表分别设置不同的检索条件，最后显示第 3 个凭证表的列信息，即可实现查询完整凭证数据的需求。

例 8-8　根据上述思路，查询现金支出整千元凭证的完整数据，参考代码如下。

行号	程序代码
1	In　[1]:　import numpy as np　#导入 NumPy 库
2	import pandas as pd　#导入 Pandas 库
3	dfA = pd.read_csv(r'D:\Examples\Ch8\gl_accvouch.csv', encoding='gbk')
4	dfB = pd.read_csv(r'D:\Examples\Ch8\gl_accvouch.csv', encoding='gbk')
5	In　[2]:　columns_dict={'i_id':'自动编号','iperiod':'月份','csign':'凭证类别字',
6	'ino_id':'凭证号','inid':'行号','dbill_date':'制单日期',
7	'idoc':'附单据数','cdigest':'摘要','ccode':'科目编码',
8	'md':'借方金额','mc':'贷方金额'}
9	#列名重命名
10	dfA.rename(columns=columns_dict, inplace=True)
11	dfB.rename(columns=columns_dict, inplace=True)
12	In　[3]:　dfA['年份']=dfA['制单日期'].astype(str).str.slice(0, 4)　#取出年份
13	dfB['年份']=dfB['制单日期'].astype(str).str.slice(0, 4)　#取出年份
14	In　[4]:　#进行自连接
15	df_inner=pd.merge(dfA,dfB, how='inner', on=['年份','月份','凭证号'])
16	df_inner.head(2)
17	Out [4]:　　　自动编号_x　月份　凭证类别字_x　凭证号　行号_x　……　科目编码_y　借方金额_y　贷方金额_y
18	0　　1　　8　　记账凭证　107　2　……　50010101　0.00　15 639.31
19	1　　1　　8　　记账凭证　107　2　……　140501　252 194.32　0.00
20	2 rows × 21 columns
21	In　[5]:　df_inner['科目编码_x']=df_inner['科目编码_x'].astype(str)

22	In [6]:	#对 A 表设置检索条件，显示 B 表的列信息
23		df_result = df_inner.query("(科目编码_x=='1001') & (贷方金额_x!=0) & (贷方
24		金额_x%1000 == 0)")[['年份','月份','凭证类别字_y','凭证号',
25		'行号_y','制单日期_y','摘要_y','科目编码_y','科目编码_y','借方金额_y',
26		'贷方金额_y']]
27	In [7]:	#对查询结果进行排序
28		df_result.sort_values(by=['年份','月份','凭证类别字_y','凭证号','行号_y'],
29		inplace=True) #排序
30	In [8]:	df_result.head()
31	Out [8]:	

	年份	月份	凭证类别字_y	凭证号	行号_y	……	科目编码_y	借方金额_y	贷方金额_y
47967	2020	1	记账凭证	1	1	……	122102	1000.0	0.0
47968	2020	1	记账凭证	1	2	……	1001	0.0	1 000.0
47971	2020	1	记账凭证	2	1	……	122102	2000.0	0.0
47972	2020	1	记账凭证	2	2	……	1001	0.0	2 000.0
48018	2020	1	记账凭证	6	1	……	122102	2000.0	0.0

【代码解析】从输出结果可以看出，虽然检索条件中只限定了科目代码为 1001 且贷方金额不为 0，但 2020 年 1 月记账 1 号凭证的所有分录都显示出来了。从对方科目 122102（其他应收款）可以知道，该笔凭证中现金支出是用于职员的个人借款（支付运费），这样非常便于审计人员检查、确定经济业务的核算是否使用了正确的科目。

8.1.4 财务趋势分析

财务趋势分析是指连续考察企业在一个较长时期内的各项财务数据，比较各期相关项目金额的增减变动方向和幅度，来了解企业财务状况变化的趋势，并以此来预测企业未来的财务状况，判断企业的发展前景。一般来说，进行财务趋势分析，至少需要 3 期以上的资料，这样才能展示其发展变化的趋势。

例 8-9 对 gl_accvouch.csv 文件中管理费用的每月发生额进行趋势分析。

（1）从科目代码表中检索出管理费用的科目编码，并确定其是否有下级科目。

（2）按年、月对管理费用进行统计，结合基础会计知识可知，要对借方金额进行统计。

（3）绘制折线图展示最后的结果。

管理费用趋势分析的具体实现代码如下。

行号	程序代码
1	In [1]: import numpy as np #导入 NumPy 库
2	import pandas as pd #导入 Pandas 库
3	import matplotlib.pyplot as plt #导入 pyplot 模块
4	df_km = pd.read_csv(r'D:\Examples\Ch8\code.csv', encoding='gbk')
5	df_pz = pd.read_csv(r'D:\Examples\Ch8\gl_accvouch.csv', encoding='gbk')
6	In [2]: columns_dict={'i_id':'自动编号','iperiod':'月份','csign':'凭证类别字',
7	'ino_id':'凭证号','inid':'行号','dbill_date':'制单日期',
8	'idoc':'附单据数','cdigest':'摘要','ccode':'科目编码',
9	'md':'借方金额','mc':'贷方金额'}

```
10          #列名重命名
11          df_pz.rename(columns=columns_dict, inplace=True)
12  In  [3]: #检索管理费用的科目编码
13          df_km[df_km['ccode_name'].str.contains('管理费用')]
```

14 Out [3]:

	bend	bproperty	cclass	ccode	ccode_name	igrade
247	0	1	损益	6602	管理费用	1
375	1	1	损益	660229	其他管理费用	2

```
17  In  [4]: #确定管理费用是否有下级科目
18          df_km[df_km['ccode'].astype(str).str.slice(0,4)=='6602'].head()
```

19 Out [4]:

	bend	bproperty	cclass	ccode	ccode_name	igrade
0	1	1	损益	660230	水电费	2
1	1	1	损益	660231	工会经费	2
2	1	1	损益	660232	汽车保险费	2
3	1	1	损益	660233	养路费	2
4	1	1	损益	660234	年检费	2

```
25  In  [5]: df_pz['科目编码']=df_pz['科目编码'].astype(str)
26  In  [6]: df_pz['年份']=df_pz['制单日期'].astype(str).str.slice(0, 4) #取出年份
27  In  [7]: #按年份和月份，对借方金额进行合计
28          df_group=df_pz[(df_pz['科目编码'].str.slice(0, 4)=='6602') &
29          (df_pz['借方金额']!=0)].groupby(['年份','月份'])['借方金额'].sum()
30  In  [8]: df_group
31  Out [8]: 年份   月份
32          2020   1      278656.61
33                 2      227390.20
34                 3      292790.85
35                 4      248708.91
36                 5      246241.99
37                 6      236815.14
38                 7      244634.14
39                 8      339523.09
40                 9      258210.33
41                 10     265086.85
42                 11     322699.52
43                 12     354508.64
44          2021   1      36952.62
45          Name: 借方金额, dtype: float64
46          plt.rcParams['font.sans-serif']='SimHei'        #显示中文
47          plt.rcParams['axes.unicode_minus']=False        #设置正常显示符号
48          df_group.plot(figsize=(12,6))        #绘制折线图
49  In  [9]: plt.title('折线图')        #添加标题
50          plt.xlabel('年月')        #添加 x 轴的名称
```

```
51        plt.ylabel('发生额/元')           #添加 y 轴的名称
52        plt.show()
53   Out [9]: #代码输出结果如图 8-3 所示
```

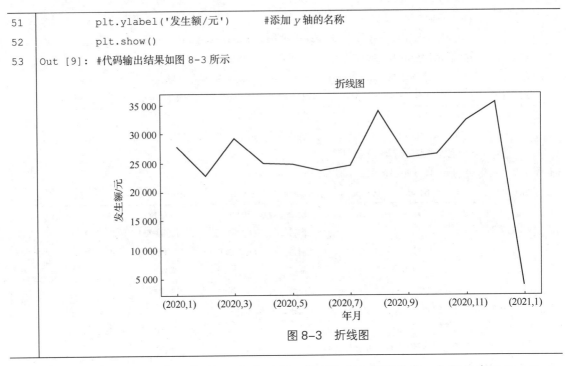

图 8-3　折线图

　　【代码解析】上述代码中，第 4～5 行代码导入科目信息和凭证信息，分别保存于 DataFramr 对象 df_km 和 df_pz 中；第 13 行代码在科目代码表中检索科目名称含有"管理费用"的科目信息，从输出结果可以确定管理费用的科目编码为 6602；第 18 行代码检索出科目编码以"6602"开头的科目信息，即确定管理费用是否有下级科目，从输出结果可以知道管理费用是有下级科目的；在第 28 行设置检索条件时不能以"df_pz['科目编码']=='6602'"的方式来限定管理费用的发生额，原因就是管理费用有下级科目，因此我们先检索出管理费用的借方金额，然后按年份和月份对借方金额进行合计，并将结果保存于 DataFrame 对象 df_group 中；第 48 行代码直接应用 df_group 的 plot()函数进行绘图，没有指定 kind 参数，默认绘制折线图，以反映管理费用随时间的变化趋势。从图 8-3 可以看出，2020 年每个月的管理费用在 20 000～35 000 元变动，在 2020 年 12 月达到峰值，之后在 2021 年 1 月管理费用显著降低，需要进一步查找导致该变化的原因。

8.1.5　账龄分析

　　账龄是指负债人所欠账款的时间。账龄越长，发生坏账损失的可能性就越大。账龄分析是指根据应收账款的时间长短来估计坏账损失的一种方法，又称"应收账款账龄分析法"。本节的账龄分析是指对应收账款发生时间及分析时间的间隔天数进行分层分析，将间隔天数划分为若干个区间，分析其他字段（如应收账款未核销金额）在所划分区间中的分布情况，从而对到期未付的应收账款或应付账款的有效性、准确性做出判断等。此外，我们还可将账龄分析方法应用于其他业务，例如：逾期未完成的项目内容；合同授予日期早于招标截止日；标书是在招标结束后收到的；业务发生日期在制单期以外；不同业务活动的天数；等等。

　　例 8-10 对 gl_accvouch 凭证表中应收账款的未达账明细进行账龄分析。
　　设定截止日期为 2021 年 1 月 31 日，计算"制单日期"与"截止日期"的间隔天数，进而实现间隔天数的分层，最后依据分层区间对未达金额进行分类汇总。在本例中，为了将问题简单化，我们假设客户都是一次性付足销售款。

（1）检索应收账款的科目编码，确认其是否存在下级科目。参考代码如下。

行号	程序代码
1	In　[1]:　import numpy as np　#导入 NumPy 库
2	import pandas as pd　#导入 Pandas 库
3	import matplotlib.pyplot as plt　#导入 pyplot 模块
4	df_km = pd.read_csv(r'D:\Examples\Ch8\code.csv', encoding='gbk')
5	df_pz = pd.read_csv(r'D:\Examples\Ch8\gl_accvouch.csv', encoding='gbk')
6	In　[2]:　#检索应收账款的科目编码
7	df_km[df_km['ccode_name'].str.contains('应收账款')]

	bend	bproperty	cclass	ccode	ccode_name	igrade
Out [2]:						
9	131	1	0	资产	123101	应收账款提取的坏账准备	2
10	394	1	1	资产	1122	应收账款	1

行号	程序代码
11	In　[3]:　#确认应收账款是否存在下级科目
12	df_km[df_km['ccode'].astype(str).str.slice(0,4)=='1122']

	bend	bproperty	cclass	ccode	ccode_name	igrade
13						
14	394	1	1	资产	1122	应收账款	1

（2）获取应收账款的未达账明细。首先从 gl_accvouch 凭证表中获取应收账款的明细，然后分别取出借方明细（即应收账款的实际发生额）及贷方明细（即应收账款的回款额），并根据发生金额进行核销，从而得到应收账款的未达账明细。参考代码如下。

行号	程序代码
1	In　[4]:　columns_dict={'i_id':'自动编号','iperiod':'月份','csign':'凭证类别字',
2	'ino_id':'凭证号','inid':'行号','dbill_date':'制单日期',
3	'idoc':'附单据数','cdigest':'摘要','ccode':'科目编码',
4	'md':'借方金额','mc':'贷方金额'}
5	#列名重命名
6	df_pz.rename(columns=columns_dict, inplace=True)
7	In　[5]:　df_pz['科目编码']=df_pz['科目编码'].astype(str)　#数据类型转换
8	In　[6]:　df_1122=df_pz[(df_pz['科目编码']=='1122')] #获取应收账款的明细
9	df_1122.head()

	自动编号	月份	凭证类别字	凭证号	行号	……	科目编码	借方金额	贷方金额
Out [6]:									
11	62	63	9	记账凭证	7	2	……	1122	0.00	160 000.00
12	77	78	9	记账凭证	12	7	……	1122	189 987.40	0.00
13	109	110	6	记账凭证	38	1	……	1122	40 166.10	0.00
14	124	125	6	记账凭证	43	2	……	1122	0.00	216 819.60
15	129	130	6	记账凭证	46	2	……	1122	0.00	100 000.00

行号	程序代码
16	In　[7]:　#应收明细
17	df_1122_jf=df_1122[df_1122['借方金额']!=0]
18	df_1122_jf.head()

		自动编号	月份	凭证类别字	凭证号	行号	……	科目编码	借方金额	贷方金额
19	Out [7]:									
20		77	78	9	记账凭证	12	7	……	1122	189 987.40	0.00
21		109	110	6	记账凭证	38	1	……	1122	40 166.10	0.00
22		140	141	6	记账凭证	49	1	……	1122	45 419.40	0.00
23		237	238	4	记账凭证	53	1	……	1122	40 283.10	0.00
24		243	244	12	记账凭证	85	5	……	1122	24 219.00	0.00

```
25  In [8]:  #已收明细
26           df_1122_df=df_1122[df_1122['贷方金额']!=0]
27           df_1122_df.head()
```

		自动编号	月份	凭证类别字	凭证号	行号	……	科目编码	借方金额	贷方金额
28	Out [8]:									
29		62	63	9	记账凭证	7	2	……	1122	0.0	160 000.00
30		124	125	6	记账凭证	43	2	……	1122	0.0	216 819.60
31		129	130	6	记账凭证	46	2	……	1122	0.0	100 000.00
32		135	136	6	记账凭证	48	2	……	1122	0.0	39 452.40
33		159	160	6	记账凭证	54	2	……	1122	0.0	46 683.00

```
34  In [9]:  #创建未达账的 DataFrame
35           df_wd = pd.DataFrame(columns=['制单日期', '金额'])
36
37           i=0      #第 1 行
38           #iterrows(): 按行遍历，将 DataFrame 的每一行迭代为(index, Series)对
39           #可以通过 row[name]对元素进行访问
40           for index, row in df_1122_jf.iterrows():
41               #判断应收金额是否已收回（假设没有多次回款的情况），找出未达账
42               if row['借方金额'] not in df_1122_df['贷方金额'].values:
43                   df_wd.loc[i] = [row['制单日期'], row['借方金额']]
44                   i=i+1          #下一行
45  In [10]: df_wd.head()       #显示未达账的前 5 行
```

			制单日期	金额
46	Out[10]:			
47		0	2020-12-26 00:00	24 219.00
48		1	2020-6-29 00:00	174 394.20
49		2	2020-8-30 00:00	109 415.40
50		3	2020-12-12 00:00	26 676.00
51		4	2020-12-19 00:00	100 725.70

【代码解析】上述代码中，第 8 行代码通过设置科目编码等于"1122"，筛选出应收账款的明细；第 17 行代码从应收账款明细中筛选出有借方金额的明细，将结果保存于 df_1122_jf 对象；第 26 行代码从应收账款明细中筛选出有贷方金额的明细，即收到的销售款，将结果保存于 df_1122_df 对象；第 34～44 行代码，通过遍历 df_1122_jf 的每一行，按照"借方金额等于贷方金额"的原则进行核销，将未核销应收账款的发生日期及金额记录到 df_wd 对象中；最后将未核销的应收账款明细记录在 df_wd 对象中，如第 45 行代码所示。

（3）计算未达账天数，并划分未达账所属账龄区间。假设账龄分析的截止日期为 2021 年 1 月 31 日，计算 df_wd 中"制单日期"与"截止日期"的间隔天数，并为 df_wd 新增"间隔天数"列。根据

"间隔天数"的最大值，以 90 天为一个账龄区间，应用 cut()函数设置 "0～90 天" "91～180 天" "181～270 天" "271～360 天" 及 "360 天以上" 5 个账龄区间。划分未达账所属账龄区间的参考代码如下。

行号	程序代码
1	In [11]:　#设定截止日期
2	endDate=pd.to_datetime('2021-1-31')
3	In [12]:　#定义计算间隔天数的函数
4	def gen_days(x):
5	begDate=pd.to_datetime(x['制单日期'])
6	#两个日期相减，得到时间间隔，为 timedelta 类型
7	delta_time=endDate - begDate
8	#通过 timedelta 类型的 days 属性，得到两个日期间隔的天数
9	return delta_time.days
10	In [13]:　df_wd['间隔天数'] = df_wd.apply(gen_days,axis=1)　#生成 "间隔天数" 列
11	In [14]:　df_wd.head()
12	Out [14]:

	制单日期	金额	间隔天数
0	2020-12-26 00:00	24 219.00	36
1	2020-6-29 00:00	174 394.20	216
2	2020-8-30 00:00	109 415.40	154
3	2020-12-12 00:00	26 676.00	50
4	2020-12-19 00:00	100 725.70	43

行号	程序代码
18	In [15]:　df_wd['间隔天数'].max()
19	Out [15]: 391
20	In [16]:　bins=[0,90,180,270,360,720]
21	lbls=['0-90 天','91～180 天','181～270 天','271～360 天','360 天以上']
22	df_wd['账龄'] = pd.cut(df_wd['间隔天数'], bins, labels=lbls)
23	In [17]:　df_wd.head()
24	Out [17]:

	制单日期	金额	间隔天数	账龄
0	2020-12-26 00:00	24 219.00	36	0～90 天
1	2020-6-29 00:00	174 394.20	216	181～270 天
2	2020-8-30 00:00	109 415.40	154	91～180 天
3	2020-12-12 00:00	26 676.00	50	0～90 天
4	2020-12-19 00:00	100 725.70	43	0～90 天

【代码解析】上述代码中，第 1 行代码设定截止日期为 2021 年 1 月 31 日，调用 Pandas 的 to_datetime()函数，其作用是将文本格式的时间转换为 datetime 格式，并将结果保存于变量 endDate 中；第 3～9 行代码定义了 gen_days()函数，其作用是计算 df_wd 中每一行"制单日期"与"截止日期"的间隔天数；第 10 行代码调用 apply()函数自动遍历 df_wd 对象的每一行数据（参数 axis=1，表示按行调用），最后将结果生成 df_wd 对象的新列"间隔天数"；第 18 行代码调用 max()函数查询"间隔天数"列的最大值，结果为 391；接下来，以 90 天为一个账龄区间，第 22 行代码应用 cut()函数设置 "0～90 天" "91～180 天" "181～270 天" "271～360 天" 及 "360 天以上" 5 个账龄区间，并生成 df_wd 对象的新列"账龄"。如输出结果第一行所示，其制单日期为"2020-12-26"，与截止日期"2021-1-13"的间隔天数为 36 天，账龄区间为"0～90 天"。

（4）未达账账龄分析。根据账龄区间信息，分组统计每层的业务笔数、合计金额，再计算业务笔数占比和金额占比，参考代码如下。

行号	程序代码		
1	In [18]: df_group = df_wd.groupby('账龄')['金额'].agg([		
2	('业务笔数',np.size),('合计金额',np.sum)])		
3	In [19]: df_group		
4	Out [19]:　　　　　　　　　业务笔数　　　　　合计金额		
5	账龄		
6	0～90 天　　　　15.00　　　　1 410 166.80		
7	91～180 天　　　4.00　　　　349 443.10		
8	181～270 天　　　5.00　　　　655 313.10		
9	271～360 天　　　4.00　　　　343 856.00		
10	360 天以上　　　4.00　　　　674 873.80		
11	In [20]: df_group['业务笔数'].sum()		
12	Out [20]: 32.00		
13	In [21]: df_group['笔数占比/%'] = (df_group['业务笔数']/32.00)*100		
14	In [22]: df_group['合计金额'].sum()		
15	Out [22]: 3433652.80		
16	In [23]: df_group['金额占比/%'] = (df_group['合计金额/']/3433652.80)*100		
17	In [24]: df_group		
18	Out [24]:　　　　业务笔数　　　合计金额　　　笔数占比/%　　金额占比/%		
19	账龄		
20	0～90 天　　15.00　　1 410 166.80　　46.88　　41.07		
21	91～180 天　　4.00　　349 443.10　　12.50　　10.18		
22	181～270 天　　5.00　　655 313.10　　15.62　　19.09		
23	271～360 天　　4.00　　343 856.00　　12.50　　10.01		
24	360 天以上　　4.00　　674 873.80　　12.50　　19.65		

【代码解析】上述代码中，第 1 行代码根据账龄区间进行分组，统计每层发生的业务笔数及合计金额；第 13 行代码计算每层业务笔数的占比；第 16 行代码计算每层发生金额的占比。从输出结果可以看出，账龄超过 360 天的未达账虽然只有 4 笔，但金额却占到 19.65%，需要进一步确认发生坏账损失的可能性。

（5）可视化分析。根据账龄分析的结果绘制相应图形，参考代码如下。

行号	程序代码	
1	In[25]:　plt.rcParams['font.sans-serif']='SimHei'　　　　#显示中文	
2	plt.rcParams['axes.unicode_minus']=False　　　#设置正常显示符号	
3	#（1）在同一张图中显示业务笔数及其占比	
4	df_group.plot.bar(y=['业务笔数','笔数占比/%'])	
5	#（2）合计金额柱形图	
6	df_group.plot.bar(y='合计金额', ylabel = '合计金额/元', legend=False)	
7	#指定 y 轴刻度的数目与取值，目的是不以科学记数法显示 y 轴数字	
8	tick_lab = ['250000', '500000', '750000', '1000000', '1250000',	

9	'1500000']
10	tick_val = [250000, 500000, 750000, 1000000, 1250000, 1500000]
11	plt.yticks(tick_val, tick_lab)
12	#（3）金额占比饼图
13	df_group.plot.pie(figsize=(8,6),autopct='%.2f%%')
14	Out[25]: #代码输出结果分别如图 8-4、图 8-5 和图 8-6 所示

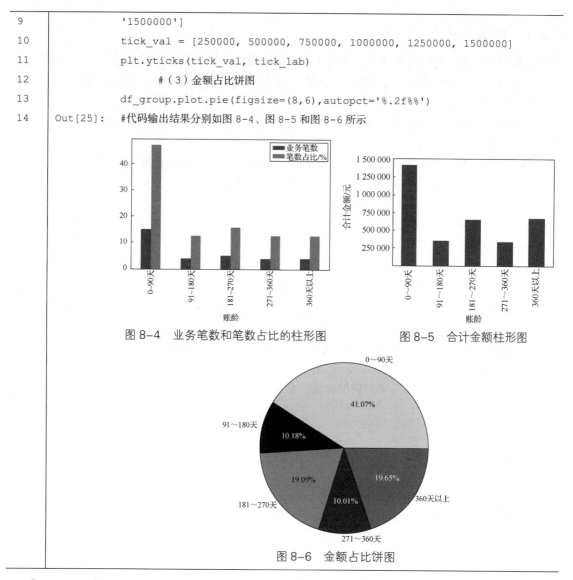

图 8-4　业务笔数和笔数占比的柱形图

图 8-5　合计金额柱形图

图 8-6　金额占比饼图

【代码解析】上述代码中，第 4 行代码调用 df_group.plot.bar()函数，其作用是在同一张图中显示业务笔数和笔数占比；第 6 行代码是用柱形图展示合计金额。之所以没有将业务笔数、笔数占比和合计金额在同一张图中进行显示，是由于从第 4 步的结果可以看出，业务笔数、笔数占比和合计金额的数字不在同一个数量级，若在同一张图中展示，将无法表达业务笔数和笔数占比的相对关系；第 8 行代码的作用是以饼图的形式显示金额占比，参数 autopct 的作用是在图形中显示百分比。

8.2　管理会计应用案例

在管理会计应用领域，主要介绍资金时间价值、企业筹资分析、净现值法应用、投资回收期测算、成本性态分析和本量利分析 6 个案例。

微课 8-3

8.2.1　资金时间价值

众所周知，在市场经济条件下，即使不存在通货膨胀，等量资金在不同时点上的价值量也不相等，今天的 1 元和将来的 1 元不等值。比如，若银行存款年利率为 10%，将今天的 1 元（本金，即现值）存入银行，一年以后就会是 1.10 元（本利合，即终值）。可见，经过一年时间，这 1 元发生了 0.10 元的增值。人们将资金在使用过程中随时间的推移而发生增值的现象，称为资金具有时间价值的属性。

终值与现值的计算涉及利息计算方式的选择。目前有两种利息计算方式，即单利和复利。在单利方式下，每期都按初始本金计算利息，当期利息即使不取出也不计入下期本金，计算基础不变。在复利方式下，以当期末本利和为计息基础计算下期利息，即利上加利。

本节为讲解方便，先设定如下符号标识：*interest* 为利息；*present* 为现值；*future* 为终值；*rate* 为每利息期的利率（折现率）；*n* 为计算利息的期数。

1. 单利的终值与现值

（1）按照单利的计算法则，其终值的计算公式为：

$$future = present \times (1 + rate \times n) \qquad （式 8-10）$$

例 8-11 某人持有一张带息票据，面额为 2 000 元，票面年利率为 5%，出票日期为 8 月 12 日，到票日为 11 月 10 日（共计 90 天）。在计算利息时，对于不足一年的利息，以一年等于 365 天来折算。要求计算该带息票据到期的终值。参考代码如下。

行号	程序代码
1	`In  [1]:    present=2000      #现值`
2	`            rate=0.05         #利率为5%`
3	`            n=90/365          #期数`
4	`In  [2]:    #计算终值`
5	`            future = round(present*(1+rate*n), 2)`
6	`In  [3]:    print('%.2f'%future)`
7	`Out [3]:    2024.66`

（2）在单利计息方式下，现值的计算与终值的计算是互逆的，由终值计算现值的过程称为折现。单利现值的计算公式为：

$$present = \frac{future}{1 + rate \times n} \qquad （式 8-11）$$

例 8-12 某人希望在 5 年后取得本利和 100 000 元，用以支付一笔款项。在利率为 5%、单利计息的条件下，计算此人现在需存入银行的资金。参考代码如下。

行号	程序代码
1	`In  [1]:    future=100000     #终值`
2	`            rate=0.05         #利率为5%`
3	`            n=5               #期数`
4	`In  [2]:    #计算现值`
5	`            present = round(future/(1+rate*n), 2)`

| 6 | In　[3]:　print('%.2f'%present) |
| 7 | Out [4]:　80000.00 |

2. 复利的终值与现值

（1）复利终值是指一定量的本金按复利计算若干期后的本利和。其计算公式为：

$$future = present \times (1+rate)^n \qquad （式 8-12）$$

（式 8-12）中的 $(1+rate)^n$ 通常称作复利终值系数（Future Value Interest Factor，FVIF）。

例 8-13 某人将 20 000 元存入银行，年存款利率为 3%，计算 3 年后的本利和。参考代码如下。

行号	程序代码
1	In　[1]:　present=20000　#现值
2	rate=0.03　　#利率为 3%
3	n=3　　　　#期数
4	In　[2]:　#计算复利终值系数
5	FVIF = (1+rate)**n
6	In　[3]:　#计算复利终值
7	future = present*FVIF
8	In　[4]:　print('%.2f'%future)
9	Out [4]:　21854.54

（2）复利现值相当于原始本金，它是指今后某一特定时间收到或付出的一笔款项，按折现率 *rate* 所计算的现在时点的价值。其计算公式为：

$$present = future \times (1+rate)^{-n} \qquad （式 8-13）$$

（式 8-13）中的 $(1+rate)^{-n}$ 通常称作复利现值系数（Present Value Interest Factor，PVIF）。

例 8-14 某项投资预计 6 年后可获得收益 800 万元，按年利率（折现率）12% 计算，计算这笔收益的现值。参考代码如下。

行号	程序代码
1	In　[1]:　future=8000000　#终值
2	rate=0.12　　#利率为 12%
3	n=6　　　　#期数
4	In　[2]:　#计算复利现值系数
5	PVIF = (1+rate)**(-n)
6	In　[3]:　#计算复利现值
7	present = round(future*PVIF, 2)
8	In　[4]:　print('%.2f'%present)
9	Out [4]:　4053048.97

3. 普通年金的终值与现值

前面介绍了一次性收付款项，除此之外，实务中还存在一定时期内多次收付的款项，即系列收付款项。如果每次收付的金额相等，则这样的系列收付款项便称为年金。

年金的形式多种多样，如保险费、养老金、折旧、租金、等额分期收款、等额分期付款以及零存整取储蓄等。

年金按其每次收付发生的时点不同，可分为普通年金、即付年金、递延年金、永续年金等。本节重点讲解普通年金的终值与现值的计算。

（1）普通年金的终值。普通年金是指从第一期起，在一定时期内每期期末等额发生的系列收付款项，又称后付年金，如图 8-7 所示。

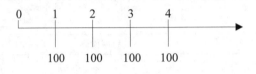

图 8-7　普通年金示意

在图 8-7 中，横轴代表时间，用数字标出各期的顺序号，竖线的位置表示支付的时点，竖线下端数字表示支付或收到的金额。图 8-7 表示 4 期内每年 100 元的普通年金。

根据复利终值的方法计算年金终值 *future* 的公式为：

$$future = A + A \times (1+rate) + A \times (1+rate)^2 + \cdots + A \times (1+rate)^n \qquad （式 8-14）$$

在（式 8-14）中，*A* 表示年金。整理上式，可得到：

$$future = A \times \frac{(1+rate)^n - 1}{rate} \qquad （式 8-15）$$

（式 8-15）中的 $\frac{(1+rate)^n - 1}{rate}$ 通常称作年金终值系数（Future Value Interest Factor of Annuity，FVIFA）。

例 8-15 假设企业投资某项目，在 5 年建设期内每年年末从银行借款 100 万元，借款年利率为 10%，计算该项目竣工时企业应付本息的总额。参考代码如下。

行号	程序代码
1	In [1]:　　A=1000000　　　#年金
2	rate=0.1　　　#利率为10%
3	n=5　　　　　#期数
4	In [2]:　　#计算年金终值系数
5	FVIFA = ((1+rate)**n-1)/rate
6	In [3]:　　#计算年金终值
7	future = round(A*FVIFA, 2)
8	In [4]:　　print('%.2f'%future)
9	Out [4]:　　6105100.00

（2）普通年金的现值。年金现值是指一定时期内每期期末等额收付款项的复利现值之和。年金现值的计算公式为：

$$present = A \times (1+rate)^{-1} + A \times (1+rate)^{-2} + \cdots + A \times (1+rate)^{-n} \qquad （式 8-16）$$

整理上式，可得到：

$$present = A \times \frac{1-(1+rate)^{-n}}{rate} \qquad （式 8-17）$$

（式 8-17）中的 $\frac{1-(1+rate)^{-n}}{rate}$ 通常称作年金现值系数（Present Value Interest Factor of Annuity，简称 PVIFA）。

例 8-16 假设某企业租用一大型设备，每年年末需要支付租金 120 万元，年利率为 10%，计算该企业 5 年内应支付的设备租金总额的现值。参考代码如下。

行号	程序代码
1	`In  [1]:    A=1200000      #年金`
2	`            rate=0.1       #利率为 10%`
3	`            n=5            #期数`
4	`In  [2]:   #计算年金现值系数`
5	`            PVIFA = (1-(1+rate)**(-n))/rate`
6	`In  [3]:   #计算年金现值`
7	`            present = round(A*PVIFA, 2)`
8	`In  [4]:   print('%.2f'%present)`
9	`Out [4]:   4548944.12`

8.2.2　企业筹资分析

1. 筹资概述

企业筹资，是指企业作为筹资主体根据其生产经营、对外投资和调整资本结构等需要，通过一定的渠道，采取适当的方式，获取所需资金的一种行为。

按照筹资方式，筹资可以分为权益筹资和负债筹资。企业通过发行股票、吸收直接投资、内部积累（如留存收益）等方式筹集的资金都属于企业的所有者权益或称为自有资金。企业通过发行债券、向银行借款、融资租赁等方式筹集的资金属于企业的负债或称为借入资金。其中，留存收益属于内部筹资；其他方式，如股票筹资、债券筹资、长期借款等都属于外部筹资，如图 8-8 所示。

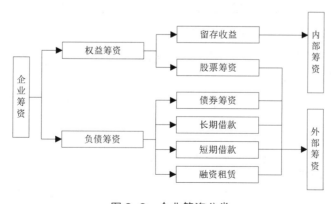

图 8-8　企业筹资分类

企业采用吸收自有资金的方式筹集资金，财务风险小，但付出的资金成本相对较高；企业采用借入资金的方式筹集资金，一般承担的风险较大，但相对而言，付出的资金成本较低。

2. 用销售百分比法预测资金需要量

企业在筹资之前，应当采用一定的方法预测资金需要量。只有这样，才能使筹集来的资金既能保证满足生产经营的需要，又不会有太多的闲置。

预测资金需要量的方法通常有定性预测法、因素分析法、销售百分比法和线性回归分析法等。其中，销售百分比法是企业在预测资金需要量时常用的方法之一。该方法假设在一定的销售收入范围内，财务报表中的敏感项目与销售收入之间的百分比保持不变，非敏感项目的数额保持不变。

销售百分比法的实施步骤如下。

（1）销售预测。预测未来某一时期的销售总额或销售增长率。

（2）计算百分比。计算当前资产负债表中各项目与当前销售额的百分比，并区分敏感项目和非敏感项目。

（3）计算筹资需求总额。融资需求总额的计算公式如下：

$$筹资需求总额 = 预计销售收入的增长数额 \times$$
$$（敏感资产项目与销售额的百分比 - 敏感负债项目与销售额的百分比） \quad （式 8\text{-}18）$$

（4）计算对外筹资需要量。根据利润率和股利分配政策估计内部留存收益，最后确定对外筹资数额。对外筹资需要量的计算公式如下：

$$对外筹资需要量 = 筹资需求总额 - 留存收益增加 \quad （式 8\text{-}19）$$
$$留存收益增加 = 预计销售收入 \times 计划销售净利率 \times （1 - 股利支付率） \quad （式 8\text{-}20）$$

外部筹资可以通过银行借款或增发股本等方式筹资，涉及资本结构管理问题。通常，在目标资本结构允许的情况下，企业会优先使用借款筹资。

例 8-17 从新浪财经网收集浙江医药（证券代码为 600216）的资产负债表、利润表及股利支付率数据，以 2016—2020 年的财务数据为历史数据，预测 2021 年筹资需求。

（1）导入环境，参考代码如下。

行号	程序代码
1	`In [1]:` `import numpy as np` #导入 NumPy 库
2	`import pandas as pd` #导入 Pandas 库
3	#为了直观地显示数字，不采用科学记数法
4	`pd.set_option('display.float_format', lambda x:'%.2f'%,x)`

（2）导入资产负债表，参考代码如下。

行号	程序代码					
1	`In [2]:` #导入资产负债表					
2	`df_balanceSheet = pd.read_excel(r'D:\Examples\Ch8\浙江医药(600216)_资产负`					
3	`债表.xlsx' , index_col=0)`					
4	`In [3]:` `df_balanceSheet`					
5	`Out [3]:` 类别	20161231	20171231	20181231	20191231	20201231
6	报表项目					
7	货币资金 资产	1 317 386 859.00	1 417 251 846.00	1 492 026 322.00	1 277 829 937.00	1 628 915 875.00

8	交易性金融资产	资产	0.00	778 052.63	8 679 246.89	328 627 518.60	270 729 876.70
9	衍生金融资产	资产	0.00	0.00	0.00	0.00	0.00
10	......						
11	长期递延收益	负债	56 100 544.89	47 682 357.07	42 966 728.37	36 564 622.17	34 244 273.34
12	其他非流动负债	负债	0.00	0.00	0.00	0.00	0.00
13	63 rows × 6 columns						

【代码解析】上述代码中，第 2 行代码使用 read_excel()函数读取资产负债表中的数据，参数 index_col=0 表示以第 1 列作为行索引，将结果保存于变量 df_balanceSheet 中。需要说明的是，我们提前对采集到的资产负债表数据进行预处理，只保留了资产和负债类的项目，并增加了"类别"列，即报表项目区分为"资产"和"负债"两类，如最后的输出结果所示。

（3）导入利润表，参考代码如下。

行号	程序代码
1	In [4]: #导入利润表
2	df_profit = pd.read_excel(r'D:\Examples\Ch8\浙江医药(600216)_利润
3	表.xlsx', index_col=0)
4	In [5]: df_profit
5	Out [5]: 20161231 20171231 20181231 20191231 20201231
6	报表项目
7	一、营业总收入 5 279 204 031.00 5 692 580 365.00 6 858 741 581 7 043 927 619.00 7 326 934 799.00
8	五、净利润 444 341 965.70 239 540 981.10 327 205 852 291 953 706.10 659 644 526.20

【代码解析】上述代码中，第 2 行代码使用 read_excel()函数读取利润表中的数据，参数 index_col=0 表示以第 1 列作为行索引，将结果保存于变量 df_profit 中。需要说明的是，我们提前对采集到的利润表数据进行预处理，只保留了销售百分比法需要的项目，如最后的输出结果所示。

（4）财务指标分析。

财务指标分析，是指总结和评价企业财务状况与经营成果的分析指标，包括偿债能力指标、运营能力指标、盈利能力指标和发展能力指标。本节以盈利能力指标的代表性指标"主营业务净利率"为例来演示财务指标分析。

主营业务净利率是企业的净利润与主营业务收入的比率，其计算公式为：

$$主营业务净利率=净利润÷主营业务收入×100\%$$ （式 8-21）

主营业务净利率指标反映了每一元主营业务收入给企业带来的净利润。该指标越大，说明企业经营活动的盈利水平越高。主营业务净利率指标分析中，应将企业连续几年的净利率加以比较，并对其盈利能力的趋势作出评价。

主营业务净利率分析的参考代码如下。

行号	程序代码
1	In [6]: df_rate = pd.DataFrame(df_profit.values.T, index=['2016年','2017年','2018
2	年','2019年','2020年'], columns=['营业总收入','净利润'])
3	df_rate['主营业务净利率/%']=df_rate['净利润']/df_rate['营业总收入']*100
4	df_rate

		营业总收入	净利润	主营业务净利率/%
5	Out [6]:			
6		2016 年	5 279 204 031.00	444 341 965.70	8.42
7		2017 年	5 692 580 365.00	239 540 981.10	4.21
8		2018 年	6 858 741 581.00	327 205 852.00	4.77
9		2019 年	7 043 927 619.00	291 953 706.10	4.14
10		2020 年	7 326 934 799.00	659 644 526.20	9.00

```
11  In [7]:  import matplotlib.pyplot as plt
12           plt.rcParams['font.sans-serif']='SimHei'        #显示中文
13           plt.rcParams['axes.unicode_minus']=False         #设置正常显示符号
14           #绘制净利率的趋势图
15           plt.plot(df_rate['主营业务净利率/%'], marker='+', color='b')
16           plt.title('主营业务净利率趋势图')          #添加标题
17           plt.ylabel('主营业务净利率/%')            #添加 y 轴的名称
18           plt.show()
19  Out [7]:  #代码输出结果如图 8-9 所示
```

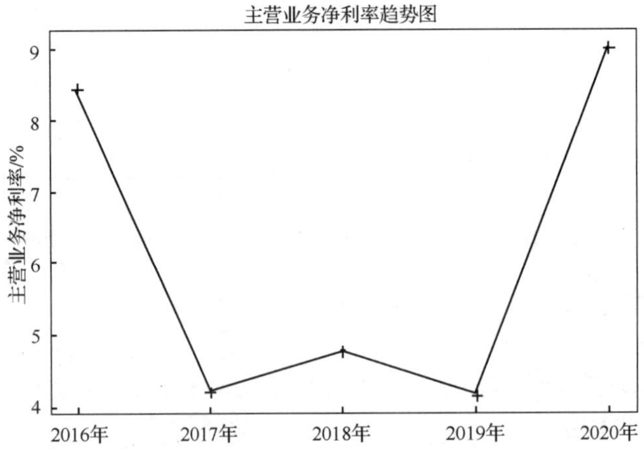

图 8-9　主营业务净利率趋势图

【代码解析】上述代码中，第 1 行和第 2 行代码对利润表 df_profit 进行行和列的转置，同时指定了行和列的索引名称，并将结果保存于 df_rate 中；第 3 行代码根据公式计算每一年的主营业务净利率，并为 df_rate 新增一列，列名为"主营业务净利率/%"；第 15 行代码使用 plot()函数绘制主营业务净利率的趋势图，同时指定点的类型为"+"，线条的颜色为蓝色；最后，从输出图形可以看出，2019—2020 年主营业务净利率增长比较明显，呈较好的上升趋势，该企业要想获得更好的发展，需要进行筹资。

（5）区分敏感项目和非敏感项目。应用销售百分比法，需要将资产负债表中的项目区分为敏感项目和非敏感项目。凡是随销售变动而变动并呈现一定比例关系的项目，称为敏感项目；凡是不随销售变动而变动的项目，称为非敏感项目。

在实际操作中，我们用相关系数来代表是否敏感，即计算各资产、负债项目与营业收入的相关系数。相关系数在[-1,1]，一般认为绝对值大于 0.8 的为强相关，绝对值小于 0.3 的没有相关性（相关系数的主要内容请参见 6.3.6 节），参考代码如下。

行号	程序代码						
1	In [8]: #定义计算相关系数的函数						
2	def gen_corr(x):						
3	return x.corr(df_profit.loc['一、营业总收入'])						
4	In [9]: df_balanceSheet['相关系数']=						
5	df_balanceSheet[[20201231,20191231,20181231,20171231,20161231]]						
6	.apply(gen_corr, axis=1)						
7	In [10]: df_corr = df_balanceSheet[abs(df_balanceSheet['相关系数'])>=0.8]						
8	df_corr						
9	Out[10]:		类别	20161231	……	20191231	20201231	相关系数
10	报表项目						
11	存货	资产	1 027 646 570.00	……	1 434 834 643.00	1 479 961 798.00	0.91
12	可供出售金融资产	资产	282 863 300.00	……	0.00	0.00	-0.80
13	固定资产	资产	3 526 355 948.00	……	3 992 333 948.00	3 874 509 137.00	0.88
14	生产性生物资产	资产	94 004.47	……	33 842.35	13 788.31	-0.96
15	商誉	资产	12 124 229.10	……	0.00	0.00	-0.96
16	递延所得税资产	资产	30 964 502.89	……	77 394 192.89	86 493 817.98	0.87
17	应付票据及应付账款	负债	948 807 112.50	……	781 654 053.70	698 589 291.00	-0.96
18	应付账款	负债	917 283 256.30	……	757 493 680.80	674 333 408.80	-0.97
19	应付职工薪酬	负债	60 878 322.14	……	109 601 844.00	132 454 508.70	0.91
20	其他应付款	负债	237 834 585.10	……	380 688 334.90	369 257 422.10	0.80
21	递延所得税负债	负债	39 547 533.69	……	23 015 773.03	11 379 218.79	-0.93
22	长期递延收益	负债	56 100 544.89	……	36 564 622.17	34 244 273.34	-0.96

【代码解析】上述代码中，第 1～3 行代码定义 gen_corr()函数，其作用是计算 df_balanceSheet 中每一行数据与 df_profit 中"一、营业总收入"数据的相关系数；第 4 行代码调用 apply()函数自动遍历 df_balanceSheet 对象的每一行数据（参数 axis=1，按行调用），最后将生成 df_balanceSheet 对象的新列"相关系数"；我们取相关系数绝对值为 0.8 及以上的为敏感项目，如第 7 行代码所示，筛选出敏感项目，保存于变量 df_corr 中，输出结果如第 9～22 行所示。

（6）应用 pct_change()函数，根据往年情况预测 2021 年的收入增长率。pct_change()函数的功能是计算当前元素与先前元素的相差百分比，本例中收入增长率的计算结果如表 8-7 所示。

表 8-7　　　　　　　　　　2016—2020 年营业收入及收入增长率计算　　　　　　　　　　单位：元

年度	营业收入	收入增长率
2016	5 279 204 031.00	NaN
2017	5 692 580 365.00	8%
2018	6 858 741 581.00	20%
2019	7 043 927 619.00	3%
2020	7 326 934 799.00	4%

由表 8-7 可知，由于没有 2016 年之前的数据，因此 2016 年的收入增长率为 NaN。2017 年收入增长率按如下公式计算。

$$收入增长率 = \frac{当前年度营业收入 - 上年营业收入}{上年营业收入} = \frac{5\,692\,580\,365 - 5\,279\,204\,031}{5\,279\,204\,031} \times 100\% \approx 8\%$$

其他年度收入增长率的计算参考 2017 年收入增长率的计算。

pct_change()函数的语法格式如下。

```
df.pct_change(periods)
```

其中，当参数 periods=1 时，表示本期数据与上期数据的环比增长率。

根据往年收入数据，计算各年收入增长率的参考代码如下。

行号	程序代码		
1	In [9]:	#计算收入增长率	
2		pct = df_profit.loc['一、营业总收入'].pct_change()	
3		pct	
4	Out [9]:	20161231	NaN
5		20171231	0.08
6		20181231	0.20
7		20191231	0.03
8		20201231	0.04
9		Name: 一、营业总收入, dtype: float64	
10	In [10]:	#以平均收入增长率作为 2021 年收入增长率	
11		round(pct.mean(),2)	
12	Out [10]:	0.09	

【代码解析】上述代码中，第 2 行代码根据利润表中"一、营业总收入"计算各年的收入增长率，结果如第 4～8 行代码所示；本例中，我们以各年的收入增长率平均值作为 2021 年的收入增长率，如代码第 10 行所示。从输出结果可以看出，预测 2021 年的收入增长率为 9%。

（7）以 2020 年为基期，计算敏感项目与销售额的百分比。以 2020 年为基期，计算当前资产负债表中各敏感项目与基期销售额的百分比，参考代码如下。

行号	程序代码						
1	In [11]:	#定义计算百分比的函数					
2		def gen_percentage(x):					
3		return round(x[20201231]/df_profit.loc['一、营业总收入', 20201231], 2)					
4	In [12]:	df_corr['百分比']=df_corr.apply(gen_percentage, axis=1)					
5		df_corr					
6	Out[12]:		类别	20161231	······	20201231	相关系数	百分比
7		报表项目						
8		存货	资产	1 027 646 570.00	······	1 479 961 798.00	0.91	0.20
9		可供出售金融资产	资产	282 863 300.00	······	0.00	-0.80	0.00
10		固定资产	资产	3 526 355 948.00	······	3 874 509 137.00	0.88	0.53
11		生产性生物资产	资产	94 004.47	······	13 788.31	-0.96	0.00
12		商誉	资产	12 124 229.10	······	0.00	-0.96	0.00
13		递延所得税资产	资产	30 964 502.89	······	86 493 817.98	0.87	0.01
14		应付票据及应付账款	负债	948 807 112.50	······	698 589 291.00	-0.96	0.10
15		应付账款	负债	917 283 256.30	······	674 333 408.80	-0.97	0.09
16		应付职工薪酬	负债	60 878 322.14	······	132 454 508.70	0.91	0.02

17	其他应付款	负债	237 834 585.10	……	369 257 422.10	0.80	0.05
18	递延所得税负债	负债	39 547 533.69	……	11 379 218.79	-0.93	0.00
19	长期递延收益	负债	56 100 544.89	……	34 244 273.34	-0.96	0.00

【代码解析】上述代码中，第 1～3 行代码定义 gen_percentage()函数，其作用是计算 df_corr 中每一行数据与 df_profit.loc 中 2020 年"一、营业总收入"的百分比；第 4 行代码调用 apply()函数自动遍历 df_corr 对象的每一行数据（参数 axis=1，表示按行调用），将生成 df_corr 对象的新列"百分比"，如最后的输出结果所示。有些项目虽然有金额，但其占营业收入的百分比可以忽略不计，如"生产性生物资产"项目。

（8）计算筹资需求总额，参考代码如下。

行号	程序代码
1	In [13]:　预计销售收入的增长数额 = df_profit.loc['一、营业总收入', 20201231]*0.09
2	In [14]:　预计销售收入的增长数额
3	Out [14]:　659424131.91
4	In [15]:　筹资需求总额 = 预计销售收入的增长数额 * (
5	df_corr[df_corr['类别']=='资产']['百分比'].sum() -
6	df_corr[df_corr['类别']=='负债']['百分比'].sum())
7	In [16]:　round(筹资需求总额,2)
8	Out [16]:　316523 583.32

【代码解析】上述代码中，第 1 行代码根据前面步骤得到的 2021 年预计收入增长率 9%计算 2021 年销售收入的增长额；从第 3 行的输出结果可以看出，2021 年销售收入增长额为 659 424 131.91 元；第 5～7 行代码是根据式 8-18 计算筹资需求总额；从第 9 行的输出结果可以看出，筹资需求总额为 316 523 583.32 元。

（9）利用利润表数据，计算往年的净利率，再根据往年净利率，预测 2021 年的净利率。参考代码如下。

行号	程序代码
1	In [17]:　#计算往年的净利率
2	净利率 = df_profit.loc['五、净利润']/df_profit.loc['一、营业总收入']
3	In [18]:　净利率
4	Out [18]:　20161231　0.08
5	20171231　0.04
6	20181231　0.05
7	20191231　0.04
8	20201231　0.09
9	dtype: float64
10	In [19]:　#以往年的平均净利率作为 2021 年净利率
11	round(净利率.mean(), 2)
12	Out [19]:　0.06

【代码解析】上述代码中，第 2 行代码计算往年的净利率；第 11 行代码统计往年净利率的平均值；从第 12 行的输出结果可以看出，净利率的平均值为 6%。本例中即以 6%作为 2021 年的净利率。

Python 财务数据分析与应用（微课版）

（10）导入往年股利支付率数据，预测 2021 年的股利支付率。股利支付率，也称股息发放率，是指净收益中股利所占的比重，它反映了公司的股利分配政策和股利支付能力。这里，我们首先导入往年股利支付率数据，计算股利支付率的平均值，将其作为 2021 年的股利支付率，参考代码如下。

行号	程序代码
1	In [20]: #导入股利支付率数据
2	df_index = pd.read_excel(r'D:\Examples\Ch8\ 浙 江 医 药 (600216)_财务指
3	标.xlsx', index_col=0)
4	In [21]: df_index

5	Out [21]:		2016 年	2017 年	2018 年	2019 年	2020 年
6		报表项目					
7		股利支付率/%	30.21	29.63	39.47	277.78	30.67

8	In [22]: df_index.mean(axis=1)
9	Out [22]: 报表项目
10	股利支付率/% 81.55
11	dtype: float64

【代码解析】上述代码中，第 2 行代码导入股利支付率数据；第 8 行代码统计往年股利支付率的平均值；从第 10 行输出结果可以看出，均值为 81.55%，即 2021 年股利支付率。

（11）根据净利率和股利分配政策估计内部留存收益，最后确定对外筹资数额。参考代码如下。

行号	程序代码
1	In [23]: 留存收益增加 = df_profit.loc['一、营业总收入', 20201231]*1.09*0.06*(1-0.8155)
2	对外筹资需要量=筹资需求总额-留存收益增加
3	In [24]: round(对外筹资需要量)
4	Out [24]: 228114590

【代码解析】从最后输出结果可以看出，案例中的公司 2021 年为了实现 9%的销售增长，需要的外部筹资额是 228 114 590 元。

上面介绍了如何运用销售百分比法预测外部筹资额的过程。但销售百分比法是一种比较简单、粗略的预测方法。该方法假设各项经营资产和经营负债与销售额保持稳定的百分比关系，这可能与事实不符，也不一定合理。此外，本例中收入增长率及股利支付率等数据都以往年的平均值作为预测值，也会影响最终的预测结果，这些都是读者在具体应用时需要注意的。

8.2.3 净现值法应用

1. 项目投资及项目投资决策评价指标概述

项目投资是一种以特定项目为对象，直接与新建项目或更新改造项目有关的长期投资行为。从性质上看，它是企业直接的、生产性的对内实物投资，通常包括固定资产投资、无形资产投资、开办费投资和流动资金投资等内容。

项目投资的金额大，影响的时间长，投资的风险大，一旦投资就难以改变或补救，因此在投资以前必须进行科学分析和评价，并在此基础上进行决策。项目投资决策评价指标是衡量和比较投资项目可行性并进行方案决策的定量化标准与尺度，是由一系列综合反映投资效益、投入产出关系的量化指标构成的。

项目投资决策评价指标比较多，从财务评价的角度主要有投资利润率、静态投资回收期、净现值、净现值率、获利指数和内部收益率等。

2. 净现值

净现值（Net Present Value，NPV）是指在项目计算期内，按行业基准收益率或其他投资设定折现率计算的各年净现金流量现值的代数和。净现值法是评价投资方案的一种方法。该方法利用净现金效益量的总现值与净现金投资量计算出净现值，然后根据净现值的大小来评价投资方案。净现值为正值，投资方案是可以接受的；净现值为负值，从理论上来讲，投资方案是不可接受的，但是从实际操纵层面来说，这也许会和公司的战略性的决策有关，比如为了支持其他的项目，开发新的市场和产品，寻找更多的机会获得更大的利润。当然净现值越大，投资方案越好。净现值法是一种比较科学也比较简便的评价投资方案的方法。

净现值的基本计算公式如下：

$$净现值(\text{NPV}) = \sum_{t=0}^{n} \left(第 t 年的净现金流量 \times 第 t 年的复利现值系数\right) \qquad （式 8-22）$$

$$= \sum_{t=0}^{n} \frac{\text{NCF}_t}{(1+i_c)^t} = \sum_{t=0}^{n} \left[\text{NCF}_t \times (P/F, i_c, t)\right] \qquad （式 8-23）$$

（式 8-23）中，i_c 为该项目的行业基准收益率；$(P/F, i_c, t)$ 是第 t 年折现率为 i_c 的复利现值系数。

第 t 年净现金流量（NCF_t）的计算公式为：

$$\text{NCF}_t = \text{CI}_t - \text{CO}_t \qquad （式 8-24）$$

（式 8-24）中，CI_t 为第 t 年现金流入量；CO_t 为第 t 年现金流出量。

下面以单纯固定资产投资项目讲解净现值法的应用，其中，净现金流量采用简化方法进行计算。

例 8-18　某固定资产项目需要一次投入价款 1 000 万元，资金来源为银行借款，年利率为 10%，建设期为 1 年。该固定资产可使用 10 年，按直线法折旧，期满有净残值 100 万元。投入使用后，可持续经营期第 1～7 年，每年产品销售收入（不含增值税）增加 803.9 万元；第 8～10 年，每年产品销售收入（不含增值税）增加 693.9 万元，同时使第 1～10 年中每年的经营成本增加 370 万元。该企业的所得税税率为 25%，不享受减免税待遇。投产后第 7 年年末，用税后利润归还借款的本金，在还本之前的经营期内每年年末支付借款利息 110 万元，连续归还 7 年。请计算该固定资产投资项目的净现值。

（1）确定净现金流量的简化计算方法。

建设期净现金流量的简化计算公式如下：

$$建设期某年的净现金流量 = -该年发生的固定资产投资额 \qquad （式 8-25）$$

经营期净现金流量的简化计算公式如下：

$$经营期某年的净现金流量 = 该年因使用该固定资产新增的净利润 + 新增的折旧 + 新增的利息$$
$$+ 该年回收的固定资产净残值 \qquad （式 8-26）$$

（2）导入环境，参考代码如下。

行号	程序代码
1	In [1]:　　import numpy as np　　#导入 NumPy 库
2	import pandas as pd　　#导入 Pandas 库
3	#为了直观地显示数字，不采用科学记数法
4	pd.set_option('display.float_format', lambda x: '%.2f' % x)

（3）数据初始化。该项目包含 1 年建设期和 10 年投产期，即项目计算期为 11 年。建设期资本化利息=1 000×10%×1=100（万元），因此固定资产原值=1 000+100=1 100（万元）。该固定资产可使用 10 年，按直线法折旧，期满有净残值 100 万元，因此年折旧=(1 100−100)/10=100（万元）。结合题意可绘制出该项目的现金流量情况，如图 8-10 所示。

图 8-10 中，横轴代表时间，用数字标出各期的顺序号，竖线的位置表示现金流出或流入的时点，箭头向下表示现金流出，箭头向上表示现金流入。其中，经营期的第 1~7 年，即项目计算期的第 2~8 年的现金流入包括净利润、折旧和利息；项目计算期的第 9 年和第 10 年的现金流入包括净利润、折旧；而最后一年的现金流入包括净利润、折旧和回收固定资产的净残值。

接下来，我们分别以投资成本、销售收入、经营成本、折旧、利息和净残值为键，以各年数据构建列表为值，创建字典 data，再根据字典创建 DataFrame 对象 df_npv，参考代码如下。

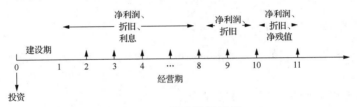

图 8-10 现金流量示意

行号	程序代码
1	In [2]:　data={'投资成本':[1000,0,0,0,0,0,0,0,0,0,0],
2	'销售收入':[0,803.9,803.9,803.9,803.9,803.9,803.9,803.9,693.9,693.9,693.9],
3	'经营成本':[0,370,370,370,370,370,370,370,370,370,370],
4	'折旧':[0,100,100,100,100,100,100,100,100,100,100],
5	'利息':[0,110,110,110,110,110,110,110,0,0,0],
6	'净残值':[0,0,0,0,0,0,0,0,0,0,100]}
7	df_npv=pd.DataFrame(data)
8	In [3]:　df_npv

行号		投资成本	销售收入	经营成本	折旧	利息	净残值
9	Out [3]:						
10	0	1 000	0.00	0	0	0	0
11	1	0	803.90	370	100	110	0
12	2	0	803.90	370	100	110	0
13	3	0	803.90	370	100	110	0
14	4	0	803.90	370	100	110	0
15	5	0	803.90	370	100	110	0
16	6	0	803.90	370	100	110	0
17	7	0	803.90	370	100	110	0

18	8	0	693.90	370	100	0	0
19	9	0	693.90	370	100	0	0
20	10	0	693.90	370	100	0	100

【代码解析】上述代码中，第 1 行代码创建字典 data，每个键对应的值为列表，列表中的数据分别代表所属年度的数据；第 7 行代码创建 DataFrame 对象 df_npv。从输出结果可以看出每年的投资成本、销售收入、经营成本、折旧、利息及净残值等数据。

（4）计算每年营业利润的增加额（其中，营业利润＝销售收入–经营成本–折旧–利息），并将结果保存为 df_npv 的一列，参考代码如下。

行号	程序代码
1	In　[4]:　df_npv['营业利润']=df_npv['销售收入']-df_npv['经营成本']-
2	df_npv['折旧']-df_npv['利息']
3	df_npv

4	Out [4]:		投资成本	销售收入	经营成本	折旧	利息	净残值	营业利润
5		0	1 000	0.00	0	0	0	0	0.00
6		1	0	803.90	370	100	110	0	223.90
7		2	0	803.90	370	100	110	0	223.90
8		3	0	803.90	370	100	110	0	223.90
9		4	0	803.90	370	100	110	0	223.90
10		5	0	803.90	370	100	110	0	223.90
11		6	0	803.90	370	100	110	0	223.90
12		7	0	803.90	370	100	110	0	223.90
13		8	0	693.90	370	100	0	0	223.90
14		9	0	693.90	370	100	0	0	223.90
15		10	0	693.90	370	100	0	100	223.90

（5）计算每年应交所得税的增加额（其中，所得税=营业利润×25%），并将结果保存为 df_npv 的一列，参考代码如下。

行号	程序代码
1	In　[5]:　df_npv['所得税']=df_npv['营业利润']*0.25
2	df_npv

3	Out [5]:		投资成本	销售收入	经营成本	折旧	利息	净残值	营业利润	所得税
4		0	1 000	0.00	0	0	0	0	0.00	0.00
5		1	0	803.90	370	100	110	0	223.90	55.97
6		2	0	803.90	370	100	110	0	223.90	55.97
7		3	0	803.90	370	100	110	0	223.90	55.97
8		4	0	803.90	370	100	110	0	223.90	55.97
9		5	0	803.90	370	100	110	0	223.90	55.97
10		6	0	803.90	370	100	110	0	223.90	55.97
11		7	0	803.90	370	100	110	0	223.90	55.97
12		8	0	693.90	370	100	0	0	223.90	55.97
13		9	0	693.90	370	100	0	0	223.90	55.97
14		10	0	693.90	370	100	0	100	223.90	55.97

（6）计算每年净利润的增加额（其中，净利润=营业利润−所得税），并将结果保存为 df_npv 的一列，参考代码如下。

行号	程序代码
1	In [6]: df_npv['净利润']=df_npv['营业利润']- df_npv['所得税']
2	df_npv

行号		投资成本	销售收入	经营成本	折旧	利息	净残值	营业利润	所得税	净利润
3	Out [6]:									
4	0	1 000	0.00	0	0	0	0	0.00	0.00	0.00
5	1	0	803.90	370	100	110	0	223.90	55.97	167.92
6	2	0	803.90	370	100	110	0	223.90	55.97	167.92
7	3	0	803.90	370	100	110	0	223.90	55.97	167.92
8	4	0	803.90	370	100	110	0	223.90	55.97	167.92
9	5	0	803.90	370	100	110	0	223.90	55.97	167.92
10	6	0	803.90	370	100	110	0	223.90	55.97	167.92
11	7	0	803.90	370	100	110	0	223.90	55.97	167.92
12	8	0	693.90	370	100	0	0	223.90	55.97	167.92
13	9	0	693.90	370	100	0	0	223.90	55.97	167.92
14	10	0	693.90	370	100	0	100	223.90	55.97	167.92

（7）计算每年的净现金流量（其中，净现金流量=净利润+折旧+利息+净残值−投资成本），并将结果保存为 df_npv 的一列，参考代码如下。

行号	程序代码
1	In [7]: df_npv['净现金流量']=df_npv['净利润']+df_npv['折旧']+
2	df_npv['利息']+df_npv['净残值']-df_npv['投资成本']
3	df_npv

行号		投资成本	销售收入	……	净残值	营业利润	所得税	净利润	净现金流量
4	Out [7]:								
5	0	1 000	0.00	……	0	0.00	0.00	0.00	−1 000.00
6	1	0	803.90	……	0	223.90	55.97	167.92	377.92
7	2	0	803.90	……	0	223.90	55.97	167.92	377.92
8	3	0	803.90	……	0	223.90	55.97	167.92	377.92
9	4	0	803.90	……	0	223.90	55.97	167.92	377.92
10	5	0	803.90	……	0	223.90	55.97	167.92	377.92
11	6	0	803.90	……	0	223.90	55.97	167.92	377.92
12	7	0	803.90	……	0	223.90	55.97	167.92	377.92
13	8	0	693.90	……	0	223.90	55.97	167.92	267.92
14	9	0	693.90	……	0	223.90	55.97	167.92	267.92
15	10	0	693.90	……	100	223.90	55.97	167.92	367.92

（8）根据年利率10%，计算每年的复利现值系数，并将结果保存为 df_npv 的一列，参考代码如下。

行号	程序代码
1	In [8]: df_npv['复利现值系数']=(1+0.1)**(-df_npv.index)

2	df_npv								
3	Out [8]:		投资成本	销售收入	……	营业利润	所得税	净利润	净现金流量	复利现值系数
4		0	1 000	0.00	……	0.00	0.00	0.00	-1 000.00	1.00
5		1	0	803.90	……	223.90	55.97	167.92	377.92	0.91
6		2	0	803.90	……	223.90	55.97	167.92	377.92	0.83
7		3	0	803.90	……	223.90	55.97	167.92	377.92	0.75
8		4	0	803.90	……	223.90	55.97	167.92	377.92	0.68
9		5	0	803.90	……	223.90	55.97	167.92	377.92	0.62
10		6	0	803.90	……	223.90	55.97	167.92	377.92	0.56
11		7	0	803.90	……	223.90	55.97	167.92	377.92	0.51
12		8	0	693.90	……	223.90	55.97	167.92	267.92	0.47
13		9	0	693.90	……	223.90	55.97	167.92	267.92	0.42
14		10	0	693.90	……	223.90	55.97	167.92	367.92	0.39

（9）计算每年的现值（其中，第 t 年的现值=第 t 年的净现金流量×第 t 年的复利现值系数），并将结果保存为 **df_npv** 的一列，参考代码如下。

行号	程序代码								
1	In [9]: df_npv['现值']= df_npv['净现金流量']*df_npv['复利现值系数']								
2	df_npv								
3	Out [9]:		投资成本	销售收入	……	所得税	净利润	现金净流量	复利现值系数	现值
4		0	1 000	0.00	……	0.00	0.00	-1 000.00	1.00	-1 000.00
5		1	0	803.90	……	55.97	167.92	377.92	0.91	343.57
6		2	0	803.90	……	55.97	167.92	377.92	0.83	312.33
7		3	0	803.90	……	55.97	167.92	377.92	0.75	283.94
8		4	0	803.90	……	55.97	167.92	377.92	0.68	258.13
9		5	0	803.90	……	55.97	167.92	377.92	0.62	234.66
10		6	0	803.90	……	55.97	167.92	377.92	0.56	213.33
11		7	0	803.90	……	55.97	167.92	377.92	0.51	193.94
12		8	0	693.90	……	55.97	167.92	267.92	0.47	124.99
13		9	0	693.90	……	55.97	167.92	267.92	0.42	113.63
14		10	0	693.90	……	55.97	167.92	367.92	0.39	141.85

（10）将 DataFrame 转置，这样更接近我们平常看到的投资现金流量表，参考代码如下。

行号	程序代码								
1	In [10]: df_npv.T								
2	Out [10]:		0	1	……	6	7	8	9	10
3		投资成本	1 000.00	0.00	……	0.00	0.00	0.00	0.00	0.00
4		销售收入	0.00	803.90	……	803.90	803.90	803.90	803.90	803.90
5		经营成本	0.00	370.00	……	370.00	370.00	370.00	370.00	370.00
6		折旧	0.00	100.00	……	100.00	100.00	100.00	100.00	100.00

7	利息	0.00	110.00	……	110.00	110.00	0.00	0.00	0.00
8	净残值	0.00	0.00	……	0.00	0.00	0.00	0.00	100.00
9	营业利润	0.00	223.90	……	223.90	223.90	223.90	223.90	223.90
10	所得税	0.00	55.97	……	55.97	55.97	55.97	55.97	55.97
11	净利润	0.00	167.92	……	167.92	167.92	167.92	167.92	167.92
12	净现金流量	-1 000.00	377.92	……	377.92	377.92	267.92	267.92	367.92
13	复利现值系数	1.00	0.91	……	0.56	0.51	0.47	0.42	0.39
14	现值	-1 000.00	343.57	……	213.33	193.94	124.99	113.63	141.85

上述代码中，第 1 行代码调用了 DataFrame 的 T 属性，其作用是对数据的行列进行转置。比较第（10）步与第（9）步的结果，可以看出，数据表的行列进行了置换。

（11）计算净现值，参考代码如下。

行号	程序代码
1	In [11]:　　npv = round(df_npv['现值'].sum(), 2)
2	npv
3	Out [11]:　1220.36

从输出结果可以看出，该项目的净现值为 1 220.36 万元，说明该项目投资具有可行性。

8.2.4　投资回收期测算

回收期（Payback Period，PP），也称为投资回收期，是指投资项目的未来净现金流量与原始投资额相等时所经历的时间，即原始投资额通过未来现金流量回收所需要的时间。回收的时间越长，风险越大，因此，回收期长短是投资者十分关心的问题。

回收期可分为静态回收期和动态回收期。静态回收期是指在不考虑资金时间价值的情况下，从项目净收入中收回所有投资所需的时间。动态回收期是指根据基准收益率，将投资项目每年的净现金流量转换为现值后计算的投资回收期，这是它与静态投资回收期的根本区别。动态回收期是净现金流量累计现值等于 0 时的年份。

回收期一般以年为单位，包括以下两种形式：包括建设期的投资回收期（记作 PP）和不包括建设期的投资回收期（记作 PP'）。显然，当建设期为 s 时，PP'+s=PP。只要求出其中一种形式的回收期，就可方便地推算出另一种。

回收期的计算公式如下：

$$包括建设期的投资回收期（PP）=累计净现金流量第一次出现正值的年份-1$$
$$+\frac{该年年初尚未收回的投资}{该年净现金流量}　　　　（式 8-27）$$

例 8-19　续例 8-18，计算该项投资的静态回收期和动态回收期。

在例 8-18 的基础上，对净现金流量进行累计求和。这时可以使用 Pandas 的 cumsum()函数，其功能是对某列或某行累计求和。cumsum()函数的语法格式如下。

```
df.cumsum(axis=0, skipna=True)
```

cumsum()函数的参数如表 8-8 所示。

表 8-8　　　　　　　　　　　　　　　　cumsum()函数的参数

参数	说明	实例
axis	表示函数作用于轴的方向	（1）axis=0，默认值，将函数作用到每一列。 （2）axis=1，将函数作用到每一行
skipna	是否排除空值	默认值 True，表示排除空值

对净现金流量进行累计求和的参考代码如下。

行号	程序代码
1	In [12]:　df_npv.T
2	Out [12]:

		0	1	……	6	7	8	9	10
3	投资成本	1 000.00	0.00	……	0.00	0.00	0.00	0.00	0.00
4	销售收入	0.00	803.90	……	803.90	803.90	803.90	803.90	803.90
5	经营成本	0.00	370.00	……	370.00	370.00	370.00	370.00	370.00
6	折旧	0.00	100.00	……	100.00	100.00	100.00	100.00	100.00
7	利息	0.00	110.00	……	110.00	110.00	0.00	0.00	0.00
8	净残值	0.00	0.00	……	0.00	0.00	0.00	0.00	100.00
9	营业利润	0.00	223.90	……	223.90	223.90	223.90	223.90	223.90
10	所得税	0.00	55.97	……	55.97	55.97	55.97	55.97	55.97
11	净利润	0.00	167.92	……	167.92	167.92	167.92	167.92	167.92
12	净现金流量	-1 000.00	377.92	……	377.92	377.92	267.92	267.92	367.92
13	复利现值系数	1.00	0.91	……	0.56	0.51	0.47	0.42	0.39
14	现值	-1 000.00	343.57	……	213.33	193.94	124.99	113.63	141.85

行号	程序代码
15	In [13]:　df_npv['净现金流量'].cumsum()
16	Out [13]:　0　　-1000.00
17	1　　 -622.08
18	2　　 -244.15
19	3　　　133.77
20	4　　　511.70
21	5　　　889.62
22	6　　 1267.55
23	7　　 1645.47
24	8　　 1913.40
25	9　　 2181.32
26	10　 2549.25
27	Name: 净现金流量, dtype: float64

【代码解析】上述代码中，第 15 行代码使用 cumsum()函数对净现金流量进行累计求和。从输出结果可以看出，index=3，即第 4 年时累计净现金流量第一次出现正值，因此，该年年初尚未收回的投资为-244.15 万元的绝对值，该年的净现金流量为 377.92 万元。

接下来，根据（式 8-27）计算静态回收期的参考代码如下。

行号	程序代码
1	In [14]:　静态回收期=4-1+round(abs(-244.15)/377.92, 2)
2	静态回收期
3	Out [14]:　3.65

从输出结果可以看出，包括建设期的静态回收期为 3.65 年。

同理，考虑资金的时间价值，计算动态回收期。此时对现值进行累计求和，参考代码如下。

行号	程序代码
1	In [15]:　df_npv['现值'].cumsum()
2	Out [15]:　0　　-1000.00
3	1　　 -656.43
4	2　　 -344.10
5	3　　　-60.16
6	4　　　197.97
7	5　　　432.63
8	6　　　645.96
9	7　　　839.90
10	8　　　964.89
11	9　　 1078.51
12	10　 1220.36
13	Name: 现值, dtype: float64

【代码解析】上述代码中，第 1 行代码使用 cumsum()函数对现值进行累计求和。从输出结果可以看出，index=4，即第 5 年时累计净现金流量第一次出现正值，因此，该年年初尚未收回的投资为-60.16 万元的绝对值，该年的净现金流量为 377.92 万元。

接下来，根据（式 8-27）计算动态回收期的参考代码如下。

行号	程序代码
1	In [16]:　动态回收期=5-1+round(abs(-60.16)/377.92, 2)
2	动态回收期
3	Out [16]:　4.16

从输出结果可以看出，包括建设期的动态回收期为 4.16 年。

动态投资回收期法考虑了资金的时间价值，克服了静态投资回收期法的缺陷，因而优于静态投资回收期法；但它仍然具有主观性，同样忽略了回收期以后的净现金流量。当未来年份的净现金流量为负数时，动态投资回收期可能变得无效，甚至会导致错误的决策。因此，用动态投资回收期法计算投资回收期限并非是最理想的指标。

例 8-20　根据某餐饮公司 2021 年的市场行情预测和公司发展规划，运营部门制订了 2022年新开店计划，如表 8-9 所示。其中，营业预测是每月的经营收益，增长率是指每月经营收益增长率。表 8-10 所示是根据历年数据统计的投资标准成本，其中，设计、地板、照明、墙面及水电工程成本根据店面的面积计算。表 8-11 列出了与店面规模相关的其他成本。现假设年折现率为10%，根据上述材料，计算各家投资店面的动态回收期。

表 8-9　　　　　　　　　　　　　新开店计划

店名	地址	开店日期	开始建设日期	面积/平方米	店面规模	营业预测/元	增长率/%
11 号店	南京	2022 年 3 月	2022 年 2 月	1 000	大型店	47 000	2
12 号店	合肥	2022 年 5 月	2022 年 3 月	500	中型店	27 200	1.5
13 号店	重庆	2022 年 6 月	2022 年 4 月	600	中型店	64 400	3
14 号店	太原	2022 年 8 月	2022 年 7 月	300	小型店	10 000	2
15 号店	昆明	2022 年 10 月	2022 年 9 月	200	小型店	14 000	2.5
16 号店	济南	2022 年 11 月	2022 年 9 月	950	大型店	80 000	3

表 8-10　　　　　　　　　　　与店面面积相关的成本

成本项目	单价/（元/平方米）
设计	50
地板	130
照明	6
墙面	200
水电工程	25

表 8-11　　　　　　　　　　　与店规模相关的成本　　　　　　　　　　　　单位：元

成本项目	小型店	中型店	大型店
厨柜	6 000	8 000	12 000
吧台	5 000	6 000	8 000
招牌	2 000	2 500	3 000
桌椅	12 000	22 000	36 000
设备	150 000	300 000	450 000
电子广告牌	10 000	15 000	20 000

（1）导入环境，参考代码如下。

行号	程序代码
1	In　[1]:　import numpy as np　　#导入 NumPy 库
2	import pandas as pd　　#导入 Pandas 库
3	#为了直观地显示数字，不采用科学记数法
4	pd.set_option('display.float_format', lambda x: '%.2f' % x)

（2）数据初始化。根据题目资料，分别创建 DataFrame 对象保存表 8-9、表 8-10 及表 8-11 中的数据，参考代码如下。

行号	程序代码
1	In　[2]:　#新店信息
2	dict_store = {'店名':['11 号店','12 号店','13 号店','14 号店','15 号店','16 号店'],
3	'地址':['南京','合肥','重庆','太原','昆明','济南'],

```
4          '开店日期':['2022-3','2022-5','2022-6','2022-8','2022-10','2022-11'],
5          '开始建设日期':['2022-2','2022-3','2022-4','2022-7','2022-9','2022-9'],
6          '面积':[1000,500,600,300,200,950],
7          '店面规模':['大型店','中型店','中型店','小型店','小型店','大型店'],
8          '营业预测':[47000,27200,64400,10000,14000,80000],
9          '增长率':[2,1.5,3,2,2.5,3]}
10   df_store = pd.DataFrame(dict_store)
11   df_store
```

Out [2]:

	店名	地址	开店日期	开始建设日期	面积	店面规模	营业预测	增长率
0	11号店	南京	2022-3	2022-2	1000	大型店	47 000	2.00
1	12号店	合肥	2022-5	2022-3	500	中型店	27 200	1.50
2	13号店	重庆	2022-6	2022-4	600	中型店	64 400	3.00
3	14号店	太原	2022-8	2022-7	300	小型店	10 000	2.00
4	15号店	昆明	2022-10	2022-9	200	小型店	14 000	2.50
5	16号店	济南	2022-11	2022-9	950	大型店	80 000	3.00

```
In [3]:   #与面积有关的成本
20   dict_cost_area = {'成本项目':['设计','地板','照明','墙面','水电工程'],
21          '单价':[50,130,6,200,25]}
22   df_cost_area = pd.DataFrame(dict_cost_area)
23   df_cost_area
```

Out [3]:

	成本项目	单价
0	设计	50
1	地板	130
2	照明	6
3	墙面	200
4	水电工程	25

```
In [4]:   #与规模有关的成本
31   dict_cost_size = {'成本项目':['厨柜','吧台','招牌','桌椅','设备','电子广告牌'],
32          '小型店':[6000,5000,2000,12000,150000,10000],
33          '中型店':[8000,6000,2500,22000,300000,15000],
34          '大型店':[12000,8000,3000,36000,450000,20000]}
35   df_cost_size = pd.DataFrame(dict_cost_size)
36   df_cost_size
```

Out [4]:

	成本项目	小型店	中型店	大型店
0	厨柜	6 000	8 000	12 000
1	吧台	5 000	6 000	8 000
2	招牌	2 000	2 500	3 000
3	桌椅	12 000	22 000	36 000
4	设备	150 000	300 000	450 000
5	电子广告牌	10 000	15 000	20 000

【代码解析】上述代码中，第 11 行代码创建了存储新店信息的变量 df_store；第 23 行代码创建了存储与面积相关的成本项目的变量 df_cost_area；第 36 行代码创建了存储与店面规模相关的成本项目的变量 df_cost_size。

（3）计算建设期。由于开店日期、开始建设日期、营业预测和增长率都是以月为单位的，因此本例中计算回收期以月为时间单位。根据开始建设日期与开店日期计算各新店的建设期的参考代码如下。

行号	程序代码
1	In [5]: #定义计算建设期的函数
2	def gen_months(x):
3	begDate = pd.to_datetime(x['开始建设日期'],format='%Y-%m')
4	endDate = pd.to_datetime(x['开店日期'],format='%Y-%m')
5	#由于开始建设日期与开店日期都在同一年，两者月份相减即建设期
6	months = endDate.month - begDate.month
7	return months
8	In [6]: df_store['建设期'] = df_store.apply(gen_months,axis=1) #生成"建设期"列
9	df_store

行号		店名	地址	……	面积	店规模	营业预测	增长率	建设期
10	Out [6]:								
11	0	11 号店	南京	……	1 000	大型店	47 000	2.00	1
12	1	12 号店	合肥	……	500	中型店	27 200	1.50	2
13	2	13 号店	重庆	……	600	中型店	64 400	3.00	2
14	3	14 号店	太原	……	300	小型店	10 000	2.00	1
15	4	15 号店	昆明	……	200	小型店	14 000	2.50	1
16	5	16 号店	济南	……	950	大型店	80 000	3.00	2

【代码解析】上述代码中，第 1～7 行代码定义 gen_months()函数，作用是计算 df_store 每一行"开始建设日期"与"开店日期"的间隔月数，其中，to_datetime()函数指定了参数 format，用于说明年份（%Y）和月份（%m）的位置；第 8 行代码调用 apply()函数自动遍历 df_store 对象的每一行数据（参数 axis=1，表示按行调用），最后将结果生成 df_store 对象的新列"建设期"；从输出结果可以看出，11 号店、14 号店和 15 号店的建设期为 1 个月，而 12 号店、13 号店和 16 号店的建设期为 2 个月。

（4）计算各店与面积有关的成本。根据各店的面积及表 8-10 的数据，计算各店与面积有关的成本，为 df_store 分别生成新列"设计""地板""照明""墙面""水电工程"，参考代码如下。

行号	程序代码
1	In [7]: #iterrows(): 按行遍历，将 DataFrame 的每一行迭代为(index, Series)对
2	#可以通过 row[name]对元素进行访问
3	for index, row in df_cost_area.iterrows():
4	#成本=每店面积*单价
5	df_store[row['成本项目']] = df_store['面积']*row['单价']
6	df_store[['店名','建设期','营业预测','增长率','设计','地板','照明','墙面','水电工程']]

7	Out [7]:		店名	建设期	营业预测	增长率	设计	地板	照明	墙面	水电工程
8		0	11 号店	1	47 000	2.00	50 000	130 000	6 000	200 000	25 000
9		1	12 号店	2	27 200	1.50	25 000	65 000	3 000	100 000	12 500
10		2	13 号店	2	64 400	3.00	30 000	78 000	3 600	120 000	15 000
11		3	14 号店	1	10 000	2.00	15 000	39 000	1 800	60 000	7 500
12		4	15 号店	1	14 000	2.50	10 000	26 000	1 200	40 000	5 000
13		5	16 号店	2	80 000	3.00	47 500	12 350	5 700	190 000	23 750

【代码解析】上述代码中，第 3~5 行对 df_cost_area 进行遍历，对于每个成本项目，取出其单价，并为 df_store 新增一列，列名为成本项目的名称，值为各店的面积与成本项目单价的乘积。由于 df_store 的列比较多，因此，第 6 行代码选择其中某些列进行显示，从输出结果可以看到各店的设计、地板、照明、墙面和水电工程成本已经被计算出来了。

（5）计算各店与规模有关的成本。根据各店的店面规模及表 8-11 的数据，计算各店与规模有关的成本，为 df_store 分别生成新列"厨柜""吧台""招牌""桌椅""设备""电子广告牌"，参考代码如下。

行号	程序代码
1	In [8]: #根据店规模获取相应成本项目的成本
2	def gen_cost_size(x, r):
3	'''
4	x:df_store 的某行，即某店的信息
5	r:df_cost_size 的某行，即成本项目的信息
6	'''
7	return r[x['店面规模']]
8	
9	#iterrows(): 按行遍历，将 DataFrame 的每一行迭代为(index, Series)对
10	#可以通过 row[name]对元素进行访问
11	for index, row in df_cost_size.iterrows():
12	#成本按每店规模匹配
13	df_store[row['成本项目']] = df_store.apply(gen_cost_size,r=row, axis=1)
14	df_store[['店名','建设期','营业预测','增长率','厨柜','吧台','招牌','桌椅','设备','电子广告牌']]

15	Out [8]:		店名	建设期	营业预测	增长率	厨柜	吧台	招牌	桌椅	设备	电子广告牌
16		0	11 号店	1	47 000	2.00	12 000	8 000	3 000	36 000	450 000	20 000
17		1	12 号店	2	27 200	1.50	8 000	6 000	2 500	22 000	300 000	15 000
18		2	13 号店	2	64 400	3.00	8 000	6 000	2 500	22 000	300 000	15 000
19		3	14 号店	1	10 000	2.00	6 000	5 000	2 000	12 000	150 000	10 000
20		4	15 号店	1	14 000	2.50	6 000	5 000	2 000	12 000	150 000	10 000
21		5	16 号店	2	80 000	3.00	12 000	8 000	3 000	36 000	450 000	20 000

【代码解析】上述代码中，第 1~7 行定义 gen_cost_size()函数，其作用是根据店规模获取相应成本项目的成本。gen_cost_size()函数有两个参数：参数 x 为 df_store 的某行，通过 x 可获取某店的信息，例如 x['店面规模']可获取该店的店面规模信息；参数 r 为 df_cost_size 的某行，通过 r 可获取成本项目的信息，例如 r[x['店规模']]可根据该店的店面规模获取相应的成本信息。第 11~

13 行代码对 df_cost_size 进行遍历，对于每个成本项目，第 13 行代码调用 apply()函数自动遍历 df_store 对象的每一行数据（参数 axis=1，表示按行调用），最后将生成 df_store 对象的新列，列名称为成本项目的名称；第 14 行代码选择 df_store 的某些列进行显示，从输出结果可以看到各店的厨柜、吧台、招牌、桌椅、设备和电子广告牌成本已经被计算出来了。

（6）计算各店的投资成本合计。根据前面计算的各成本项目，统计各店的投资成本，参考代码如下。

行号	程序代码
1	In　[9]: df_store['投资成本']=df_store.loc[:, '设计':'电子广告牌'].sum(axis=1)
2	df_pp = df_store[['店名','营业预测','增长率','建设期','投资成本']]
3	df_pp
4	Out [9]:

	店名	营业预测	增长率	建设期	投资成本
0	11 号店	47 000	2.00	1	940 000
1	12 号店	27 200	1.50	2	559 000
2	13 号店	64 400	3.00	2	600 100
3	14 号店	10 000	2.00	1	308 300
4	15 号店	14 000	2.50	1	267 200
5	16 号店	80 000	3.00	2	919 450

【代码解析】上述代码中，第 1 行代码统计 df_store 中从"设计"列到"电子广告牌"列所有的成本项目，生成新列"投资成本"；第 2 行代码从 df_store 中抽取"店名""营业预测""增长率""建设期"和"投资成本"等用于计算动态回收期的必需列，创建 df_pp 对象。从最后的输出结果可以看出各店的信息。

（7）计算各店的动态回收。构建模型，计算各店在折现率为 10%时需要多少个月可以收回投资额，参考代码如下。

行号	程序代码
1	In　[10]:　#根据年利率计算月利率
2	monthRate = (1+0.1)**(1/12)-1
3	
4	#计算各店的动态回收期
5	def DPP(store):
6	n = store['建设期']　　　　#初始化回收期
7	NPV = -store['投资成本']　#累计净现值的初值
8	
9	#若累计净现值小于 0，说明需要累加
10	while NPV<0:
11	#计算经营期各月的营业预测，即净现金流量
12	CF = store['营业预测']*(1+store['增长率']/100)**(n-1)
13	NCF = CF*(1+monthRate)**(-n)　　#将净现金流量折算为净现值
14	NPV += NCF　　　　#继续累计净现值
15	n+=1　　　　　　　#回收期增加 1 个月

16	#若净现值变为正值，则返回该店的回收期
17	return n
18	
19	#应用函数，计算每家店的动态回收期
20	df_pp['动态回收期'] = df_pp.apply(DPP, axis=1)
21	df_pp

		店名	营业预测	增长率	建设期	投资成本	动态回收期
22 Out [10]:							
23	0	11 号店	47 000	2.00	1	940 000	20
24	1	12 号店	27 200	1.50	2	559 000	22
25	2	13 号店	64 400	3.00	2	600 100	11
26	3	14 号店	10 000	2.00	1	308 300	28
27	4	15 号店	14 000	2.50	1	267 200	18
28	5	16 号店	80 000	3.00	2	919 450	13

【代码解析】上述代码中，第 2 行代码将年利率转换成月利率，保存于变量 monthRate 中。第 5～17 行代码定义 DPP() 函数用以计算每家店的动态回收期，参数 store 为 df_pp 的某行，即某个新店。其中，第 6 行代码读取该店的建设期，保存于变量 n 中，表示回收期；第 7 行代码读取投资成本，保存于变量 NPV 中，其初始值为投资成本的负值，用以表示累计净现值；第 10 行代码设置循环条件，只要累计净现值 NPV 小于 0（即说明还没有求出回收期），则继续执行循环体中的步骤；第 12 行代码用于计算经营期各月的营业预测（即净现金流量）；第 13 行代码将净现金流量折算为净现值；第 14 行代码是不断累计净现值；然后回收期 n 增加 1 个月，如第 15 行代码所示；当累计净现值变为正值时，根据回收期的定义，即已经计算得到了该店的动态回收期，此时将返回回收期 n 的值，如第 17 行代码所示。第 20 行代码调用 apply() 函数自动遍历 df_pp 对象的每一行数据（参数 axis=1，表示按行调用），最后将结果生成 df_pp 对象的新列，列名称为"动态回收期"。第 22～28 行输出各店的动态回收期数据，从结果中可以看出：13 号店的动态回收期最短，只有 11 个月；而 14 号店的动态回收期最长，为 28 个月。

投资回收期法的优点在于计算简单，易于理解，且在一定程度上考虑了投资的风险状况（投资回收期越长，投资风险越高；反之，投资风险越低）。然而，投资回收期法也有一些致命的缺点，例如只考虑投资回收期前的现金流量对投资收益的贡献，不考虑回收期后的现金流量，以及确定投资回收期的标准期时主观性比较强等。因此，投资回收期只能作为辅助评价指标，在实际进行项目评估时还需要结合运用一些更为专业的资金预算法。

8.2.5　成本性态分析

成本可按照多种不同的标志进行分类，以适应管理上不同的需要。其中，成本按其性态进行分类，是变动成本计算的基础。

1. 成本按性态分类

成本性态，又称成本习性，是指在一定条件下成本总额与业务量（产量或销量）之间的依存关系（变化规律）。按照成本性态，通常可以把成本区分为固定成本、变动成本和混合成本。

（1）固定成本是指在一定相关范围内，其总额不随业务量发生任何数额变化的成本。例如，产品制造费用中不随产量变动的办公费、差旅费、折旧费、管理人员工资等，产品销售费用中不受销售量影响的销售人员工资、广告费等，由于其总额不随业务量变动，因而其单位固定成本与业务量呈反比例变动关系，也即随着业务量的增加，单位产品分摊的固定成本份额将相对减少。

（2）变动成本是指在一定相关范围内，其总额随业务量呈正比例变动的那一类成本。例如，产品生产成本中的直接材料费用、计件工资下的直接人工成本等，若业务量增长一倍，其成本总额也会相应增长一倍。由此可见，总成本与业务量之间存在着一个稳定的比例关系。在总成本随着业务量呈正比例变动的同时，其单位变动成本将不受业务量变动的影响而保持不变。

（3）前面所讲的固定成本、变动成本，实际上在现实生活中是诸多成本形态中的两种极端类型。大多数成本是处于两者之间的混合体，这类成本称为混合成本（也称为半变动成本）。因此，混合成本是指成本总额既随业务量变动而变动，但不呈正比例变动的成本。

2. 总成本模型

成本性态分析是指在明确各种成本性态的基础上，按照一定的程序和方法，最终将全部成本分为固定成本、变动成本两类，并建立相应的成本函数模型的过程。

在将混合成本按照一定的方法区分为固定成本和变动成本之后，根据成本性态，企业的总成本模型就可以表示为：

$$y=a+bx \tag{式 8-28}$$

从数学的观点来看，x（产量）是自变量，y（总成本）是因变量，a（固定成本）是常数，b（单位变动成本）是直线的斜率，其成本性态模型如图 8-11 所示。

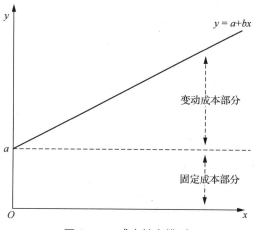

图 8-11　成本性态模型

企业的总成本模型在变动成本计算、本量利分析、正确制定经营决策和评价各部门工作业绩等方面具有不可或缺的作用。

3. 混合成本的分解

混合成本可以理解为固定成本与变动成本的混合体，因而需要将其进一步分解为固定成本和变动成本两部分，这样才能满足经营管理上多方面的需要。

分解混合成本的方法，一般有历史成本分析法、工程分析法和账户分类法等。其中，历史成本分析法又可具体分为高低点法、散布图法和回归分析法 3 种。混合成本的分解方法如表 8-12 所示。

表 8-12 混合成本的分解方法

分解方法		含义
历史成本分析法	高低点法	利用代数式 $y=a+bx$，选用一定历史资料中的最高业务量与最低业务量的总成本之差 $\triangle y$，与两者业务量之差 $\triangle x$ 进行对比，求出 a 和 b 的方法
	散布图法	根据企业若干历史时期的业务量和成本数据，在以横轴代表业务量，纵轴代表成本的坐标图中，分别标明一定期间内业务量及相对应的成本坐标点，然后目测出坐标图成本点的变动趋向，从而勾画出一条能反映成本平均变化趋势的直线，以此判断固定成本和变动成本
	回归分析法	根据若干期业务量和成本的历史资料，运用最小平方法原理计算固定成本和单位变动成本
工程分析法		由工程技术人员以产品的设计和工艺文件等为基础，根据一定生产技术和管理水平条件下投入—产出之间内在的规律性联系，预计生产新产品所需的直接材料、直接人工和制造费用，并据以进行成本性态分析
账户分类法		根据各个成本、费用账户（包括明细账户）的内容，直接判断其与业务量的关系，从而确定其成本性态

例 8-21 表 8-13 所示是某生产车间 1—12 月发生的与机器有关的成本（维修成本和电费），以及机器工作时长，试进行成本性态分析。

表 8-13 车间机器成本数据

月份	机器工作时长/时	维修成本/元	电费/元
1	350	720	1 085
2	420	820	1 100
3	500	1 010	1 500
4	440	915	1 205
5	430	960	1 200
6	380	737	1 100
7	330	640	1 090
8	410	902	1 280
9	470	958	1 400
10	380	780	1 210
11	300	660	1 080
12	400	900	1 230

（1）导入环境，参考代码如下。

行号	程序代码
1	In [1]: import numpy as np #导入 NumPy 库
2	import pandas as pd #导入 Pandas 库
3	import matplotlib.pyplot as plt
4	plt.rcParams['font.sans-serif']='SimHei' #显示中文
5	plt.rcParams['axes.unicode_minus']=False #设置正常显示符号
6	#为了直观地显示数字，不采用科学记数法
7	pd.set_option('display.float_format', lambda x: '%.2f' % x)

（2）数据初始化。根据题目资料，分别创建 DataFrame 对象来保存表 8-13 中的数据，参考代码如下。

行号	程序代码
1	`In　[2]:　#成本信息`
2	`dict_cost = {'月份':[1,2,3,4,5,6,7,8,9,10,11,12],`
3	`　　　　'机器工作时长':[350,420,500,440,430,380,330,410,470,380,300,400],`
4	`　　　　'维修成本':[720,820,1010,915,960,737,640,902,958,780,660,900],`
5	`　　　　'电费':[1085,1100,1500,1205,1200,1100,1090,1280,1400,1210,1080,1230]}`
6	`df_cost = pd.DataFrame(dict_cost)`
7	`df_cost`
8	`Out　[2]:`　　　　月份　　　机器工作时长　　　维修成本　　　电费
9	0　　1　　　350　　　720　　　1 085
10	1　　2　　　420　　　820　　　1 100
11	2　　3　　　500　　　1 010　　　1 500
12	3　　4　　　440　　　915　　　1 205
13	4　　5　　　430　　　960　　　1 200
14	5　　6　　　380　　　737　　　1 100
15	6　　7　　　330　　　640　　　1 090
16	7　　8　　　410　　　902　　　1 280
17	8　　9　　　470　　　958　　　1 400
18	9　　10　　　380　　　780　　　1 210
19	10　　11　　　300　　　660　　　1 080
20	11　　12　　　400　　　900　　　1 230

上述代码中，第 6 行代码创建了存储机器成本信息的变量 df_cost。

（3）分别绘制维修成本、电费与机器工作时长的散点图，观察它们之间的变化趋势，参考代码如下。

行号	程序代码
1	`In　[3]:　#创建 Figure 实例`
2	`fig = plt.figure(figsize=(10, 6))`
3	`#添加第 1 个子图`
4	`fig.add_subplot(1,2,1)`
5	`plt.scatter(x=df_cost['机器工作时长'], y=df_cost['维修成本'])`
6	`plt.title('散点图')　　　#添加标题`
7	`plt.xlabel('机器工作时长/时')　　#添加 x 轴的名称`
8	`plt.ylabel('维修成本/元')　　　#添加 y 轴的名称`
9	`#添加第 2 个子图`
10	`fig.add_subplot(1,2,2)`
11	`plt.scatter(x=df_cost['机器工作时长'], y=df_cost['电费'])`
12	`plt.title('散点图')　　　#添加标题`
13	`plt.xlabel('机器工作时长/时')　　#添加 x 轴的名称`

14	`plt.ylabel('电费/元')` #添加 y 轴的名称
15	#显示图形
16	`plt.show()`
17	`Out [3]:` #代码输出结果如图 8-12 所示

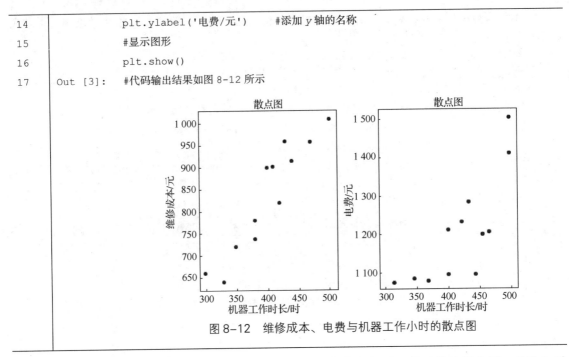

图 8-12　维修成本、电费与机器工作小时的散点图

【代码解析】上述代码中，第 4~8 行代码绘制维修成本与机器工作时长的散点图，结果如图 8-11 左边的子图所示。从图中可以看出，维修成本与机器工作时长呈正相关关系，但还需要计算它们之间的相关系数来验证。类似地，第 10~14 行代码绘制电费与机器工作时长的散点图，从图 8-11 右边的子图可以看出它们之间也呈正相关关系。

（4）分别分析机器工作时长与维修成本和电费的相关系数。为判断机器工作时长与维修成本之间是否存在线性联系，应计算相关系数。同理，机器工作时长与电费之间也需要计算相关系数。分析相关系数的参考代码如下。

行号	程序代码
1	`In  [4]:    df_cost['机器工作时长'].corr(df_cost['维修成本'])`
2	`Out [4]:    0.9338489525578372`
3	`In  [5]:    df_cost['机器工作时长'].corr(df_cost['电费'])`
4	`Out [5]:    0.8331445498930928`

【代码解析】上述代码中，第 1 行代码对机器工作时长与维修成本进行相关分析，相关系数约为 0.93，可知机器工作时长与维修成本之间呈显著相关状态，可以进行线性回归分析。同理，第 3 行代码对机器工作时长与电费进行相关分析，相关系数约为 0.83，呈显著相关状态，也可以进行线性回归分析。

（5）回归分析。我们可以使用 NumPy 库的 ployfit()函数进行线性回归分析，它是一个最基本的最小二乘多项式拟合函数，可以接收数据集和任何维度的多项式函数，并返回一组使平方误差最小的系数。该函数的语法格式如下。

```
numpy.polyfit (x, y, deg)
```

ployfit()函数中的部分参数说明如表 8-14 所示。

表 8-14　　　　　　　　　　　　　　plotfit()函数的部分参数

参数	说明
x	数组，表示横坐标
y	数组，表示纵坐标
deg	阶数，表示拟合多项式的次数。当 deg=1 时，进行线性回归拟合

首先，我们对机器工作时长与维修成本进行线性回归分析，得到相应的系数 a（即固定成本）和 b（即单位变动成本），然后在散点图中将回归直线绘制出来，参考代码如下。

行号	程序代码
1	In [6]:　#一次多项式拟合，相当于线性拟合
2	z1 = np.polyfit(df_cost['机器工作时长'], df_cost['维修成本'], 1)
3	z1
4	Out [6]:　array([2.033849, 18.26552759])
5	In [7]:　#z1[1]即截距，z1[0]即斜率，根据机器工作时长计算相应的拟合维修成本数据
6	arr_cost_predict1=z1[1]+z1[0]*df_cost['机器工作时长']
7	
8	plt.scatter(x=df_cost['机器工作时长'], y=df_cost['维修成本']) #散点图
9	plt.plot(df_cost['机器工作时长'], arr_cost_predict1, 'r') #回归直线
10	plt.title('机器工作时长-维修成本回归分析')　　　　#添加标题
11	plt.xlabel('机器工作时长/时')　　#添加 x 轴的名称
12	plt.ylabel('维修成本/元')　　　　#添加 y 轴的名称
13	plt.show()
14	Out [7]:　#代码输出结果如图 8-13 所示

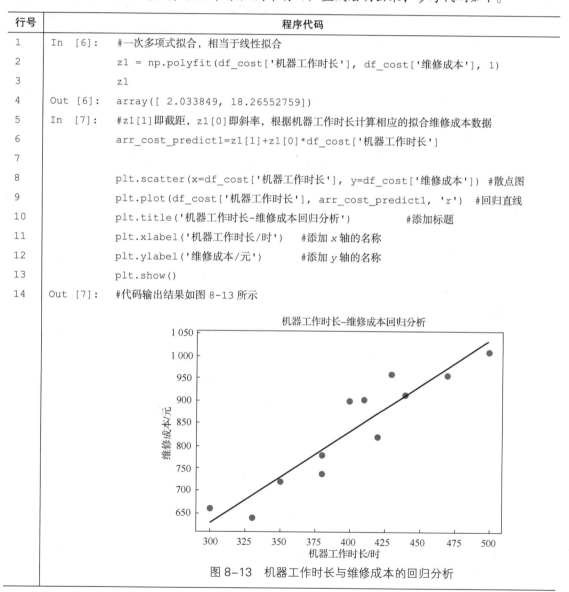

图 8-13　机器工作时长与维修成本的回归分析

【代码解析】上述代码中，第 2 行代码使用 ployfit()函数进行回归分析，参数 deg 的值为 1，即进行直线回归分析，将返回结果保存为 z1。从输出结果可以看出，z1 为数组类型，z1[1]为截距（即维修成本中的固定成本，其值约为 18.27），z1[0]为斜率（即维修成本中的单位变动成本，其

Python 财务数据分析与应用（微课版）

值约为 2.03)。第 6 行代码利用回归分析得到的截距和斜率，根据相应的机器工作时长，计算相应
的拟合维修成本数据，保存于变量 arr_cost_predict1 中。第 8 行代码用于绘制机器工作时长与维修
成本的散点图。第 9 行代码绘制机器工作时长拟合维修成本的直线。最后的输出结果如图 8-12 所
示，回归直线与原始的维修成本数据的拟合效果是比较令人满意的。

类似地，我们对机器工作时长与电费进行线性回归分析，参考代码如下。

行号	程序代码
1	In [8]: #一次多项式拟合，相当于线性拟合
2	z2 = np.polyfit(df_cost['机器工作时长'], df_cost['电费'], 1)
3	z2
4	Out [8]: array([1.94458555, 427.21196029])
5	In [9]: #z2[1]即截距，z2[0]即斜率，根据机器工作时长计算相应的拟合维修成本数据
6	arr_cost_predict2=z2[1]+z2[0]*df_cost['机器工作时长']
7	
8	plt.scatter(x=df_cost['机器工作时长'], y=df_cost['电费']) #散点图
9	plt.plot(df_cost['机器工作时长'], arr_cost_predict2, 'r') #回归直线
10	plt.title('机器工作时长-电费回归分析') #添加标题
11	plt.xlabel('机器工作时长/时') #添加 x 轴的名称
12	plt.ylabel('电费/元') #添加 y 轴的名称
13	plt.show()
14	Out [9]: #代码输出结果如图 8-14 所示

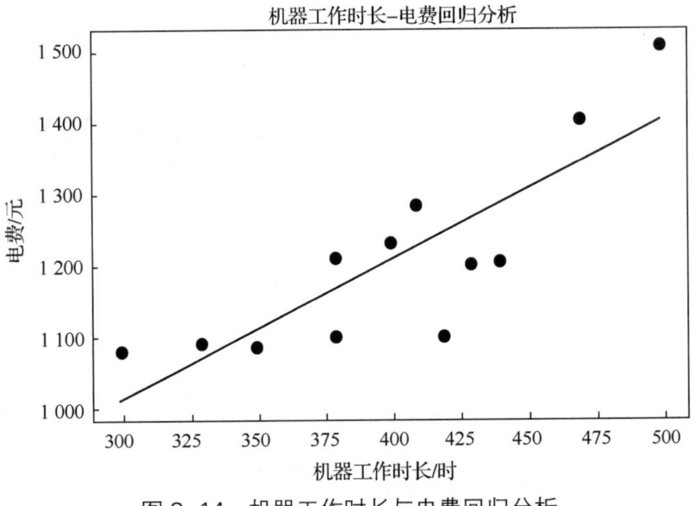

图 8-14　机器工作时长与电费回归分析

【代码解析】从回归分析的结果可以知道，电费中的固定成本约为 427.21 元，电费中的单位
变动成本约为 1.94 元，且从最后显示的图 8-14 中也可以看出，回归直线与原始的电费数据的拟
合效果也是比较令人满意的。

（6）拆分固定成本和变动成本。进行直线回归分析后，已经获得了维修成本和电费中的固定
成本、单位变动成本。因此，可以将维修成本、电费拆分为固定成本和变动成本两个部分，参考
代码如下。

行号	程序代码
1	In [10]: #拆分维修成本
2	df_cost['维修成本_固定']=z1[1]
3	df_cost['维修成本_变动']=df_cost['维修成本']-df_cost['维修成本_固定']
4	df_cost

行号		月份	机器工作时长	维修成本	电费	维修成本_固定	维修成本_变动
5	Out [10]:						
6	0	1	350	720	1 085	18.27	701.73
7	1	2	420	820	1 100	18.27	801.73
8	2	3	500	1 010	1 500	18.27	991.73
9	3	4	440	915	1 205	18.27	896.73
10	4	5	430	960	1 200	18.27	941.73
11	5	6	380	737	1 100	18.27	718.73
12	6	7	330	640	1 090	18.27	621.73
13	7	8	410	902	1 280	18.27	883.73
14	8	9	470	958	1 400	18.27	939.73
15	9	10	380	780	1 210	18.27	761.73
16	10	11	300	660	1 080	18.27	641.73
17	11	12	400	900	1 230	18.27	881.73

行号	程序代码
18	In [11]: #拆分电费
19	df_cost['电费_固定']=z2[1]
20	df_cost['电费_变动']=df_cost['电费']-df_cost['电费_固定']
21	df_cost

行号		月份	……	电费	维修成本_固定	维修成本_变动	电费_固定	电费_变动
22	Out [11]:							
23	0	1	……	1 085	18.27	701.73	427.21	657.79
24	1	2	……	1 100	18.27	801.73	427.21	672.79
25	2	3	……	1 500	18.27	991.73	427.21	1 072.79
26	3	4	……	1 205	18.27	896.73	427.21	777.79
27	4	5	……	1 200	18.27	941.73	427.21	772.79
28	5	6	……	1 100	18.27	718.73	427.21	672.79
29	6	7	……	1 090	18.27	621.73	427.21	662.79
30	7	8	……	1 280	18.27	883.73	427.21	852.79
31	8	9	……	1 400	18.27	939.73	427.21	972.79
32	9	10	……	1 210	18.27	761.73	427.21	782.79
33	10	11	……	1 080	18.27	641.73	427.21	652.79
34	11	12	……	1 230	18.27	881.73	427.21	802.79

（7）计算总固定成本和总变动成本。我们将维修成本的固定成本与电费的固定成本汇总得到机器固定成本，将维修成本的变动成本与电费的变动成本汇总得到机器变动成本，参考代码如下。

行号	程序代码
1	In [12]: df_cost['机器固定成本']=df_cost['维修成本_固定']+df_cost['电费_固定']
2	df_cost['机器变动成本']=df_cost['维修成本_变动']+df_cost['电费_变动']

3	df_cost								
4	Out [12]:		月份	……	维修成本_固定	维修成本_变动	电费_固定	电费_变动	机器固定成本	机器变动成本
5		0	1	……	18.27	701.73	427.21	657.79	445.48	1 359.52
6		1	2	……	18.27	801.73	427.21	672.79	445.48	1 474.52
7		2	3	……	18.27	991.73	427.21	1 072.79	445.48	2 064.52
8		3	4	……	18.27	896.73	427.21	777.79	445.48	1 674.52
9		4	5	……	18.27	941.73	427.21	772.79	445.48	1 714.52
10		5	6	……	18.27	718.73	427.21	672.79	445.48	1 391.52
11		6	7	……	18.27	621.73	427.21	662.79	445.48	1 284.52
12		7	8	……	18.27	883.73	427.21	852.79	445.48	1 736.52
13		8	9	……	18.27	939.73	427.21	972.79	445.48	1 912.52
14		9	10	……	18.27	761.73	427.21	782.79	445.48	1 544.52
15		10	11	……	18.27	641.73	427.21	652.79	445.48	1 294.52
16		11	12	……	18.27	881.73	427.21	802.79	445.48	1 684.52

8.2.6 本量利分析

1. 本量利分析的基本概念

本量利分析是成本、产量（或销售量）和利润依存关系分析的简称，也称为 CVP 分析（Cost Volume Profit Analysis），是指在成本性态分析和变动成本计算模型的基础上，以数学化的会计模型与图文来揭示固定成本、变动成本、销售量、单价、销售额、利润等变量之间内在规律性的联系，为会计预测、决策和规划提供必要的财务信息的一种定量分析方法。

本量利分析着重研究销售数量、价格、成本和利润之间的数量关系，它所提供的原理、方法在管理会计中有着广泛的用途，同时它也是企业进行决策、计划和控制的重要工具。

本量利分析的基本公式：

$$营业利润 = 销售收入 - 变动成本 - 固定成本$$

$$= （单价 - 单位变动成本）× 销售量 - 固定成本 \qquad （式 8\text{-}29）$$

$$边际贡献 = 销售收入 - 变动成本 = （单价 - 单位变动成本）× 销售量 \qquad （式 8\text{-}30）$$

$$单位边际贡献 = 单价 - 单位变动成本 \qquad （式 8\text{-}31）$$

其中，边际贡献可以理解为：销售收入弥补完变动成本后，对剩下的固定成本所做出的贡献。

2. 盈亏平衡点的分析

所谓盈亏平衡点（Break Even Point，BEP），是指企业经营达到不盈不亏的状态。分析盈亏平衡点的原理是：通过计算企业在利润为 0 时处于盈亏平衡的业务量，分析项目对市场需求变化的适应能力等。

利用基本公式，营业利润=（单价-单位变动成本）×销售量-固定成本=0，可以推出：

$$盈亏平衡点的销售量 = \frac{固定成本}{单价 - 单位变动成本} \qquad （式 8\text{-}32）$$

$$盈亏平衡点的销售额 = 单价 × 盈亏平衡点的销售量$$

$$= \frac{固定成本}{1 - 变动成本率}$$

$$= \frac{固定成本}{边际贡献率} \qquad （式 8\text{-}33）$$

其中：

$$变动成本率 = \frac{变动成本}{销售收入} = \frac{单位变动成本}{单价} \qquad （式 8-34）$$

$$边际贡献率 = \frac{单价-单位变动成本}{单价} = 1-变动成本率 \qquad （式 8-35）$$

将成本、业务量、销售单价之间的关系反映在平面直角坐标系中就可形成本量利关系图，如图 8-15 所示。通过这种图形，可以非常清楚且直观地反映出固定成本、变动成本、销售量、销售额、盈亏平衡点、利润区、亏损区、贡献毛益和安全边际等。

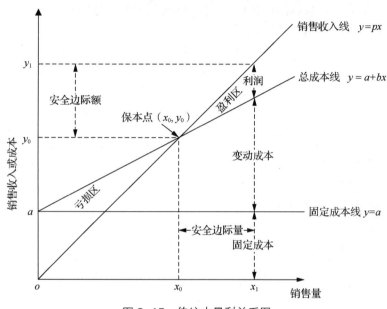

图 8-15　传统本量利关系图

3. 安全边际分析

所谓安全边际，是指现有或预计销售量（额）超过盈亏平衡点销售量（额）的差额，这个差额标志着从现有销售量（额）到盈亏平衡点有多大的差距。超出盈亏平衡点销售量（额）的部分越大，企业发生亏损的可能性越小，发生盈利的可能性越大，企业经营就越安全。安全边际越大，企业经营风险越小。衡量企业安全边际大小的指标有两个，分别是安全边际量（额）和安全边际率，其计算公式为：

$$安全边际量（额）= 现有或预计销售量（额）-盈亏平衡点销售量（额） \qquad （式 8-36）$$

$$安全边际率 = \frac{安全边际量（额）}{现有或预计销售量（额）} \qquad （式 8-37）$$

4. 目标利润分析

前面盈亏平衡点分析研究的是企业利润为 0 时的情况，而企业的目标是获取利润。所以，下面将分析企业实现目标利润时的情况。

（1）保利点及其计算。

所谓保利点，是指企业为实现目标利润而要达到的销售量或销售额。保利点具体可用保利量和保利额两个指标表示，其计算公式如下：

$$保利量 = \frac{目标利润 + 固定成本}{单价 - 单位变动成本} \qquad （式8-38）$$

$$保利额 = \frac{目标利润 + 固定成本}{边际贡献率} \qquad （式8-39）$$

这里的目标利润是指尚未扣除所得税的利润，即税前目标利润。

（2）保净利点及其计算。

由于税后利润（即净利润）是影响企业生产经营现金流量的真正因素，所以进行税后利润的规划和分析更符合企业生产经营的需要。因此，应该进行保净利点的计算。保净利点是指实现目标净利润的业务量。其中，目标净利润就是目标利润扣除所得税后的利润。保净利点可以用保净利量和保净利额两个指标表示，其计算公式如下：

$$保净利量 = \frac{\dfrac{目标净利润}{1 - 所得税税率} + 固定成本}{单价 - 单位变动成本} \qquad （式8-40）$$

$$保净利额 = \frac{\dfrac{目标净利润}{1 - 所得税税率} + 固定成本}{边际贡献率} \qquad （式8-41）$$

例8-22 设某产品售价为20元，单位变动成本为12元，相关固定成本为8 000元，试进行盈亏平衡点分析并输出本量利分析的各项指标。

（1）导入环境，参考代码如下。

行号	程序代码
1	In [1]:　import numpy as np　　　#导入NumPy库
2	import pandas as pd　　　#导入Pandas库
3	import matplotlib.pyplot as plt
4	plt.rcParams['font.sans-serif']='SimHei'　　　　#显示中文
5	plt.rcParams['axes.unicode_minus']=False　　　#设置正常显示符号
6	#为了直观地显示数字，不采用科学记数法
7	pd.set_option('display.float_format', lambda x: '%.2f' % x)

（2）构建本量利模型。根据本量利的核心公式，构建本量利分析CVP()函数，输入4个参数：销售单价、销售量、单位变动成本、固定成本，输出本量利分析的各项指标。

我们先对函数中使用到的变量（即本量利分析的指标）用英文命名，具体如下：①销售单价为price；②单位变动成本为unit_variable_costs；③变动成本为variable_costs；④固定成本为fixed_costs；⑤销售量为volumn；⑥销售额为sales；⑦营业利润为profit；⑧边际贡献为marginal_contribution；⑨单位边际贡献为unit_marginal_contribution；⑩安全边际量为margin_of_safety；⑪安全边际率为operation_safety_rate。

CVP()函数的具体实现代码如下。

行号	程序代码
1	In [2]:　#定义本量利分析函数
2	def CVP(price, volumn, BEP_volumn,unit_variable_costs, fixed_costs):
3	'''

4	price：销售单价
5	volumn：销售量
6	BEP_volumn：盈亏平衡点的销售量
7	unit_variable_costs：单位变动成本
8	fixed_costs：固定成本
9	'''
10	sales = price * volumn #销售额
11	unit_marginal_contribution = price - unit_variable_costs #单位边际贡献
12	#边际贡献
13	marginal_contribution = unit_marginal_contribution * volumn
14	variable_costs = unit_variable_costs * volumn #变动成本
15	profit = marginal_contribution - fixed_costs　#营业利润
16	margin_of_safety = volumn - BEP_volumn　　#安全边际量
17	#安全边际率
18	operation_safety_rate = round((margin_of_safety/volumn)*100, 2)
19	#返回列表：销售单价，单位变动成本，单位边际贡献，
20	#　　　　销售量，销售额，变动成本，边际贡献，
21	#　　　　固定成本，营业利润，安全边际量，安全边际率
22	return [price, unit_variable_costs, unit_marginal_contribution,
23	volumn, sales, variable_costs, marginal_contribution,
24	fixed_costs, profit, margin_of_safety, operation_safety_rate]

　　【代码解析】上述代码定义了本量利分析 CVP() 函数，其有 5 个参数：price（销售单价）、volumn（销售量）、BEP_volumn（盈亏平衡点的销售量）、unit_variable_costs（单位变动成本）和 fixed_costs（固定成本）。然后根据本节介绍的计算公式，计算销售额、单位边际贡献、边际贡献、变动成本、营业利润、安全边际量和安全边际率等指标。最后返回列表，其中包括本量利分析的各项指标。

　　（3）盈亏平衡点分析。根据（式 8-32），计算盈亏平衡点的销售量，然后用该销售量及必要的参数调用 CVP() 函数，以生成本量利分析的指标信息，并创建 DataFrame 对象 df_CVP，具体实现代码如下。

行号	程序代码
1	In [3]: #盈亏平衡点分析
2	price=20　　　　　　　　　#销售单价
3	unit_variable_costs=12　#单位变动成本
4	fixed_costs=8000　　　　#固定成本
5	
6	#盈亏平衡点的销售量 = 固定成本/（单价 – 单位变动成本）
7	BEP=fixed_costs/(price-unit_variable_costs)
8	df_CVP=pd.DataFrame(CVP(price,BEP,BEP,unit_variable_costs,fixed_costs),
9	columns=['盈亏平衡点分析'],
10	index=['销售单价', '单位变动成本', '单位边际贡献',

11		'销售量', '销售额', '变动成本', '边际贡献',	
12		'固定成本', '营业利润', '安全边际量', '安全边际率/%'])	
13		df_CVP	
14	Out [3]:	盈亏平衡点分析	
15		销售单价	20.00
16		单位变动成本	12.00
17		单位边际贡献	8.00
18		销售量	1 000.00
19		销售额	20 000.00
20		变动成本	12 000.00
21		边际贡献	8 000.00
22		固定成本	8 000.00
23		营业利润	0.00
24		安全边际量	0.00
25		安全边际率/%	0.00

【代码解析】上述代码中，第 7 行代码用于计算盈亏平衡点的销售量 BEP；第 8~12 行代码创建 DataFrame 对象 df_CVP，其数据由 CVP()函数产生，销售量和盈亏平衡点的销售量都传入变量 BEP 中，并指定列的名称为"盈亏平衡点分析"，而行索引为本量利分析的指标。如输出结果所示，盈亏平衡点的销售量 BEP 为 1 000 件，营业利润为 0，安全边际量也为 0。

（4）数据可视化分析。根据已知的单位变动成本、固定成本、销售单价、盈亏平衡点及销售量等数据，绘制传统本量利关系图，具体实现代码如下。

行号	程序代码	
1	In [4]: x = np.arange(2000) #x 坐标——销售量	
2	y_fixed_costs = fixed_costs * np.ones(2000)	#固定成本
3	y_costs = fixed_costs + unit_variable_costs * x	#总成本
4	y_sales = price * x	#销售收入
5		
6	fig = plt.figure(figsize=(12, 6))	
7	plt.plot(x, y_fixed_costs, ':',label='固定成本线')	
8	plt.plot(x, y_costs, '--', label='总成本线')	
9	plt.plot(x, y_sales, '-.', label='销售收入线')	
10		
11	plt.title('本量利分析')	#添加标题
12	plt.xlabel('销售量/件')	#添加 x 轴的名称
13	plt.ylabel('销售收入或成本/元')	#添加 y 轴的名称
14	plt.legend(loc='best')	#添加图例，显示的是图中的标签
15		
16	# 对保本点进行备注	
17	x0=BEP	
18	y0=BEP*price	

```
19          plt.annotate(
20              '保本点:'+str(y0),                    #备注文本
21              xy = (x0, y0),                         #目标位置
22              xycoords = 'data',                     #目标坐标系：相对于数据坐标系
23              xytext = (x0*0.003, y0*0.003),         #文本位置和偏移量
24              textcoords = 'offset points',          #相对于目标点为原点的坐标系偏移
25              fontsize = 9,
26              arrowprops = dict(arrowstyle='->',           #箭头样式
27                      connectionstyle='arc3, rad=.2')      #箭头属性
28              )
29          plt.show()
30 Out [4]:  #代码输出结果如图 8-16 所示
```

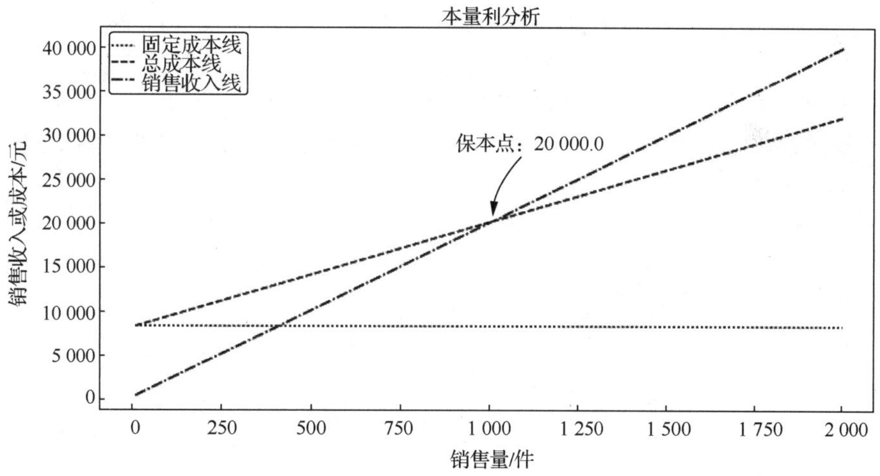

图 8-16　本量利分析

【代码解析】上述代码中，第 1 行代码使用 np.arange()函数生成 x 坐标，即销售量数据；第 2 行代码生成固定成本数据；第 3 行代码根据成本计算公式生成总成本数据；第 4 行代码生成销售收入数据；第 7 行代码绘制固定成本线，线型为"…"；第 8 行代码绘制总成本线，线型为"--"；第 9 行代码绘制销售收入线，线型为"-."；第 19～28 行代码使用 annotate()函数对保本点进行备注。由最后输出的本量利关系图能清晰地看到保本点所处的位置，此时销售量为 1 000 件，销售收入和总成本都是 20 000 元，因而，营业利润为 0，企业经营处于不盈不亏的状态。

例 8-23 假定在例 8-22 中，该企业预计的销售量可达到 1 600 件，试进行安全边际分析，参考代码如下。

行号	程序代码
1	In [5]:　#安全边际分析
2	volumn=1600　　　　　#销售量
3	
4	df_CVP['安全边际分析']=CVP(price,volumn,BEP,unit_variable_costs,fixed_costs)
5	df_CVP

行号		盈亏平衡点分析	安全边际分析
6	Out [5]:	盈亏平衡点分析	安全边际分析
7	销售单价	20.00	20.00
8	单位变动成本	12.00	12.00
9	单位边际贡献	8.00	8.00
10	销售量	1 000.00	1 600.00
11	销售额	20 000.00	32 000.00
12	变动成本	12 000.00	19 200.00
13	边际贡献	8 000.00	12 800.00
14	固定成本	8 000.00	8 000.00
15	营业利润	0.00	4 800.00
16	安全边际量	0.00	600.00
17	安全边际率/%	0.00	37.5

【代码解析】上述代码中，第 2 行代码设定销售量 volumn 为 1 600 件；第 4 行代码创建 df_CVP 的新列"安全边际分析"，其数据由 CVP()函数产生。如输出结果所示，销售量为 1 600 件时，营业利润为 4 800 元，安全边际量为 600 件，安全边际率为 37.5%。

例 8-24 假定在例 8-22 中，该企业在计划期的税前目标利润为 20 000 元，试进行保利点分析，参考代码如下。

行号	程序代码
1	In [6]: #保利点分析
2	目标利润=20000
3	
4	保利量=(目标利润+fixed_costs)/(price-unit_variable_costs)
5	df_CVP['保利点分析']=CVP(price,保利量,BEP,unit_variable_costs,fixed_costs)
6	df_CVP

		盈亏平衡点分析	安全边际分析	保利点分析
7	Out [6]:	盈亏平衡点分析	安全边际分析	保利点分析
8	销售单价	20.00	20.00	20.00
9	单位变动成本	12.00	12.00	12.00
10	单位边际贡献	8.00	8.00	8.00
11	销售量	1 000.00	1 600.00	3 500.00
12	销售额	20 000.00	32 000.00	70 000.00
13	变动成本	12 000.00	19 200.00	42 000.00
14	边际贡献	8 000.00	12 800.00	28 000.00
15	固定成本	8 000.00	8 000.00	8 000.00
16	营业利润	0.00	4 800.00	20 000.00
17	安全边际量	0.00	600.00	2 500.00
18	安全边际率/%	0.00	37.5	71.43

【代码解析】上述代码中，第 2 行代码设定目标利润为 20 000 元；第 4 行代码根据（式 8-38）计算保利量；第 5 行代码创建 df_CVP 的新列"保利点分析"，其数据由 CVP()函数产生。如输出结果所示，保利销售量为 3 500 件，此时营业利润为目标利润 20 000 元，安全边际量上升为 2 500 件，安全边际率也达到了 71.43%。

例8-25　假定在例 8-22 中，该企业在计划期的税后目标利润为 20 000 元，所得税税率为 35%，试进行保净利点分析，参考代码如下。

行号	程序代码
1	In　[7]: #保净利点分析
2	税后目标利润=20000
3	
4	保净利量=((税后目标利润/(1-0.35))+fixed_costs)/(price-unit_variable_costs)
5	df_CVP['保净利点分析']=CVP(price,保净利量,BEP,unit_variable_costs,fixed_costs)
6	df_CVP

行号	Out [7]:	盈亏平衡点分析	安全边际分析	保利点分析	保净利点分析
7					
8	销售单价	20.00	20.00	20.00	20.00
9	单位变动成本	12.00	12.00	12.00	12.00
10	单位边际贡献	8.00	8.00	8.00	8.00
11	销售量	1 000.00	1 600.00	3 500.00	4 846.15
12	销售额	20 000.00	32 000.00	70 000.00	96 923.08
13	变动成本	12 000.00	19 200.00	42 000.00	58 153.85
14	边际贡献	8 000.00	12 800.00	28 000.00	38 769.23
15	固定成本	8 000.00	8 000.00	8 000.00	8 000.00
16	营业利润	0.00	4 800.00	20 000.00	30 769.23
17	安全边际量	0.00	600.00	2 500.00	3 846.15
18	安全边际率/%	0.00	37.5	71.43	79.37

　　【代码解析】上述代码中，第 2 行代码设定税后目标利润为 20 000 元；第 4 行代码根据（式 8-40）计算保净利量；第 5 行代码创建 df_CVP 的新列"保净利点分析"，其数据由 CVP()函数产生；如输出结果所示，保净利销售量为 4 846.15 件，此时营业利润需要达到 30 769.23 元，安全边际量上升为 3 846.15 件，安全边际率达到了 79.37%。

8.3　综合应用案例

　　本节主要介绍本福特定律应用和业财融合大数据多维度盈利能力分析两个案例。

8.3.1　本福特定律应用

　　本福特定律（Benford's Law）又称第一数字定律，它是数字统计的一种内在规律，是指数据中以 1 开头的数字出现的概率并不是 1/9，而是接近期望值 1/9 的 3 倍，达到 30.1%；以 2 为首的数字出现的概率是 17.6%，往后出现概率依次减少，数字 9 出现的概率最低，只有 4.6%。数字 1～9 在数据首位出现的概率如表 8-15 所示。

表 8–15　　　　　　　　　　　数字 1～9 在数据首位出现的概率

数字	1	2	3	4	5	6	7	8	9
出现概率	30.1%	17.6%	12.5%	9.7%	7.9%	6.7%	5.8%	5.1%	4.6%

　　将表 8-15 中的数据用柱形图表示，如图 8-17 所示。

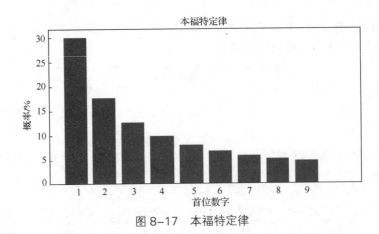

图 8-17 本福特定律

本福特定律为审计人员通过数据分析发现财务舞弊线索提供了有力的分析工具。审计人员利用本福特定律作为审计过程中的分析性程序，可以发现是否有财务造假的迹象。在制作实质性科目底稿时，可以对银行流水、应收账款、成本费用、主营业务收入等科目进行检查，看是否和本福特定律的概率分布有偏差，进而寻找审计线索，查找欺诈舞弊行为。

本福特定律适用范围异常广泛，在自然界和日常生活中获得的大多数数据都符合这个规律。尽管如此，但本福特定律还是有其应用范围，它主要受限于如下几个因素。

（1）数据具有一定规模，能够代表所有样本。数据规模越大，分析结果越精确。

（2）数据没有人为设定的最大值和最小值范围。例如，公司发送大量邮政快件，如果每发送一个 1 千克以下的包裹需按标准费用付费 6.12 元，那么第一位出现"6"或者前两位出现"61"的情况就要比本福特定律预期的多。

（3）要求目标数据受人为影响较小。随便经过人为修改的数据一般就不满足本福特定律了，历史上有过很多次通过本福特定律查出数据造假的案例。比如 2001 年美国最大的能源交易商安然公司（Enron Corporation）宣布破产，并传出公司高层管理人员涉嫌做假账的传闻。据传，公司高层改动过财务数据，因而他们所公布的 2001—2002 年每股盈利数据不符合本福特定律。

例 8-26 以采购发票金额审计为例介绍本福特定律的应用。

（1）导入环境，参考代码如下。

行号	程序代码
1	In [1]: import numpy as np #导入 NumPy 库
2	import pandas as pd #导入 Pandas 库
3	import matplotlib.pyplot as plt
4	plt.rcParams['font.sans-serif']='SimHei' #显示中文
5	plt.rcParams['axes.unicode_minus']=False #设置正常显示符号
6	#为了直观地显示数字，不采用科学记数法
7	pd.set_option('display.float_format', lambda x: '%.2f' % x)

（2）导入发票数据，参考代码如下。

行号	程序代码
1	In [2]: #导入发票
2	df_invoice = pd.read_csv(r'D:\Examples\Ch8\发票.csv')

3		df_invoice					
4	Out [2]:		日期	发票类型	发票编号	业务员	发票金额
5		0	2022-10-14	NaN	11001040002466	李一平	694.76
6		1	2022-10-14	NaN	250401040004241	李一平	297.75
7		2	2022-10-17	NaN	250301040012048	李一平	4 500.00
8					......		
9		1598	2022-4-28	NaN	290001040000678	李一平	3 935.00
10		1599	2022-4-29	NaN	20101040007025	李一平	190.00
11		1600 rows × 5 columns					

【代码解析】上述代码中，第 2 行代码使用 read_csv() 函数读取发票数据，将结果保存于变量 df_invoice 中。从最后的输出结果可以看到，共有 1 600 行发票数据。

（3）从发票金额取出首位数字，将其作为 df_invoice 的一列数据，参考代码如下。

行号	程序代码
1	In [3]:　#取出数字的首位
2	def getFirstNumber(row):
3	#转换成字符串
4	money = str(row['发票金额'])
5	#取出首位
6	return money[0:1]
7	
8	#将金额的首位作为一列
9	df_invoice['数字首位'] = df_invoice.apply(getFirstNumber, axis=1)
10	df_invoice.head()

11	Out [3]:		日期	发票类型	发票编号	业务员	发票金额	数字首位
12		0	2022-10-14	NaN	11001040002466	李一平	694.76	6
13		1	2022-10-14	NaN	250401040004241	李一平	297.75	2
14		2	2022-10-17	NaN	250301040012048	李一平	4 500.00	4
15		3	2022-10-17	NaN	10801040002411	李一平	722.00	7
16		4	2022-10-17	NaN	250201040006216	李一平	82 078.93	8

【代码解析】上述代码中，第 2～6 行代码定义了 getFirstNumber() 函数，其作用是取出 df_invoice 每一行"发票金额"的首位数字；第 9 行代码调用 apply() 函数自动遍历 df_invoice 对象的每一行数据（参数 axis=1，表示按行调用），最后生成 df_invoice 对象的新列"数字首位"。

!!! 提示

在使用本福特定律进行数据分析时，若样本数据小于 1 或有小于 1 的数值存在，则需要将所有数据同乘 10 或 100 等，将所有数据均转换为大于 1 的数据后，再进行分析。

（4）应用 Pandas 的 value_counts() 函数统计某数字在首位出现的频数，并利用结果创建 DataFrame 对象 df_benford，随后计算数字首位出现的频率，参考代码如下。

行号	程序代码			
1	In [4]:	#统计某数字在首位出现的频数		
2		g = df_invoice['数字首位'].value_counts()		
3		g		
4	Out [4]:	1 469		
5		2 308		
6		3 191		
7		4 151		
8		5 128		
9		6 106		
10		7 91		
11		8 84		
12		9 72		
13		Name: 数字首位, dtype: int64		
14	In [5]:	#Series 转换为 DataFrame		
15		dict_b = {'数字首位':g.index,'频数':g.values}		
16		df_benford = pd.DataFrame(dict_b)		
17		df_benford		
18	Out [5]:	数字首位	频数	
19		0 1	469	
20		1 2	308	
21		2 3	191	
22		3 4	151	
23		4 5	128	
24		5 6	106	
25		6 7	91	
26		7 8	84	
27		8 9	72	
28	In [6]:	#合计		
29		sum_count = df_benford['频数'].sum()		
30		#加一列，计算每个数字出现的频率		
31		df_benford['频率'] = (df_benford['频数']/sum_count)*100		
32		df_benford		
33	Out [6]:	数字首位	频数	频率
34		0 1	469	29.31
35		1 2	308	19.25
36		2 3	191	11.94
37		3 4	151	9.44
38		4 5	128	8.00
39		5 6	106	6.62
40		6 7	91	5.69
41		7 8	84	5.25
42		8 9	72	4.50

【**代码解析**】上述代码中，第 2 行代码对"数字首位"列按不同数字统计各自出现的频数；第 16 行代码创建 DataFrame 对象 df_benford，它包含两列，即"数字首位"和"频数"；第 31 行计算"数字首位"各自出现的频率，并为 df_benford 增加新列"频率"。

（5）在 df_invoice 中增加本福特定律的标准值，并计算实际频率与标准值偏差的绝对值，参考代码如下。

行号	程序代码					
1	In [7]:	#加入标准值				
2		df_benford['标准值'] = [30.1,17.6,12.5,9.7,7.9,6.7,5.8,5.1,4.6]				
3		#计算实际频率与标准值偏差的绝对值				
4		df_benford['偏差'] = abs(df_benford['频率'] - df_benford['标准值'])				
5		df_benford				
6	Out [7]:		数字首位	频数	频率	标准值	偏差
7		0	1	469	29.31	30.10	0.79
8		1	2	308	19.25	17.60	1.65
9		2	3	191	11.94	12.50	0.56
10		3	4	151	9.44	9.70	0.26
11		4	5	128	8.00	7.90	0.10
12		5	6	106	6.62	6.70	0.08
13		6	7	91	5.69	5.80	0.11
14		7	8	84	5.25	5.10	0.15
15		8	9	72	4.50	4.60	0.10

【**代码解析**】上述代码中，第 4 行代码计算实际频率与本福特定律标准值的差异，这里我们取差异的绝对值以避免负数的产生。从输出结果可以看出，首位数字为 2 的偏差最大，为 1.65。

（6）分别绘制实际值、标准值以及偏差的图形，参考代码如下。

行号	程序代码
1	In [8]: # 数据可视化
2	plt.figure(1, figsize=(10, 5))#可设定图像大小
3	#柱形图，0.9是柱的宽度
4	plt.bar(df_benford['数字首位'], df_benford['频率'],0.9,hatch='-',label='实际值')
5	#折线图
6	plt.plot(df_benford['数字首位'], df_benford['标准值'], 'g--o', label='标准值')
7	#差值，0.9是柱的宽度
8	plt.bar(df_benford['数字首位'], df_benford['偏差'], 0.9, hatch='/', label='偏差')
9	
10	plt.legend(loc='best') #添加图例，显示的是图中的 label
11	plt.title('本福特定律') #图的标题
12	plt.show()
13	Out [8]: #代码输出结果如图 8-18 所示

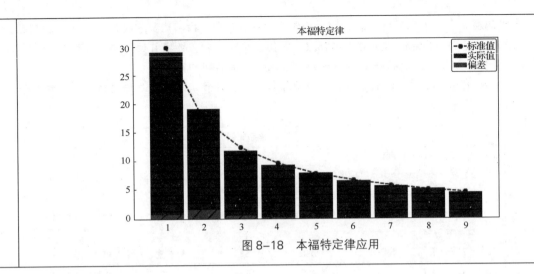

图 8–18　本福特定律应用

【代码解析】上述代码中，第 4 行代码绘制实际值（即实际频率）的柱形图；第 6 行代码以折线图的方式绘制标准值；第 8 行代码绘制偏差的柱形图。从输出结果可以直观地看出首位数字为 2 的偏差是最大的，但是发票数据是否存在欺诈舞弊行为呢？这就需要对发票数据进行检验，以判断其首位数字是否符合本福特定律。

检验、测试数据首位数字是否符合本福特定律的方法称为"相似性判断方法"，包括 Z 检验、K-S 检验和余弦相似性。

下面我们主要介绍 K-S 检验，方法如下。

① 计算 K-S 值。K-S 值是数据的实际概率值与期望概率值（即标准值）差异的最大值。

② 计算截止值。截止值等于 1.36 除以数据条目数的平方根，即 截止值 $= \dfrac{1.36}{\sqrt{\text{数据条数目}}}$。

③ 对比 K-S 值与截止值。若 K-S 值小于截止值，说明数据属于自然生成，不存在人为修饰；若 K-S 值大于截止值，说明不符合本福特定定律，可能存在欺诈舞弊行为。

例 8-27　用 K-S 检验方法来检验例 8-26 中发票金额各频数是否服从本福特定律分布，参考代码如下。

行号	程序代码
1	In　[9]:　#K-S 检验
2	ks 值=round(df_benford['偏差'].max()/100, 3)
3	print('ks 值=', ks 值)
4	截止值=1.36/(sum_count**0.5)
5	print('截止值=', 截止值)
6	if ks 值<截止值:
7	print('没有人为修饰')
8	else:
9	print('可能存在人为修饰')
10	Out [9]:　ks 值= 0.016
11	截止值= 0.034
12	没有人为修饰

【代码解析】上述代码中，第 2 行代码计算 K-S 值，即偏差绝对值的最大值，从输出结果可以知道 K-S 值为 0.016；第 4 行代码计算截止值，截止值为 0.034；第 6~9 行代码比较 K-S 值和截止值，可知 K-S 值小于截止值，因此从 K-S 检验可以知道发票金额不存在人为修饰行为。

审计人员若发现偏离标准值较大的数据，然后重点对这些数据进行抽查分析，可以有效地提升审计抽样效率。在大量样本的情况下，审计人员还可以做进一步分层的测试。运用本福特定律的数学表达式，进一步计算出前 2 位数 10~99、前 3 位数 100~999 分布的概率理论值，进而扩大对有欺诈问题数据的调查分析范围，捕捉到更多的欺诈线索。

8.3.2 业财融合大数据多维度盈利能力分析

多维度盈利能力分析，是指对企业一定期间内的经营成果，按照区域、产品、部门、客户、渠道、员工等维度进行计量，分析盈亏动因，从而支持企业精细化管理、满足内部营运管理需要的一种分析方法。

企业应从多维度建立内部经营评价和成本管理制度，并按照管理最小颗粒度进行内部转移定价、成本分摊、业绩分成、经济增加值计量等。这里的管理最小颗粒度是指企业根据实际管理需要与管理能力所确定的最小业务评价单元。

企业应以营业收入、营业成本、利润总额、净利润、经济增加值（Economic Value Added，EVA）等核心财务指标为基础，构建多维度盈利能力分析模型。业财融合程度较高的企业可将与经营业绩直接相关的业务信息，如销售量、市场份额、用户数等，纳入多维盈利能力分析模型。

企业编制多维度盈利能力分析报告时，可采用排序法、矩阵法、气泡图、雷达图等方法对各维度盈利能力进行评估与分类。

例 8-28 针对"某公司销售数据.xlsx"数据集，分别从订单等级、运输方式、区域、产品类别及时间等维度对销售额、利润额、销售利润率、价格和运输成本等财务指标进行多维度盈利能力分析。

（1）导入环境，参考代码如下。

行号	程序代码
1	In [1]: import numpy as np #导入 NumPy 库
2	import pandas as pd #导入 Pandas 库
3	import matplotlib.pyplot as plt
4	plt.rcParams['font.sans-serif']='SimHei' #显示中文
5	plt.rcParams['axes.unicode_minus']=False #设置正常显示符号
6	#为了直观地显示数字，不采用科学记数法
7	pd.set_option('display.float_format', lambda x: '%.2f' % x)

（2）导入销售数据，参考代码如下。

行号	程序代码
1	In [2]: #导入销售数据
2	df_sale = pd.read_excel(r'D:\Examples\Ch6\某公司销售数据.xlsx')
3	df_sale.head() #由于数据较多，只显示前 5 行数据

4	Out [2]:		订单号	订单日期	顾客姓名	其他	产品子类别	产品包箱	运送日期
5		0	3	2020-10-13	李鹏晨	……	容器，箱子	大型箱子	2020-10-20
6		1	6	2022-02-20	王勇民	……	剪刀	小型包裹	2022-02-21
7		2	32	2021-07-15	姚文文	……	办公装饰品	中型箱子	2021-07-17
8		3	32	2021-07-15	姚文文	……	桌子	巨型纸箱	2021-07-16
9		4	32	2021-07-15	姚文文	……	电话通信产品	中型箱子	2021-07-17

（3）数据预处理。数据预处理主要包括从订单日期中提取年度及月份信息，并从原始数据集中提取多维度分析需要的列以创建 DataFrame 对象 df_fx，参考代码如下。

行号	程序代码
1	In [3]: #数据预处理
2	df_sale['年度']=df_sale['订单日期'].astype(str).str.slice(0, 4) #取出年份
3	df_sale['月份']=df_sale['订单日期'].astype(str).str.slice(0, 7) #取出年份-月份
4	df_fx = df_sale[['年度','月份','订单等级','销售额','利润额', '单价',
5	'运输方式','运输成本','区域','省份','产品类别']]
6	df_fx

行号			年度	月份	订单等级	销售额	其他	区域	省份	产品类别
7	Out [3]:						……			
8		0	2020	2020-10	低级	261.54	……	华北	河北	办公用品
9		1	2022	2022-02	其他	6.00	……	华南	湖南	办公用品
10		2	2021	2021-07	高级	2 808.08	……	华南	广东	家具产品
11					……					
12		8566	2019	2019-01	中级	1 383.20	……	华南	广东	技术产品
13		8567	2021	2021-05	其他	211.42	……	华南	广东	办公用品
14	8568 rows × 11 columns

（4）整体销售分析。下面通过创建一个仪表板来进行整体销售分析。该仪表板包括 4 个子图，如图 8-19 所示。其中，第 1 个子图比较不同年度的销售额与利润额数据，从总体了解企业每年的销售情况；第 2 个子图为每个月的销售利润率趋势图，用以判断企业销售是否受季节的影响；第 3 个子图比较不同区域利润占比的情况；第 4 个子图比较产品类别间的销售额及利润额。

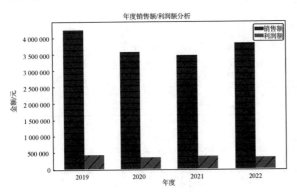
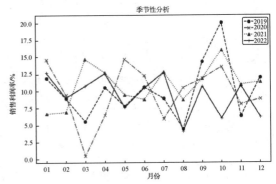

图 8-19　整体销售分析

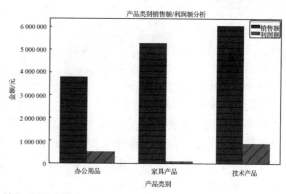

图 8-19　整体销售分析（续）

① 年度销售额/利润额分析。首先按年度分组统计销售额和利润额，然后通过定义函数绘制柱形图，以展示不同年度的销售额和利润额，参考代码如下。

行号	程序代码	
1	In [4]:	#按年度统计销售额和利润额
2		df_bar=df_fx.groupby('年度')[['销售额','利润额']].sum()
3		df_bar
4	Out [4]:	销售额　　　　　利润额
5		年度
6		2019　　　4 263 929.79　　　439 664.09
7		2020　　　3 570 017.42　　　363 973.65
8		2021　　　3 465 295.80　　　383 913.41
9		2022　　　3 855 377.56　　　361 538.87
10	In [5]:	#定义绘制柱形图的函数
11		def drawBars():
12		plt.ticklabel_format(style='plain')　　　#取消纵坐标的科学记数法
13		bar_width = 0.35　　　　　　　　　　　#定义柱形的宽度
14		tick_label = df_bar.index.values　　　　#以年度信息作为 x 轴的标签
15		#生成[1,2,3,4]作为 x 坐标
16		x = np.arange(1,5)　　#对应 4 个年度（2019，2020，2021，2022）
17		y1=df_bar['销售额']
18		y2=df_bar['利润额']
19		plt.bar(x, y1, bar_width, label="销售额", hatch='-')
20		#生成利润额的 x 坐标，在销售额 x 坐标的右边
21		x2=x+bar_width
22		plt.bar(x2, y2, bar_width, label="利润额", hatch='/')
23		
24		plt.xlabel("年度")
25		plt.ylabel("金额/元")
26		#确定年度标签显示的位置
27		x3=x+bar_width/2

Python 财务数据分析与应用（微课版）

行号	程序代码	
28	plt.xticks(x3, tick_label)	#定义 x 轴刻度标签
29	plt.legend(loc='best')	
30		
31	plt.title('年度销售额/利润额分析')	#添加柱形图标题

【代码解析】上述代码中，第 2 行代码按年度统计销售额及利润额，从输出结果可以看出数据集中共有 4 年（即 2019 年、2020 年、2021 年及 2022 年）的数据；第 11～31 行代码定义 drawBars() 函数，其功能是绘制并列柱形图，以展示不同年度的销售额和利润额，输出结果如图 8-19 中第 1 个子图所示。从结果可以知道，2019—2022 年产品整体销售额和利润额略有下降，2021 年呈现销售额下降、利润额增高的较好态势，而 2022 年的利润额却持续下降。代码中注释比较详细，此处不赘述。

② 季节性分析。季节性分析以月份或季度为时间观察单位，对时间序列数据及其随时间变化而呈现周期性变动的规律进行探索与分析。首先按年度和月份统计销售额和利润额，然后计算每个月的销售利润率，再通过定义函数绘制每年 12 个月销售利润率构成的折线图，以分析是否存在季节性变动的规律，参考代码如下。

行号	程序代码				
1	In [6]: #季节性分析				
2	df_line=df_fx.groupby(['年度','月份'])[['销售额','利润额']].sum()				
3	#计算每个月的销售利润率				
4	df_line['销售利润率']=(df_line['利润额']/df_line['销售额'])*100				
5	#由于数据较多，只显示前 5 行数据				
6	df_line.head()				
7	Out [6]:		销售额	利润额	销售利润率
8		年度	月份			
9		2019	2019-01	52 0452.57	62 256.08	11.96
10			2019-02	333 909.55	29 885.38	8.95
11			2019-03	411 628.71	22 802.96	5.54
12			2019-04	406 848.75	43 106.65	10.60
13			2019-05	228 025.57	17 783.10	7.80
14	In [7]: #绘制各年每个月的利润率				
15	def drawLines():				
16	#取出月份作为 x 轴坐标，如 2019-01，则取出 01 月				
17	x=[m[5:7] for m in df_line.loc['2019'].index]				
18	#取出 2019 年 1—12 月的销售利润率				
19	y1=df_line.loc['2019']['销售利润率']				
20	#绘制 2019 年 12 个月构成的折线图				
21	plt.plot(x, y1, '--o', label='2019')				
22	#取出 2020 年 1—12 月的销售利润率				
23	y2=df_line.loc['2020']['销售利润率']				
24	plt.plot(x, y2, '-.x', label='2020')				
25	#取出 2021 年 1—12 月的销售利润率				

238

行号	程序代码
26	`        y3=df_line.loc['2021']['销售利润率']`
27	`        plt.plot(x, y3, ':^', label='2021')`
28	`        #取出 2022 年 1—12 月的销售利润率`
29	`        y4=df_line.loc['2022']['销售利润率']`
30	`        plt.plot(x, y4, '-+', label='2022')`
31	
32	`        plt.legend(loc='best')`
33	`        plt.xlabel("月份")`
34	`        plt.ylabel("销售利润率/%")`
35	`        plt.title('季节性分析')     #添加折线图标题`

【代码解析】上述代码中，第 2 行代码按年度和月份分组统计销售额和利润额，保存于 df_line 中；第 4 行代码计算每个月的销售利润率，并将结果新增为 df_line 的一列，列名为"销售利润率"；由于有 4 年的销售数据，为节约版面，因此第 6 行代码只显示 df_line 的前 5 行数据，如输出结果所示；第 14～35 行代码定义 drawLines() 函数，其功能是分别绘制由 2019 年、2020 年、2021 年和 2022 年每个月销售利润率构成的折线图，如图 8-19 中第 2 个子图所示。其中，第 17 行代码遍历 2019 年的月份名称，对于每个月份取出第 5～7 个字符（不含第 7 个字符）作为 x 轴坐标，例如 2019-01，将取出 01（注意字符串索引是从 0 开始编号的，因此取第 5 和第 6 个字符，为 01）；第 19 行代码获取 2019 年 1—12 月的销售利润率，作为 y 轴坐标；第 21 行代码根据 x 轴和 y 轴的坐标绘制 2019 年销售利润率的折线图；同理，绘制出 2020 年、2021 年和 2022 年销售利润率的折线图。4 年的折线图分别应用了不同的线型。

③ 区域利润占比分析。首先按区域分组统计销售额和利润额，然后计算不同区域的销售占比和利润占比，最后绘制饼图以展示不同区域利润占比的情况，参考代码如下。

行号	程序代码			
1	`In [8]:  #区域利润占比分析`			
2	`         df_pie=df_fx.groupby('区域')[['销售额','利润额']].sum()`			
3	`         #销售额合计`			
4	`         saleSum = df_pie['销售额'].sum()`			
5	`         #计算销售占比`			
6	`         df_pie['销售占比']=(df_pie['销售额']/saleSum)*100`			
7	`         #利润额合计`			
8	`         profitSum=df_pie['利润额'].sum()`			
9	`         #计算利润占比`			
10	`         df_pie['利润占比']=(df_pie['利润额']/profitSum)*100`			
11	`         df_pie`			
12	Out [8]:	销售额	利润额	销售占比	利润占比
13	区域				
14	东北	2 125 950.78	209 736.71	14.03	13.54
15	华东	2 699 868.89	240 092.80	17.82	15.50
16	华北	2 993 820.48	352 937.23	19.76	22.78
17	华南	5 757 707.08	617 068.12	37.99	39.83

18		西北	1 103 041.65	109 587.32	7.28	7.07
19		西南	474 231.69	19 667.84	3.13	1.27
20	In [9]:	def drawPie():				
21		plt.pie(df_pie['利润占比'],labels=df_pie.index,autopct='%1.2f%%')				
22		plt.title('区域利润占比分析') #添加饼图标题				

【代码解析】上述代码中，第2行代码按区域分组统计销售额和利润额，将结果存储于变量 df_pie 中；第6行代码计算每个区域的销售占比；第10行代码计算每个区域的利润占比；第20～22行代码定义 drawPie()函数，其功能是绘制利润占比的饼图，输出结果如图 8-19 中第3个子图所示。从输出结果可以看出，华南区域的利润占比最高，达到了 39.83%，而西南区域的利润占比最低，只有 1.27%。

④ 产品类别销售额/利润额分析。首先按产品类别分组统计销售额和利润额，然后通过定义函数绘制柱形图，以展示不同产品类别的销售额和利润额，参考代码如下。

行号	程序代码		
1	In [10]:	#产品类别销售额/利润额分析	
2		df_type_bar=df_fx.groupby('产品类别')[['销售额','利润额']].sum()	
3		df_type_bar	
4	Out [10]:	销售额 利润额	
5		**产品类别**	
6		办公用品 3 818 329.18 526 300.92	
7		家具产品 5 282 395.59 114 490.57	
8		技术产品 6 053 895.80 908 298.53	
9	In [11]:	#产品类别——并列柱形图	
10		def drawTypeBars():	
11		plt.ticklabel_format(style='plain') #取消纵坐标的科学记数法	
12		bar_width = 0.35 #定义柱形的宽度	
13		tick_label = df_type_bar.index.values #产品类别——x轴的标签	
14			
15		x = np.arange(1,4)	
16		y1=df_type_bar['销售额']	
17		y2=df_type_bar['利润额']	
18		plt.bar(x, y1, bar_width, label="销售额", hatch='-')	
19			
20		plt.bar(x+bar_width, y2, bar_width, label="利润额", hatch='/')	
21			
22		plt.xlabel("产品类别")	
23		plt.ylabel("金额/元")	
24			
25		plt.xticks(x+bar_width/2, tick_label) #定义x轴刻度标签	
26		plt.legend(loc='best')	
27			
28		plt.title('产品类别销售额/利润额分析') #添加柱形图标题	

【**代码解析**】上述代码中，第 2 行代码按产品类别统计销售额及利润额，从输出结果可以看出数据集中共有 3 种产品类别；第 9~28 行代码定义 drawTypeBars()函数，其功能是绘制柱形图，以展示不同产品类别的销售额和利润额，输出结果如图 8-19 中第 4 个子图所示。从输出结果可以知道，技术产品的年销售额和利润额都是最高的，家具产品的销售额次之，但其利润额却是最低的。

⑤ 划分子图，并调用上述定义的函数以绘制仪表板。参考代码如下。

行号	程序代码
1	In [12]:　　#创建 Figure 实例
2	fig = plt.figure(figsize=(20, 12))
3	#添加子图
4	fig.add_subplot(2,2,1)
5	drawBars()　#年度销售额/利润额分析
6	
7	fig.add_subplot(2,2,2)
8	drawLines() #季节性分析
9	
10	fig.add_subplot(2,2,3)
11	drawPie()　　#区域利润占比分析
12	
13	fig.add_subplot(2,2,4)
14	drawTypeBars() #产品类别销售额/利润额分析
15	
16	plt.show()

【**代码解析**】上述代码中，第 2 行代码通过 figure()函数创建画布，并指定画布的大小；第 4 行和第 5 行代码添加第 1 个子图，并调用 drawBars()函数绘制柱形图，以进行年度销售额/利润额分析；第 7 行和第 8 行代码添加第 2 个子图，并调用 drawLines()函数绘制折线图，以进行季节性分析；第 10 行和第 11 行代码添加第 3 个子图，并调用 drawPie()函数绘制饼图，以进行区域利润占比分析；第 13 行和第 14 行代码添加第 4 个子图，并调用 drawTyepBars()函数绘制柱形图，以进行产品类别销售额/利润额分析。输出结果如图 8-19 所示。

（5）按产品类别分析。按产品类别分组统计销售额和利润额，并计算销售占比、利润占比和销售利润率，然后绘制不同产品类别的销售占比、利润占比和销售利润率之间的气泡图，探究三者之间的关系。

气泡图（Bubble Chart）可视为散点图的延伸，即使用气泡来表示散点图中的数据点。这些气泡又可以反映除了横、纵坐标轴之外的其他变量的数值大小，其数值越大，气泡就越大。气泡图常用于 3 个变量之间的统计关系分析。

使用 Matplotlib 的 scatter()函数可以实现气泡图的绘制。我们以销售占比为 *x* 轴参数，以利润占比为 *y* 轴参数，以销售利润率为气泡大小，分别绘制每种产品类别的气泡图，参考代码如下。

行号	程序代码
1	In [13]:　　df_bubble=df_fx.groupby(['产品类别','年度'])[['销售额','利润额']].sum()

```
2        saleSum = df_bubble['销售额'].sum()
3        #计算销售占比
4        df_bubble['销售占比']=(df_bubble['销售额']/saleSum)*100
5
6        profitSum = df_bubble['利润额'].sum()
7        #计算利润占比
8        df_bubble['利润占比']=(df_bubble['利润额']/profitSum)*100
9
10       #计算销售利润率
11       df_bubble['销售利润率']=(df_bubble['利润额']/df_bubble['销售额'])*100
12       df_bubble
```

Out [13]:

产品类别	年度	销售额	利润额	销售占比	利润占比	销售利润率
办公用品	2019	1 055 593.77	183 260.43	6.97	11.83	17.36
	2020	900 186.87	118 099.15	5.94	7.62	13.12
	2021	805 512.71	86 344.32	5.32	5.57	10.72
	2022	1 057 035.83	138 597.02	6.98	8.95	13.11
家具产品	2019	1 497 252.02	53 232.85	9.88	3.44	3.56
	2020	1 270 514.92	7 647.39	8.38	0.49	0.60
	2021	1 279 071.53	52 071.07	8.44	3.36	4.07
	2022	1 235 557.12	1 539.26	8.15	0.10	0.12
技术产品	2019	1 711 084.00	203 170.81	11.29	13.12	11.87
	2020	1 399 315.63	238 227.11	9.23	15.38	17.02
	2021	1 380 711.56	245 498.02	9.11	15.85	17.78
	2022	1 562 784.61	221 402.59	10.31	14.29	14.17

In [14]:

```
#绘制气泡图
fig = plt.figure(figsize=(10, 7))
#获取办公用品类的数据
df1=df_bubble.loc['办公用品']
plt.scatter(x=df1['销售占比'], y=df1['利润占比'], s=df1['销售利润率']*10,
label='办公用品',alpha=0.7)
#获取家具产品类的数据
df2=df_bubble.loc['家具产品']
plt.scatter(x=df2['销售占比'], y=df2['利润占比'], s=df2['销售利润率']*10,
label='家具产品', alpha=0.8)
#获取技术产品类的数据
df2=df_bubble.loc['技术产品']
plt.scatter(x=df2['销售占比'], y=df2['利润占比'], s=df2['销售利润率']*10,
label='技术产品', alpha=0.9)

plt.legend(loc='best')
```

43	`        plt.xlabel("销售占比/%")`
44	`        plt.ylabel("利润占比/%")`
45	`        plt.title('产品类别利润率的气泡图')     #添加图形标题`
46	Out [14]:　代码输出结果分别如图 8-20 所示

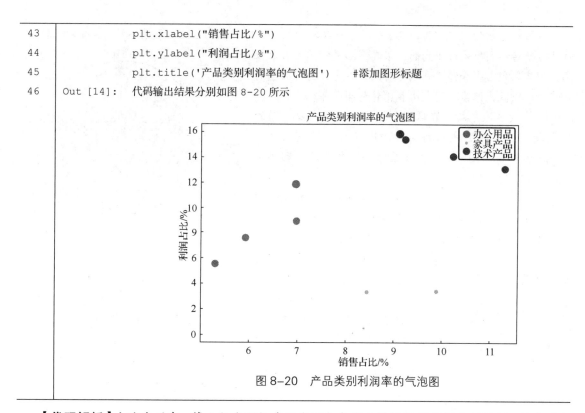

图 8-20　产品类别利润率的气泡图

【代码解析】上述代码中，第 1 行代码按产品类别和年度分组统计销售额和利润额，保存到变量 df_bubble 中；第 2～4 行代码计算每种产品类别在各个年度的销售占比；第 6～8 行代码计算每种产品类别在各个年度的利润占比；第 11 行代码计算每种产品类别在各个年度的销售利润率；第 13～26 行的输出结果显示每种产品类别在各个年度的销售及利润情况；第 27～45 行代码绘制气泡图，其中，第 30 行代码从 df_bubble 中获取办公用品类的数据，保存到变量 df1 中，若显示 df1 的内容，如表 8-16 所示。

表 8-16　　　　　　　　　　　　df1 的存储办公用品类的统计数据

年度	销售额/元	利润额/元	销售占比/%	利润占比/%	销售利润率/%
2019	1 055 593.77	183 260.43	6.97	11.83	17.36
2020	900 186.87	118 099.15	5.94	7.62	13.12
2021	805 512.71	86 344.32	5.32	5.57	10.72
2022	1 057 035.83	138 597.02	6.98	8.95	13.11

由于第 1 行代码分组字段为"产品类别"和"年度"，借此创建的 DataFrame 对象 df_bubble，其行索引是多重索引，我们可以通过第 30 行代码访问其第 2 层的内容。

第 31 行和第 32 行代码调用 scatter() 函数绘制办公用品类的气泡图，x 轴表示销售占比，y 轴表示利润占比，并指定参数 s 为销售利润率，用以表示气泡大小。由于销售利润率原始数值太小，绘制出来的气泡比较小，因此将销售利润率乘 10，这样绘制出来的气泡大小比较合适，如图 8-20 所示。

同理，第 35～36 行代码绘制家具产品类的气泡图；第 39～40 行代码绘制技术产品类的气泡图。

从最终输出的气泡图可以看出，技术产品类的销售占比和利润占比都是最高的，且气泡比较大，说明其销售利润率是比较高的；家具产品类的销售占比较高，但其利润占比和销售利润率都比较低；办公用品类的销售占比较低，但其利润占比和销售利润率却比较高。

（6）按区域分析。在区域利润占比分析中以饼图的形式展示了不同区域的利润占比情况，这里我们运用 df_pie 绘制雷达图来分析各个区域的销售占比及利润占比情况。

雷达图可以很好地刻画出某些指标的横向或纵向的对比关系。雷达图通常用于多项指标的全面分析。例如，图 8-21 中的雷达图展示了某学生各门课程的成绩，我们也可以将多个学生的成绩用雷达图分别刻画出来，这样就可以进行直观的比较。

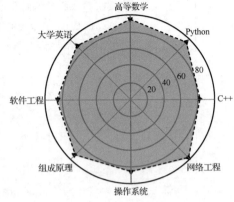

图 8-21　雷达图

Python 中利用 Matplotlib 模块绘制雷达图需要用到极坐标系。这里我们以"区域"作为 x 轴参数，以"销售占比"和"利润占比"分别作为 y 轴参数，绘制雷达图，参考代码如下。

行号	程序代码				
1	In [15]:　df_pie　#查看 df_pie 的内容				
2	Out [15]:	销售额	利润额	销售占比	利润占比
3	区域				
4	东北	2 125 950.78	209 736.71	14.03	13.54
5	华东	2 699 868.89	240 092.80	17.82	15.50
6	华北	2 993 820.48	352 937.23	19.76	22.78
7	华南	5 757 707.08	617 068.12	37.99	39.83
8	西北	1 103 041.65	109 587.32	7.28	7.07
9	西南	474 231.69	19 667.84	3.13	1.27
10	In [16]:　#绘制雷达图				
11	labels = df_pie.index.values　#区域标签				
12	nAttr = labels.size　　　　　　#区域的个数				
13	#设置每个数据点的显示位置，在雷达图上用角度表示				
14	angles=np.linspace(0,2*np.pi,nAttr,endpoint=False)				
15					
16	fig=plt.figure(facecolor="white", figsize=(10, 7))				
17	ax = plt.subplot(111, polar=True)				
18					
19	ax.plot(angles,df_pie['销售占比'],'bo-',color='g',label='销售占比/%')				
20	ax.fill(angles,df_pie['销售占比'],facecolor='g',alpha=0.2)				
21					
22	ax.plot(angles,df_pie['利润占比'], '-+', color='b',label='利润占比/%')				
23	ax.fill(angles,df_pie['利润占比'],facecolor='b',alpha=0.4)				
24					

25	#设置雷达图上的角度划分刻度，为每个数据点添加标签
26	ax.set_thetagrids(angles*180/np.pi,labels)
27	plt.legend(loc='best')
28	plt.title('区域销售占比与利润占比的雷达图')　　#添加图形标题
29	plt.grid(True)
30	Out [16]:　#代码输出结果如图 8-22 所示

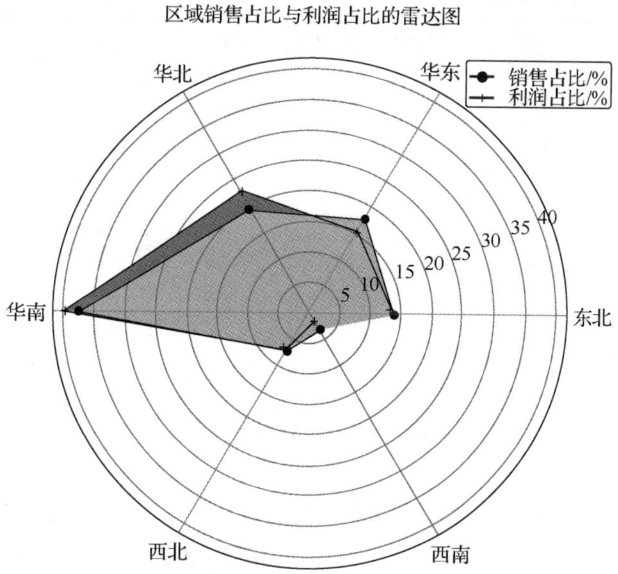

图 8-22　区域销售占比与利润占比的雷达图

【代码解析】上述代码中，第 14 行代码用 linspace()函数生成等差数列（值介于 0～2π，用以表示各区域显示在哪个角度），数列个数即区域的个数；第 16 行代码创建画布；第 17 行代码添加子图，参数 polar=True 指定子图采用极坐标系；第 19 行代码绘制销售占比的雷达图；第 20 行代码用绿色对销售占比雷达图进行填充，并设置填充颜色透明度为 0.2；第 22 行代码绘制利润占比的雷达图；第 23 行代码用蓝色对利润占比雷达图进行填充，并设置填充颜色透明度为 0.4；第 26 行代码设置雷达图上的角度划分刻度，为每个数据点添加标签。从输出结果可以看出，华南区域的销售占比和利润占比都是最高的，其次是华北区域，而西南、西北区域的销量占比和利润占比较低，应继续开拓市场。

（7）按运输方式分析。首先按运输方式分组统计运输成本、销售额和利润额，并计算每种运输方式的运输成本占比和销售利润率，然后通过绘制柱形图及折线图比较不同运输方式的运输成本占比和销售利润率，以探索两者之间的关系，参考代码如下。

行号	程序代码
1	In [17]:　#按运输方式分析运输成本、利润率
2	df_cost=df_fx.groupby(['运输方式'])[['运输成本','销售额','利润额']].sum()
3	
4	costSum = df_cost['运输成本'].sum()
5	#计算运输成本占比

6	`df_cost['运输成本占比']=(df_cost['运输成本']/costSum)*100`				
7					
8	`#计算销售利润率`				
9	`df_cost['销售利润率']=(df_cost['利润额']/df_cost['销售额'])*100`				
10	`df_cost`				
11	Out [17]:	运输成本	销售额	利润额	运输成本占比	销售利润率
12	运输方式				
13	大卡	53 201.08	6 326 511.97	264 847.62	48.22	4.19
14	火车	49 233.63	7 638 603.08	1 135 062.73	44.62	14.86
15	空运	7 898.28	1 189 505.52	149 179.67	7.16	12.54

```
16  In [18]:  plt.figure(1, figsize=(10, 5))        #可设置图像大小
17            #柱形图, 柱的宽度为0.9
18            plt.bar(df_cost.index.values, df_cost['运输成本占比'],0.9, label='运输成本占比/%')
19            #折线图
20            plt.plot(df_cost.index.values, df_cost['销售利润率']*4,'g--o', label='销售利润率/%')
21
22            plt.legend(loc='best')        #添加图例
23            plt.title('运输成本占比/销售利润率对比分析')        #添加图形标题
24            plt.show()
25  Out [18]:  #代码输出结果如图8-23所示
```

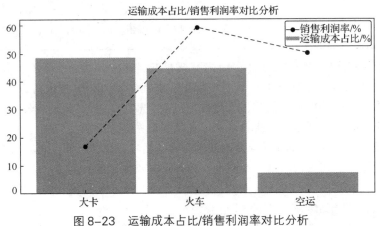

图 8-23 运输成本占比/销售利润率对比分析

【代码解析】上述代码中，第 2 行代码按运输方式分组来统计运输成本、销售额和利润额；第 4~6 行代码计算每种运输方式的运输成本占比；第 9 行计算每种运输方式的销售利润率；第 18 行代码按运输方式绘制其运输成本占比的柱形图；第 20 行代码按运输方式绘制其销售利润率的折线图。从输出结果可以看出，大卡这种运输方式的运输成本占比最高，其对应的销售利润率是最低的，而空运方式的运输成本占比最低，其销售利润率比较高，因此，大卡和空运的输出结果都是符合逻辑的。对于火车运输方式，其运输成本占比最高，同时销售利润率也是最高的，这说明运输成本可能并不是影响利润的最大因素，还需要进一步进行分析。

本章小结

本章在前几章内容的基础上，介绍了一些 Python 在财务会计、管理会计及审计领域中应用的案例，详细介绍了运用 NumPy、Pandas 及 Matplotlib 等模块进行数据处理、数据分析以及将结果进行可视化展示的方法。通过对本章的学习，读者能够熟练地掌握数据分析工具的用法，举一反三，提高数据分析能力。另外，本章讲解的这些具体应用案例能够起到抛砖引玉的作用，让更多的财务人员能够使用 Python 在财务会计、管理会计及审计领域避免重复劳动，提升工作水平和工作效率。

习题

程序题

1. 未来 5 年每年年末分别收到 100 元、200 元、300 元、100 元、500 元，每年贴现率分别为 4%、5%、6%、8% 和 10%，求现值和终值。

2. 假设贴现率为 5%，有 A、B 两个项目，前期均需投入 120 万元，A 项目第 1～5 年分别收入 10 万元、30 万元、50 万元、40 万元、10 万元，而项目 B 第 1～5 年分别收入 30 万元、40 万元、40 万元、20 万元、10 万元。请问项目 A 和 B 哪个投资价值更高？

3. 针对凭证表（gl_accvouch.csv）和科目代码表（code.csv），完成以下任务。

（1）将凭证表和科目代码表进行横向连接，为凭证表数据集增加"科目名称"列。

（2）查询凭证表中贷方发生额为 2 000～20 000 的会计月份、凭证类型、凭证号、摘要、科目名称和贷方发生额。

（3）查询凭证表中"会计月份"为 10、11、12 的凭证类型和凭证号。

（4）在凭证表中检索出摘要包含"报销"的记录。

（5）在凭证表中检索各科目借方金额汇总数大于 700 000 元的科目及汇总数信息，并按汇总数倒序排列。

（6）按月统计凭证表中 2022 年每月的凭证数。

（7）在凭证表中，对 2022 年"主营业务收入"科目按月进行汇总并排序，绘制折线图进行分析。

4. 针对科目余额表（gl_accsum.csv，其中保存了 2022 年 12 个月的科目余额信息）和科目代码表（code.csv），完成以下任务。

（1）计算并分析各月产品销售毛利率。产品销售毛利率的计算主要依据企业当月产品销售收入及产品销售成本的有关数据，各月的销售收入和销售成本都可以从科目余额表中获取。

（2）绘制销售毛利率的分布图，纵坐标表示销售毛利率，横坐标表示月份，并画出全年平均销售毛利率的横线；绘制每个月销售毛利率的柱形图，以观察每个月的销售毛利率离平均销售毛利率的距离。

5. 针对"某公司销售数据.xlsx"数据集，完成以下任务。

（1）查看销售额最高的 4 种商品的信息。

（2）统计日平均销售额，并绘制折线图进行展示。